KB214362

사람을 키우라

사람을 키우고 세워가는 7가지 방법

김신회 지음

사 람 을
키 우 라

렛츠북

CONTENTS

Part 1.

사람을 키우고 세워가는 목회자로 준비되다
+ 하나님은 오래전부터 믿음의 사람으로 준비시켜 주셨다

Part 2.

성경과 한국교회 역사가 제시하는 사람 키우는 원리
+ 사람을 키우고 세워가는 일을 성경에서 배운다

Part 3.
사람을 키우고 세워가는 현장
+ 제자훈련 현장의 생생한 목소리를 들어보자

Part 4.

사람을 키우고 세워가는 7가지 방법
+ 이제부터 한국교회는 다음 세대를 키우고 세워가야 한다

김 상 복

할렐루야교회 원로목사
횃불트리니티신학대학원대학교 명예총장

《사람을 키우라》의 저자, 김신회 목사님은 사람을 키우는 데 필요한 다양한 이론적 교육과 현장을 철저하게 경험한 분이어서 이런 책을 쓰기에 너무도 적합하고 잘 준비된 분이다. 저자는 예수님께서 제자를 삼으라고 말씀하신 대로 사람을 키우는 사역이 목회자의 주 사역이 되어야 한다는 것을 충분히 이해할 수 있도록 구체적인 방법을 제시해 주고 있다. 앞으로 김신회 목사님의 사역이 크게 기대가 된다.

사람을 키우는 본을 보여주신 예수님과 사도 바울의 사역을 정확하게 이해하고 수행해야 하는 모든 목회자들과 교회에 가장 설득력 있는 지도자로 부각될 것을 기대하며 이 저서를 기쁨으로 추천한다.

추천사

최 기 학

상현교회 원로목사
대한예수교장로회(통합) 제102회기 총회장

지금 한국교회는 큰 위기에 직면해 있다. 전도와 선교의 동력이 약화되고 있고, 이단 사이비들이 횡행하며, 이슬람이 공격적인 선교를 하고 있고, 차별금지법이라는 미명하에 동성애를 합법화하려는 움직임이 국회에서 활발히 전개되고 있다. 또한 저출산으로 인한 인구절벽 현상과 초고령화 사회 진입으로 생산성이 저하되고 국가의 미래가 암울한 형편이다.

특별히 코로나19 팬데믹으로 인한 비대면 예배 기간에 가나안 성도들이 늘어났고 마이너스 성장을 거듭하면서 한국교회는 코로나19의 직격탄을 맞았다. 혹자는 한국교회의 현실을 무덤과 같다고 탄식한다. 그러나 부활신앙을 가진 교회는 '무덤은 부활을 기다리는 곳'이라는 믿음을 가져야 한다. 교회의 위기는 목회의 위기이고 목회자들의 위기이다. 그러나 교회가 위기를 맞을 때는 본질(기본)로 돌아가야 위기를 기회로 바꿀 수 있다.

복음으로, 예수로 돌아가야 한다. 예수님의 지상명령인 "너희는 가서 모든 민족으로 제자 삼으라"는 말씀에 절대 순종하는 제자가 되어야 한다. 우리가 제자 삼는 제자가 되는 롤 모델이 누구인가? 예수님이 아닌가? 예수님처럼 제자들을 끝까지 사랑하고 섬기며 훈련하심 같이 한다면 얼마나 훌륭한 제자가 나오겠는가? 제자훈련에 한국교회의 미래가 있다고 믿는다.

김신회 목사가 쓴 《사람을 키우라》를 보면서 큰 기대와 함께 큰 기쁨이 있다. 이 책은 연구실이나 서재에서 써진 책이 아니라, 제자훈련의 현장이 살아 숨 쉬는 책이기 때문이다. 나는 김신회 목사와 함께 상현교회에서 10년 가까이 동역하면서 청년교회 제자훈련을 전담하게 했다. 그는 제자훈련을 위하여 해외와 국내에서 철저히 훈련받은 제자 삼는 예수 제자였다. 우리 교회에서 청년교회를 제자화하는 데 성공을 거둔 탁월한 제자훈련 리더임이 분명하다.

한국교회는 다음 세대가 복음의 세대가 아닌 다른 세대가 되어가고 있다. 이때 제자훈련을 위한 지침서가 나온 것은 매우 적시성이 있다 하겠다. 하나님은 꿈꾸는 사람을 통해서 일하신다. 예수 꿈을 꾸는 사람에게 시대와 역사를 맡기신다고 믿는다. 엘리야 시대에 7천 명의 숨겨둔 제자를 일으켜 세울, 복음의 비전과 열정을 가진 영적 지도자가 절실한 때에 김신회 목사와 이 책이 한국교회를 향한 주님의 꿈이 되길 소망한다.

가슴에 하늘을 품는 비전의 사람은 위기에 흔들리지 않는다. 하나님의 비전에 불타는 열정은 어떤 위기도 돌파할 수 있다는 소망을 김신회 목사의 책《사람을 키우라》가 비전으로 제시할 것이다. 이 확신으로 일독을 권한다.

추천사

김 재 민

의정부시민교회 원로목사

《사람을 키우라》의 저자 김신회 목사는 저의 큰아들입니다. 지나온 삶을 돌아보며 가장 마음이 아픈 것은 저의 가정에 선물로 주신 두 아들의 자라남에 아버지로서의 역할을 제대로 하지 못한 것입니다. 제가 신대원에 입학하기 전 10년 동안 고등학교 교사로 재직할 때는 이른 출근과 늦은 퇴근으로 아들들을 돌봐주지 못했습니다. 1981년부터 새문안교회 고등부 교사로 봉사하다가 1986년 신대원에 입학하는 해에 큰아들이 초등학교에 입학하였습니다. 둘째는 2살 아래입니다.

의정부시민교회에 부임할 때 큰아들이 고등학교 1학년, 둘째가 중학교 2학년이었는데 서울에서 이모의 돌봄 가운데 고등학교를 졸업하였습니다. 아들들이 대학에 진학하면서 의정부에 들어와서 생활하였기에 어떻게 학교생활을 하고, 교회에 다니며 신앙생활을 하였는지를 저희 부부는 지켜보지 못했고, 힘이 되어주지 못했습니다.

그런데도 두 아들이 믿음 안에서 잘 성장하여 가정을 이루고 행복하게 살면서 목회자로 하나님의 일을 하고 있음은 모두가 하나님의 은혜입니다. 《사람을 키우라》라는 큰아들의 책을 읽어보면서 아들들을 위해 기도했던 우리 부부의 소망에 자기의 정체성을 찾기 위해 고민하면서 믿음의 길에서 벗어나지 않은 큰아들 김신회 목사가 자랑스럽고 대견합니다. 하나님과의 깊은 만남을 통해 성장해 온 아들이 쓴 책 《사람을 키우라》를 보면서 가슴이 뭉클해집니다. 대학에 진학하면서부터는 부모의 목회에 함께 동역하면서 하나님의 일꾼으로 성장해 주어 너무나 마음이 뿌듯합니다.

큰아들 김신회 목사가 이 책을 쓴 이유는, 자신의 삶에 역사하신 하나님의 일들을 남기고 싶어서라고 하였습니다. 자신의 삶의 목표는 예수님께서 분부하신 지상대명령을 성취하는 것이며 "가서 제자 삼으라"는 말씀을 실천하는 것이라고 하였습니다. 이 책은 하나님께서 자신을 예수님의 제자로 훈련시키시고, 사람들을 예수님의 제자로 세우도록 역사해 오신 사역에 대한 기록이라고 하였습니다.

목사로서 하나님의 일하심과 사람이 회복되는 것을 목도(目睹)하는 것보다 의미 있고 행복한 일은 없음을 알게 되었다는 고백은 앞으로 감당해야 할 목회의 목표와 방법들을 나름대로 잘 정립하고 있음을 보여줍니다. 그리고 다양한 제자훈련의 여러 경험들은 요즈음 화두가 되고 있는, '다음 세대'를 어떻게 이끌어야 할지에 대해서도 충분히 준비되었음을 알 수 있습니다.

이 책은 성도들과 다음 세대들이 믿음으로 성장하고 성숙하는 일에 도움이 될 것입니다.

강 현 원

대광교회 위임목사

누군가를 추천하고 소개하는 일은 기쁘고 설레는 일입니다. 특별히 한국교회와 이 책을 읽게 될 독자들에게 소망과 자랑으로 내놓는 동역자는 더 특별하고 의미가 큽니다.

김신회 목사님은 사역 가운데 기본과 사역의 자세가 잘 훈련되고 철저히 자신을 관리하는 좋은 일꾼입니다. 새벽기도회가 끝난 후 매일 목양실에서 성경 읽고 기도하고 하루를 채워가는 성실함과 영적으로 영글어져 가는 모습을 지켜보는 기쁨은 제게 너무나 행복한 선물입니다. 지금껏 공부하고 나름의 훈련을 통해서 터득한 목회자로서의 지식과 은혜를 여러 사역 속에 적용하고 나누는 능력은 성도들을 행복하게 하고 있습니다. 그 모든 것의 핵심 가치인 설교 사역에 참 진실하고 은혜롭습니다. 그래서 신뢰하고 동역하고픈 소원 가운데 새벽기도회와 오후예배, 금요심야기도회 및 심지어 수요기도회와 주일 낮 1부 설교까지 부탁해서 저와 성도들은 은혜받고 있습니다.

가르치는 은사와 훈련 사역에 탁월하여 사람을 세우는 은혜로움이 있습니다. 지금은 비록 교회의 전적인 담임 사역자가 아닌 동역자로서의 한계도 있으나, 한없이 한국교회에 소망을 품게 하는 좋은 차세대 목회자입니다. 무엇보다도 가정 사역과 자녀 교육에 친히 사람을 세우고 소망을 심는 실천을 하시는 모습에 감동을 받습니다. 쉬 치우치거나 가볍게 처신하지 않는 사역의 무게가 더욱 신뢰와 신앙 인격을 가늠하게 합니다.

이 귀한 저서를 통해 사람을 세우고 선한 하나님의 용사들이 많이 세상을 향해 나갔으면 좋겠습니다. 특별히 현실의 한국교회 앞에서 김신회 목사님 같은 알차게 준비하고 진실되고 성실하게 사역해 가는 동역자가 있어 너무 기쁘고 좋습니다. 젊은 목회자 시각과 소원 가운데 사람을 세우고자 하는 그 열정과 준비해 가는 아름다움이 이 책 가운데 가득하여 기쁨으로 추천합니다.

추천사

최 일 도

다일공동체 대표
다일천사병원 병원장, 다일복지재단 이사장

저와 장로회신학대학원 82기 동기인 김재민 목사님의 장남인 김신회(金信會) 목사님이 쓴 《사람을 키우라》를 보면서 큰 희망을 발견하게 되었습니다. 많은 분들이 한국교회의 다음 세대를 걱정하는 요즘, 《사람을 키우라》에는 다음 세대를 세워갈 한국교회의 구체적인 해법이 제시되어 있음을 알게 되었습니다. 아버지 김재민 목사님에 대(代)를 이어 목회자로 헌신하는 김신회 목사님의 삶과 앞날은, 한국교회의 다음 세대를 이끌어갈 만큼 성숙한 목회자라는 것을 느낄 수 있었습니다.

책 내용에 보면 김신회 목사님은 어린 시절부터 한국교회의 어머니 교회인 새문안교회에서 강신명 목사님께 유아세례를 받고, 저의 결혼 주례도 해주신 존경하는 김동익 목사님의 삶과 목회를 보면서 좋은 목회자로 준비되었습니다. 믿음이 반듯한 귀한 주의 종으로 성장했습니다. 그래서 뿌리 깊은 믿음에 세워진 신앙과 목회철학(牧會哲學)으로 써낸 김신회 목사님의 책은 많은 분들에게 신뢰를 주기에 충분합니다. 《사람을 키우라》는 한국교회의 다음 세대 일꾼들을 키우고 세워갈 수 있는 교과서와 같은 책이라고 여겨집니다.

부족한 제가 동아일보사를 통해서 29년 전 《밥 짓는 시인 퍼주는 사랑》을 펴내고 "밥퍼 목사"의 이름을 얻더니 이 책이 마침내 밀리언셀러가 되고 스테디셀러가 되면서 다일공동체는 한국뿐만 아니라 열 나라 21군데의 나눔과 섬김의 현장을 섬기고 있듯이, 김신회 목사님의 《사람을 키우라》가 위기의 한국교회의 다음 세대를 일으켜 세우는 사람을 키우는 하나님의 도구가 되기를 바랍니다.

바라기는 김신회 목사님이 책을 출간한 이후에 김동익 목사님, 옥한흠 목사님, 하용조 목사님처럼 한국교회에 큰 믿음의 발자취를 남기는 사람을 키우고 세워가는 최고의 전문가로 세워지기를 소망합니다. 《사람을 키우라》로 지속적으로 아름다운 열매를 맺어가기를 바라면서 기쁨으로 이 책을 추천하며 독자 여러분에게 일독을 권합니다.

추천사

김 만 형

합동신학대학원대학교 교수, 친구들교회 담임목사
트리니티복음주의신학대학원 D.Min 교수

이 땅을 살면서 가장 소중한 것이 있다면 사람을 키우는 것입니다. 건물이 오랫동안 한 자리에 서 있고 그 건물을 찾는 사람이 많으면 그것 자체로 갖는 역할이 있을 것입니다. 그러나 한 사람이 잘 서서 이곳저곳, 이 사람 저 사람에게 영향을 끼치는 것은 비교할 수 없는 위대한 일입니다.

이 시대를 사는 많은 사람들은 군중에 예민합니다. 민주주의를 이야기하면서도 늘 다수에 익숙한 사람들, 진정 한 사람을 소중히 여기는 것일까 하는 생각을 합니다. 예수님의 발자취를 따라 한 사람을 소중히 여기고 한 사람을 위해 많은 에너지를 쏟는 목회자들, 그 가치는 말로 다할 수 없을 것입니다.

한 사람을 향한 귀한 열정으로 젊은 세월을 열심히 달려온 귀한 목회자의 수고로 그간에 있었던 많은 이야기들이 책으로 정리되어 출판되는 것을 기쁘게 생각합니다. 박사과정을 지도하면서 알게 된 저자는 자신이 씨름하며 실시해 온 제자훈련을 통해서 새로운 지식을 얻기를 원했습니다. 그것은 바로 '제자훈련을 받은 양육자들과 그들을 통해 제자훈련을 받게 되는 동반자들 사이에 어떤 다이내믹이 있는가'하는 것입니다. 저자는 제자훈련을 받은 사람이 또 다른 사람, 동반자를 세우는 재생산에서 어떤 일들이 일어나는지 알고 싶었던 것입니다.

저자의 인격과 함께 사역자로 성장해 오면서 발전하는 모습 그리고 제자훈련으로 사람을 키우는 과정에서 씨름하는 모습, 그가 깨닫는 것과 경험한 제자훈련 사역의 여러 발견은 저자만이 갖는 귀한 경험입니다. 저자가 연구한 현장의 여러 이야기는 우리에게 다양한 통찰력을 줄 것으로 기대됩니다. 특히 마지막 부분에 정리된 사람을 세워가는 7가지 방법은 사람 키우는 일에 헌신한 많은 분들에게 큰 도움이 될 것입니다. 한 영혼의 소중함을 인식하는 모든 사역자, 성도들께 기쁨으로 추천합니다.

박 성 민

한국CCC 대표&글로벌 부총재

"한 사람을 만난다는 것은 그 사람의 인생이 통째로 내게 오는 것이다"라는 말이 있습니다. 이 책을 읽으면서 저자의 지금까지의 인생이 통째로 다가오는 듯한 느낌을 받게 되었습니다. 이 책의 저자인 김신회 목사님은 개인적으로 TEDS 한국어 D.Min. 과정에서 교수로 섬기며 만나게 되었습니다. 솔직히 교수와 학생이라는 관계 가운데 만남에서 상대방에 대한 이해는 매우 제한적일 수밖에 없었습니다. 그저 수업 시간에 진지하고 열심을 내는 좋은 학생 중 한 사람이라는 인상 이상의 것을 가지기는 쉽지 않습니다. 하지만 《사람을 키우라》를 읽으면서 그러한 피상적인 관계가 깊은 감동과 기대의 관계로 바뀌는 것을 경험하였습니다.

사람을 부르시고 세우시는 하나님의 섬세하신 인도와 역사는 김 목사님의 남다른 이름부터 시작하는 듯합니다. '믿음을 모으는 자'라는 이름이 지닌 의미 자체가 목사의 소명과 참 잘 어울리기에 그렇습니다. 그러한 이름을 지어주신 부모님을 향하여 "나의 최고의 멘토는 아버지 김재민 목사님과 어머니 박영순 사모님이시다"라고 말하는 김 목사님의 고백은 마음에 깊은 울림을 줍니다. 또한 그 이름의 의미답게 일관성 있게 살도록 하나님께서 얼마나 세심하게 인도하시며 그 정체성을 확인시키셨는지 알게 되었습니다. 군대에서 장군의 운전병이라는 '꿀보직'도 주일성수를 지킬 수 없다는 이유로 거절하며 신앙의 용기와 부르심에 걸맞게 살고자 하는 모습이 바로 그것을 보여줍니다.

모든 사람이 그러하듯 인간은 당장은 깨닫지 못했던 것들을 시간이 지난 후 돌아봄을 통해 평가하게 됩니다. 책에 담겨있는 김 목사님의 삶의 여정을 읽으며 다른 어떤 것보다 하나님의 세심하신 인도와 간섭을 느낍니다. 다양한 학교에서의 신학교 교육을 받을 수 있는 기회가 있었을 뿐 아니라 뛰어난 제자교육의 모범이 되는 교회들에서 사역하면서 다양한 경험을 쌓은 것 또한 우연이 아니었다는 생각이 듭니다. 그런 배경과 경험을 통해 이 책이 나오기까지 하나님의 세심하신 인도하심을 느낄 수 있었습니다.

그러한 다양한 경험을 통해 수많은 신앙 선배들의 삶을 통해서 배우며 미래 목회에 대한 교훈과 가르침을 찾아낸 것을 알 수 있습니다. 그리고 마지막 부분에 자기 나름대로 정리한 '사람을 키우고 세워가는 7가지 방법'에 그의 수많은 경험과 그 경험에 대한 분석 그리고 D.Min. 논문을 쓰며 발견한 깨달음이 잘 표현되어 있습니다. 한마디로 이 책은 제자훈련을 향한 실제적인 경험과 연구 결과의 엑기스를 담고 있습니다. 신뢰와 영향력을 잃어버린 현재의 한국교회를 다시 바로 세우며 부흥을 기대하는 것은 많은 목회자들의 바람일 것입니다. 그것을 이루기 위한 가장 중요한 방법 중 하나가 바로 이 책에 담겨있습니다. 목회의 본질인 사람을 세우며 그 세워진 사람들을 통해 세상을 변화시켜야 한다는 것입니다. "나는 이 책을 통해 사람을 키우는 제자훈련이 행복한 일이라는 것을 알리고 싶다"라는 김 목사님의 고백 속에 책을 쓴 목적과 의도가 담겨있다고 생각합니다. 제자와 제자훈련에 관심을 가지고 있는 분들에게 일독할 것을 강력히 추천합니다.

추천사

정 균 오

PCK 러시아 선교사
PCK 선교사훈련원 원장

1993년에 새문안교회에서 중등부를 담임할 때 새문안교회 수양관 미루나무 아래에서 중등부 학생들과 함께 신약성경을 통독했다. 그때 함께 성경을 통독했던 학생이 제자훈련 전문가로 성장했다. 30년 만에 그를 만나 청출어람(青出於藍)을 느꼈다. 김신회 목사님은 "모든 민족을 제자 삼으라"는 주님의 명령을 인생의 목표로 정하고 한 길을 달려왔다. 러시아에 "물이 바위를 뚫는다"는 속담이 있다. 물방울이 바위를 뚫는 힘은 지속성에 있다. 이 책은 한 목표를 향해서 지속해서 달려온 저자의 영성과 지성과 실제 경험이 어우러진 결정체다. 이 책은 높은 장벽에 가려져 있는 듯한 한국교회가 뚫고 나갈 방향을 제시하여 이 민족 가운데 예수 그리스도의 푸르른 계절이 다시 돌아오게 하는데 크게 기여할 것으로 확신한다.

이 책의 저자는 김동익 목사의 평전을 읽으며 많은 눈물을 흘린 공감 능력이 뛰어난 목사다. 나는 이 책을 읽으며 젊은 김동익 목사님을 만나는 듯한 느낌을 받았다. 그의 출생과 성장과 학업과정은 김동익 목사님이 걸어간 길과 매우 흡사하다. 그는 아버지 김재민 목사님에 의해 목사가 되는 운명으로 태어났다. 그는 자신의 운명을 소명(召命)으로 받아들이고 아버지와 하나님의 뜻에 기쁘게 순종하여 목사가 되었다. 목사로 잘 준비된 그의 인성과 영성과 제자훈련을 향한 열정을 볼 때 그의 미래가 범상치 않아 보인다. 하나님께서 김신회 목사님을 이 시대 제자훈련의 영적 거장(巨匠)으로 세우실 것으로 보인다. 이 책을 읽는 독자는 새로운 시대와 세대의 옷을 입고 나타난 김동익 목사님과 옥한흠 목사님과 하용조 목사님을 다시 만나는 특권을 누리게 될 것이다.

이 책은 제자훈련에 대한 성경적, 학문적 토대가 든든하다. 이 책은 저자의 인성과 영성이 조화를 이루고 있어 감동이 있고 사람을 변화시키는 힘이 있다. 당신이 제자훈련에 대한 기초가 든든한 이 책을 손에 붙잡고 읽기 시작할 때 시간이 멈추어지는 것을 경험하게 될 것이다.

이 책은 목회 현장과 선교 사역 현장에 꼭 필요한 책이다. 이 책은 목회자나 선교사가 사역 현장에서 어떻게 제자훈련을 해야 하는지를 자세히 안내해 주고 있다. 제자훈련에 관심이 있는 사람은 이 책 한 권만 정독한다면 누구나 제자훈련 사역을 통해 양육의 기쁨을 누리게 될 것이다.

추천사

이 태 훈

트리니티복음주의신학대학원 선교학 교수
한국목회학박사과정 담당

한국교회 목회자들과 종종 얘기를 나누다 보면 안타깝게도 '제자훈련'이 더 이상 별 영양가 없는(?), 그 시효가 다 된 한물간 옛 사역 방법처럼 취급되고 있다는 느낌을 받습니다. 지난 수십 년 동안 한국교회 내에서 실행되어 온 제자훈련의 영향과 열매는 결코 가볍게 여길 수 없는 유산입니다. 대학생 선교단체와 급성장하던 몇몇 교회가 선구적 역할을 하여 80~90년대를 지나며 제자훈련이 널리 전파되고, 전국의 교회는 물론, 해외의 이민교회에까지 확산되었습니다. 많은 목회자가 제자훈련의 정신과 사역 방법을 배워 자신들의 목회 현장에 접목해 성도를 제자화하는 노력을 해온 것은 매우 고무적입니다. 하지만 불행하게도 2024년 현재 한국교회는 성도를 예수의 참된 제자로 삼으려는 제자훈련의 근본정신이 퇴색되고, 성도들을 종교 소비자화하는 프로그램을 돌리기 바빠 보입니다. 일부에서 제자훈련이 일종의 프로그램으로 정형화되고, 교회의 중직을 맡으려면 거쳐야 하는 의식이나 과정 정도로 인식된 것은 유감스러운 일입니다. 이제는 제자훈련을 강조하거나 성도들을 제자 삼으려고 힘쓰는 교회도, 목회자도 찾아보기 어렵습니다.

이러한 시점에 김신회 목사님이 쓴 《사람을 키우라》는 신선한 자극을 줍니다. 많은 교회들이 갈수록 제자훈련을 회피하거나 피상적인 신앙 용어 정도로만 사용하는 이 시대에 김신회 목사님은 제자훈련이 교회의 기본이며, 특히 성도들을 통해 재생산하는 제자훈련이야말로 절대 놓치지 말아야 할 교회 사역의 핵심이라고 외칩니다. 그는 제자훈련을 통해 성도를 세우는 것이 곧 교회를 세우는 것이라고 강조합니다. 이러한 확신은 오랫동안 제자훈련을 실천하고 고민해 온 목회자가 아니라면 가질 수 없을 것입니다.

김 목사님은 부교역자로서 전임 사역을 하는 가운데 목회학박사과정을 밟았습니다. 코로나 사태를 지나는 동안 교회 사역과 학업을 꾸준히 병행했고, 틈틈이 제자훈련을 연구하며 논문을 쓰며 훌륭한 결과물을 남겼습니다. 자신을 "평범한 부교역자"라고 소개하는 김 목사님은 직접 연구하여 배운 것을 겸손하고 용기 있게 나눔으로써 다른 평범한 목회자들에게 귀감과 도전이 됩니다. 이 책에는 김 목사님의 성실함과 노력, 용기와 통찰이 묻어나옵니다. 향후 김 목사님의 제자훈련 여정이 사뭇 기대됩니다. 제자훈련을 고민하고 있는 모든 목회자들에게 이 책을 추천해 드립니다.

추천사

박 성 배

하나북스 대표, 코칭작가
《한국교회의 아버지 사무엘 마펫》외 20여 권의 저자

　김신회(金信會) 목사님이 쓴 《사람을 키우라》를 코칭하면서 큰 보람과 감사를 느꼈습니다. 41일 만에 완성(完成)한 초고를 보면서 나도 모르는 사이에 눈물이 났습니다. '김신회 목사님은 참 잘 준비된 목사이구나. 한국교회가 지금 어렵지만, 그래도 김신회 목사님처럼 잘 준비된 목사가 있으니 안심해도 되겠구나' 하는 생각이 들었기 때문입니다. 김신회 목사님은 나와 장로회신학대학원 82기 동기인 김재민 목사님과 박영순 사모님의 장남입니다. 성실한 아버지 김재민 목사님과 기도하는 어머니 박영순 사모님의 기도 속에서 좋은 목회자로 성장했습니다. 김신회 목사님이 쓴 이 책이 앞으로 한국교회 안에서 '사람을 키우는 소중한 교과서'로 쓰이기를 소망하며, 몇 가지 영역에서 이 책을 적극 추천합니다.

　첫째, 《사람을 키우라》에는 김신회 목사님의 믿음의 성장(成長)의 역사(易史)가 담겨있습니다. 한 사람의 믿음의 사역자가 준비되기 위해서 하나님은 오랜 세월 준비하셨음을 알 수 있습니다. 한국교회의 첫 조직교회인 새문안교회에서 강신명 목사님께 유아세례를 받았고, 김동익 목사님의 목회와 아버지 김재민 목사님의 목회를 보고 자란 김신회 목사님은 다음 세대의 한국교회를 이끌어갈 인재(人材)입니다.

둘째, 《사람을 키우라》는 예수님이 지상명령(마 28:18-20)에서 말씀하신 제자훈련에 대한 성경적, 교회 역사적, 저자 김신회 목사의 체험적 고백이 담겨있는 책입니다. 사무엘이 다윗을 키웠듯이, 바울이 디모데를 키웠듯이, 예수님이 열두 제자를 키웠듯이, 제자훈련 사역자로 잘 준비된 김신회 목사님이 이 책에 쓴 대로 "좋은 제자들을 세워가리라"는 기대를 갖게 하는 책입니다.

셋째, 《사람을 키우라》는 책을 쓴 김신회 목사님의 앞날을 인도해 주는 귀중한 책이 되리라 확신합니다. 네비게이토 선교회를 시작한 도슨 트로트맨(Dawson Earle Trotman: 1906-1956)은 "하나님은 준비되지 않은 사람을 쓰신 적이 없고, 준비된 사람을 안 쓰신 적도 없다"고 했습니다. 잘 준비된 김신회 목사님을 귀중히 들어쓰실 하나님을 찬양합니다. 저는 김신회 목사님의 책 쓰는 과정을 코칭하면서 앞으로 김신회 목사님이 한 교회를 목양하면서, 계속 책을 써가면서 한국교회의 내일을 이끌어 갈 귀중한 목회자가 되리라는 확신이 들었습니다. 성실과 믿음으로 살아온 삶을 체험적 고백으로 쓴 이 책대로 김신회 목사님의 앞날이 활짝 꽃피어 가기를 소망합니다.

다음 세대를 위해 사람을
키우고 세워가는 원리를 말하다!

2018년 4월에 아버지께서 시무하시는 의정부시민교회에서 박성배 코칭작가님과 윤학렬 영화감독님의 책쓰기 세미나가 열렸다. 당시 부모님은 박 작가님께 책쓰기 코칭을 받으며 공저《책짓기 건축술》의 마무리 단계에 있었다. 아버지는 은퇴를 앞두고 청년들과 함께한 은혜의 기록들을 책으로 남기려는 목적으로 세미나를 여셨다. 나도 아버지의 권유로 세미나에 참석했다.

당시 박성배 작가님이 "부목사는 책을 써야 한다"며 책쓰기를 권유하셨지만 나는 쓸 내용이 없다고 거절했었다. 나는 자신의 영역에서 성공적인 사역을 한 사람이 책을 쓰는 것이라고 생각했다. 내가 읽었던 책들도 각 영역에서 탁월성을 발휘했던 분들의 책이었다. 목회의 영역이라면 많은 사람들에게 영향력을 끼치는 목회자가 사역의 열매를 책으로 남기는 것이라고 생각했다.

그 후 약 5년이 지나고 다시 박성배 작가님과의 만남을 갖게 되었다. 작가님은 또다시 "목회자는 책을 써야 한다"고 권면하셨다. 누구의 인생이든 한 권의 책이 될 수 있고, 무엇보다도 "목회자의 글쓰기는 하나님의 일을 기록하는 것이다"라는 이야기가 마음에 와닿았다.

나는 평범한 한국교회의 부목사이다. 사람들이 생각하는 뛰어난 사역의 열매를 낸 적이 없다. 나는 하나님께서 맡기신 사역을 묵묵히 감당해 왔을 뿐이다. 그런 내가 이 책을 쓰는 이유는 나의 삶에 역사하신 하나님의 일들을 남기고 싶어서이다. 어느덧 40대 중반의 나이에 접어든 시점에 지금까지 하나님께서 베풀어 주신 은혜를 되돌아보고, 인생의 후반전을 준비하는 과정의 일환으로 책을 쓰게 되었다.

하나님은 나에게 명확한 사명을 주셨다. 나의 삶의 목표는 예수님께서 분부하신 "지상대명령"(마 28:18-20)을 성취하는 것이다. "가서 제자 삼으라"는 말씀을 실천하는 것이다. 청년 시절 받은 비전을 지금까지 맡겨진 사역의 현장에서 실천하고 있다. 이 책은 하나님께서 나를 예수님의 제자로 훈련시키시고, 사람들을 예수님의 제자로 세우도록 역사해 오신 사역에 대한 기록이다.

이 책의 Part 1은 하나님께서 나로 하여금 사람을 키우고 세워가는 목회자로 준비시키셨던 과거를 기록했다. 하나님은 내가 청년 시절에 제자훈련을 받게 하시고, 예수제자 삼는 꿈을 꾸게 하시고 사역할 수 있는 기회를 주셨다. 나는 그 사명을 이루기 위해 열심히 달려왔다.

Part 2와 Part 3은 나의 목회학박사 학위논문을 재배열하여 정리하였다. 제자훈련 사역의 경험을 논문으로 썼는데, 아무래도 학위논문은 접근성이 떨어지므로 이를 다시 재배열하여 제자훈련을 하는 목회자와 평신도 양육자들에게 도움이 될 수 있도록 정리했다. 학위논문을 재배열하여 싣는 것에 대한 부담이 있었는데 블레즈 파스칼의 "내가 아무것도 새로운 것을 말하지 않았다고 말하지 마라. 배치가 새로운 것도 새로운 것이다"라는 글귀를 읽고 용기를 냈다.

Part 2에서는 제자훈련을 위한 이론적인 부분을 제시하였다. 성경에서 제시하는 제자는 누구인지, 제자도의 본질은 무엇인지, 제자도의 목표와 제자훈련의 방식에 대해서 정리했다. 제자훈련의 성경적 기초를 확립하는 데 도움이 될 것이다. 또한 한국교회에서의 제자훈련 역사를 정리하며 제자훈련의 대표적인 교회 현장을 제시했다.

Part 3은 제자훈련 현장의 생생한 목소리를 기록하였다. 특별히 평신도 양육자가 다른 평신도 동반자를 양육하면서 경험했던 이야기를 그대로 실었다. 평신도 양육자들이 제자훈련 사역에 동참하게 된 동기와 기대, 어떤 사람들을 동반자로 선택했는지, 제자훈련의 양육자로서 누린 은혜가 무엇인지를 소개하였다. 또한 평신도 양육자에게 제자훈련을 받은 동반자들이 제자훈련에 참여하게 된 동기와 기대, 그리고 평신도 양육자와 제자훈련을 하게 된 계기, 제자훈련 후 배우고 느낀 것들을 정리하였다.

이러한 내용들은 다른 제자훈련 관련 책에서 볼 수 없는 이 책만의 독특한 부분이다. 제자훈련의 현장에서 '무엇을 경험했는지, 어떻게 경험했는지'를 파악하기 위해 질적 연구방법 중 현상학적 연구방법 (Phenomenological Research)을 사용한 결과이다. 면접 조사를 통한 제자훈련 현장의 생생한 목소리를 들을 수 있다.

그리고 마지막 Part 4에서는 내가 정립한 사람을 키우고 세워가는 7가지 방법을 제시했다. 20여 년 이상 제자훈련을 하면서 꼭 필요하다고 생각되는 7가지를 정리하였다. 이것을 통하여 목회자와 평신도 양육자가 어떻게 제자훈련을 해야 하는지에 대해서 도움을 받을 수 있다.

제자훈련은 교회 성장의 도구나 한 시대의 유행이 아니다. 이것은 우리 주님께서 분부하신 지상대명령을 성취하는 전략이다. 예수님은 "가서 모든 민족을 제자 삼으라"(마 28:19)고 하셨다. 선택의 여지가 없이 순종해야 하는 명령이다. 제자훈련을 통하여 예수님의 성품을 닮아가고 예수님의 사역을 감당하는 예수님의 제자들을 세워야 한다. 또한 목회자는 그들로 또 다른 제자를 세우도록 코칭해야 한다.

예수님이 재림하실 때 반드시 "너는 내가 분부한 지상대명령에 어떻게 순종했느냐"고 물으실 것이다. 우리 모두 주님의 물으심에 대답할 것을 준비해야 한다. 이 책이 그 대답을 준비하는 데 지혜와 용기를 줄 것이다.

2024년 4월
예수 그리스도의 제자　김신회

"내 형질이 이루어지기 전에 주의 눈이 보셨으며

나를 위하여 정한 날이 하루도 되기 전에

주의 책에 다 기록이 되었나이다"

(시편 139:16)

PART 1

사람을 키우고 세워가는
목회자로 준비되다

✤

하나님은 오래전부터
믿음의 사람으로 준비시켜 주셨다

아버지가 대학에 다닐 때
이름을 짓고 서원을 하다

✝

나는 초등학교 때 서예학원에 다녔다. 나이가 지긋하신 할머니 선생님이 붓글씨를 가르쳐 주셨다. 어느 날 선생님이 내게 이름을 한 자로 써보라고 하셨다. 믿을 신(信)과 모을 회(會) 자를 쓰자 선생님은 "교회네! 교회야!"라고 말씀하셨다.

내 이름은 김신회(金信會)이다. 지금까지 살아오면서 나와 같은 이름을 가진 사람을 만나본 적이 없다. 요즘은 웹 검색을 하면 같은 이름을 가진 사람들이 검색되기는 하지만 학창 시절에는 독특한 이름에 속했다. 이름도 발음하기가 어려워서 처음 듣는 사람들은 '시내'라고 듣고 불렀다. 지금도 '회' 자를 잘 못 알아들어서 "교회, 회사 할 때 회"라고 설명을 해야 한다. 하지만 이 이름은 나의 삶의 방향을 설정해 주었다.

아버지께서 종종 나의 이름을 어떻게 짓게 되었는지 말씀해 주셨다. 아버지는 대학교 3학년 때 진로에 대한 고민을 하셨다. 경영학을 공부하고 계셨기에 기업체에 입사하는 것과 교수가 되어 학생들에게 복음을 전하는 것 그리고 목회에 대한 생각을 하셨다. 당시는 목회에 대한 하나님의 뚜렷한 부르심이 없어서 교수가 되어 학생들에게 복음을 전하기로 결심하시고 우선 고등학교에서 학생들을 가르치며 준비하기로 하셨다. 본인이 목회의 길에 들어서지 않는 대신에 결혼하여 자녀를 낳게 되면 큰아들을 목회자로 세우기로 서원을 하며 이름을 지었다. 안동 김씨의 돌림자를 따라 끝 자가 모을 회(會)였는데 가운데 자를 믿을 신(信) 자로 하여 '신회(信會)' 곧 '믿음을 모으는 자'로 정했다.

그 후 아버지는 결혼을 하셨고 첫째 아들이 태어나자 서원대로 '신회(信會)'라는 이름을 지어주셨다. 이것이 곧 나의 정체성이 되었다. 나는 태어날 때부터 믿음을 모으는 사람, 목사가 되어야 했다. 어릴 적 어머니는 나를 "김 목사님!"이라고 부르셨다. 동생과 번갈아 가면서 베개를 앞에 두고 가정예배를 인도하게 하셨던 기억이 생생하다. 어릴 적부터 나의 장래희망은 줄곧 '목사'였다. 나는 언제나 나의 이름을 자랑스럽게 생각하였고 이름대로 살아가야겠다고 다짐하였다. 진로에 대한 고민의 시간이 있기도 했지만 결국 이름대로 나는 목사가 되었다. 안수를 받고 목사가 된 지 13년이 흘렀다.

나는 지금껏 살아오면서 이름의 중요성을 실감하였다. 그래서 아내와 함께 기도하면서 자녀들의 이름을 직접 지어주었다. 아버지처럼 대학생 때 자녀의 이름을 짓지는 못했고 아이들의 출산 시기에 맞추어서 기도하면서 이름을 지었다.

첫째 딸의 이름은 하희(賀憙)이다. 결혼하기 전 아내는 큰 아픔을 겪였다. 2008년 8월 27일, 장인이신 故 박수진 목사님(꿈꾸는교회 위임목사)과 故 한연오 사모님이 부목사님들과 사모님(故 박태성 목사, 故 곽병배 목사, 故 최미경 사모) 그리고 진해꿈꾸는교회 담임목사님 가족(故 박성돈 목사, 故 정정희 사모, 故 박보아 양)과 함께 학생들을 훈련시킬 선교 영어 교육센터를 마련하기 위해 필리핀 선교지 방문 중 교통사고로 소천(召天) 받으셨다. 현지 가이드 집사님을 포함하여 10명 전원이 사망한 큰 사고로, 당시 장례 절차가 언론에 보도될 정도였다. 이 사고로 아내는 갑작스럽게 부모님을 여의게 되었다. 2008년 8월 6일 양가 부모님 사이에 결혼에 관한 이야기를 나누고 3주 만에 사고를 당하신 것이다.

장인 장모님의 장례 후 채 5개월도 지나지 않은 2009년 1월 10일에 장인어른이 시무하시던 꿈꾸는교회 예배당에서 결혼식을 올렸다. 주례는 한소망교회 류영모 목사님(대한예수교장로회총회 제106회기 총회장), 기도는 상현교회 최기학 목사님(대한예수교장로회총회 제102회기 총회장), 축도는 새벽교회 이승영 목사님이 순서를 맡아주셨다.

결혼을 준비하는 과정과 신혼 초기에 아내는 많이 힘들어했다. 그런 우리 가정에 하나님은 일찍 아기를 선물로 주셨다. 아내가 임신 중일 당시 나는 새벽월드교회 중등부 사역을 하고 있었다. 그해 여름, 청소년 지도자를 위한 세미나에 참석 중이었다. 3일간의 세미나에 참석하면서 이 땅을 살아가면서 가장 소중한 가치가 '하나님의 기쁨이 되는 것'이라는 깨달음을 갖게 되었다. 그래서 앞으로 태어날 아이가 하나님의 기쁨이 되고 사람들의 기쁨이 되는 삶을 살았으면 하는 기대에서 '기쁠 희(喜)' 자를 넣기로 마음먹었다.

하지만 부모님을 잃은 슬픔과 아픔 가운데 임신한 아내는 여전히 돌아가신 부모님의 빈자리를 많이 느끼며 신혼의 기쁨을 온전히 누리지 못했다. 아내에게 기쁠 희(喜) 자는 마음에 다가오지 않았다. 그러던 중 아내는 꿈꾸는교회 청년부 여름수련회에 참석했다. 갑작스럽게 부모님을 데려가신 하나님의 뜻이 이해되지 않아 계속 하나님께 물으며 기도했다. 이때 "이제는 슬픔을 거두어 가길 원하시고 뱃속에 잉태된 아이가 기쁨과 위로의 선물로 허락하신 아이"라고 말씀하시는 하나님의 음성을 들었다. 또한 이 아이가 아내에게만 위로의 선물로 허락하신 생명이 아니라, 아이의 삶을 통해 다른 사람들에게 하나님이 주시는 참된 기쁨과 위로를 전달하는 삶을 살게 될 것이라는 마음을 부어주셨다. 그래서 아이의 이름에 '위로하다'는 의미를 가진 '하례 하(賀)' 자를 선택하게 되었다. 하나님이 우리 가정에 주신 위로자 된 자녀가 앞으로의 삶을 통해 세상을 위로하는 자가 되기를 소망하는 의미를 담았다. 그래서 첫째 딸 아이의 이름이 하희(賀喜)이다. 아이가 태어나기 전에 이름을 지어놓고 아이가 태어나기를 기다렸다.

둘째 아들의 이름은 태림(太臨)이다. 둘째의 출산을 앞두고 나는 청년들과 몽골 단기선교를 갔었다. 아내가 첫째를 돌보며 혼자 있었는데 무리가 되었는지 조산기가 있었다. 주일 오전에 교회에서 사역하고 있는데 전화가 왔다. 몸이 안 좋아서 병원에 갔는데, 선생님이 이런 몸으로 혼자 병원에 왔느냐고 하시면서 빨리 남편을 불러서 대학병원에 입원하라고 말씀하셨다. 위임목사님께 말씀드리고 아내를 데리고 선생님이 연결해 준 고려대학교 안암병원으로 향했다. 아내를 입원시키고 네 살 된 딸을 데리고 다시 교회로 돌아와 청년부 설교를 했다. 청년들에게 순산을 위해 기도를 부탁했던 것이 지금도 생생하다.

아내는 1주일 동안 병원 침대 위에서 생활하다가 출산했다. 예정일보다 50여 일 일찍 둘째가 태어났다. 감사하게도 체중이 많이 나가서 인큐베이터에는 들어가지 않았지만 신생아 중환자실에서 시간을 보내야 했다. 어려운 과정 가운데 예상보다 아이가 빨리 태어나서 이름 짓는 것에 집중하지 못했다. 딸은 돌림자와 상관없이 이름을 지었는데 아들은 집안의 돌림자를 따라 지으려고 하니 더 어려웠다. 아들 항렬에서는 가운데에 '클 태(太)' 자가 돌림자였다. 그런데 '태' 자를 넣어 이름을 짓는 것이 쉽지 않았다. 아이가 태어나고도 이름을 못 짓고 있었다.

출산 전후로 아내가 2주 정도 병원에 입원해 있었다. 퇴근 후 병원을 오가면서 이재철 목사님 설교를 들었는데 그때 주셨던 마음이 하나님의 임재 가운데 살아가는 것이 가장 복된 삶이라는 마음을 주셨다. 그래서 아들의 이름에 '임할 림(臨)' 자를 붙여주었다. 하나님의 크신 임재 가운데 살아가라는 기대를 담아 이름을 지어주었다.

우리 부부는 아이들이 잠들기 전, 기도 때마다 아이들의 이름을 가지고 기도해 주었다.

"우리 하희가 사람들을 위로하며 하나님과 사람들의 기쁨이 되는 삶이 되게 해주세요. 우리 태림이가 크신 하나님의 임재를 사모하며 하나님의 크신 임재 가운데 살게 해주세요."

자녀들은 이런 기도를 들으며 자라서 자신들의 이름의 의미를 잘 알고 있다. 우리 자녀들이 어떤 직업을 가지고 살지는 모른다. 하지만 하나님이 주신 큰 방향성을 따라 살았으면 좋겠다. 지금도 그렇게 기도하고 있다.

10여 년 청년 사역을 하면서 가정의 중요성을 많이 강조했다. 그래서인지 청년부 안에서 교제하고 결혼하여 가정을 이룬 청년들이 많았다. 설교와 셀모임 그리고 결혼 준비 교육을 하면서 우리 가정의 이야기를 종종 들려주었다. 자녀들의 이름을 짓기 위해 기도하면서 하나님의 뜻을 구하고 부모의 소망을 담아 지으면 좋겠다고 조언했다. 그 결과 여러 가정에서 기도하며 자녀들의 이름을 지었다.

하늘 아버지의 친구 '건우(乾友)', 지혜롭고 뛰어난 능력으로 이웃을 돕는 선한 사람 '준우(俊佑)', 믿음으로 하나님의 복을 받는 '연우(堯祐)', 하나님의 말씀에 기쁘게 반응하며 살기를 바라는 '유담(兪談)', 범사에 하나님 한 분으로 만족하고 감사하는 자녀 '유범(愉凡)', 하나님과 동행함의 기쁨과 겸손함의 복을 깨우쳐 주는 삶을 살기를 바라는 '유겸(喻謙)', 하나님의 백성으로 살아가기를 소망하는 '하민(蝦民)', 세상과 구분된 하나님 나라의 삶을 살아가길 원하는 '하성(蝦城)', 주님 앞에 서기 전까지 하나님께서 빚어주시길 원하는 '하온(蝦醞)', 넉넉하고 어진 성품을 가진 아이로 성장하길 소망하는 '인우(仁優)', 슬기롭고 어진 성품을 가진 아이를 기대하는 '인혜(仁慧)', 슬기롭게 빛나는 삶을 살아가길 바라는 '서연(惰婨)', 슬기롭고 베푸는 사람으로 살아갈 '서우(惰優)', 넉넉한 하나님의 품처럼 부드럽고 온화한 성품 위에 주시는 복을 꼭꼭 잘 담고 살아가길 바라는 '하은(嘏誾)', 주님이 주시는 복이 가득하여 평생을 기쁘게 살아가는 자녀 '하이(嘏怡)', 하나님의 자녀로 주님의 은혜를 구하며 살아가는 '은호(恩浩)', 하나님이 주시는 지혜로 세상에 나아가 섬길 수 있는 자로 살아가는 '지호(智浩)', 그리스도의 향기를 담은 열매를 맺는 자녀 '라온(菈韞)', 하나님의 말씀을 사랑하는 아이로서 풍성한 열매를 맺길 바라는 '라율(菈矞)' 등으로 청년부 출신 부부들이 자녀들의 이름을 지었다.

앞으로 이 자녀들이 부모의 기도와 소망대로 하나님 나라의 귀한 일꾼들로 살아갈 것을 생각하니 기대가 되고 기쁘다.

새문안교회와 숭실고등학교에서 믿음의 기초가 세워지다

✝

나는 우리나라 최초의 조직교회인 새문안교회에서 성장했다. 1887년 9월 27일(화) 밤, 서울 정동의 한 한옥에 14명의 한인들이 모였다. 언더우드(H. G. Underwood) 목사의 주재로 그 자리에서 한인 1인에게 세례를 베풀고 2인의 장로를 선임함으로써 우리나라 최초의 조직교회가 시작되었다. 새문안교회는 한국 최초의 조직교회로 이 땅에 복음의 첫 문을 연 한국의 어머니 교회이며 한국 기독교 복음의 역사적 숨결이 숨 쉬고 있는 교회이다.

모태신앙으로 성결교회에서 신앙생활을 하시던 아버지는 1976년 대학 졸업을 앞두고 친구(유진규 새문안교회 공로장로)를 따라 새문안교회에 출석하셨다. 새문안교회에 출석하시던 중 결혼하여 가정을 이루셨다. 아버지는 숭실고등학교 교사로 재직하시면서 1981년부터는 새문안교회 고등부 교사로 봉사하셨다. 나는 1979년에 출생하여 1980년 3월 30일에 강신명 위임목사님께 유아세례를 받고 새문안교회에서 성장했다. 교회와 어린 시절 살던 집은 거리가 있어서 어머니와 동생과 함께 버스를 타고 교회를 다녔던 기억이 또렷하다.

아버지는 김동익 위임목사님의 설교를 통해 은혜를 받고 새문안교회의 역사에 눈을 떠가며 신앙생활에 변화를 경험하셨다. 신앙인으로서의 바른 삶과 교회의 사회적 책임에 대해 고민하며 기도하던 중 하나님의 부르심을 받고 고등학교 교사의 직업을 내려놓고 장로회신학대학교 신대원에 입학하셨다. 그때 나는 국민학교(현재 초등학교)에 입학하였다. 아버지는 신대원 2학년 때부터 새문안교회 중등부 교육전도사로 2년간 사역하신 후 상도교회(관악노회) 전임전도사로 부임하셨다.

아버지는 상도교회에서 안수를 받고 부목사가 되셨지만 우리 가족은 교회 사택이 아닌 어릴 적부터 살던 집에 계속 살았다. 아버지가 상도교회 전임전도사로 부임하실 때부터 어머니는 상도교회에 출석하셨다. 하지만 나와 동생은 계속 새문안교회를 다녔다. 당시 나는 국민학교 4학년이었고 동생은 2학년이었는데 우리 형제는 버스를 타고 집에서부터 1시간 정도 걸리는 새문안교회에 출석했다. 동생과 둘이 집과 거리가 있는 새문안교회에 다녔지만 주일예배는 거의 빠지지 않았다. 새문안교회 교회학교 전 과정 수료증과 함께 초등학교 5학년 정근 상장, 초등학교 6학년, 고등학교 2학년, 고등학교 3학년 개근상장이 남아있다.

새문안교회는 나의 유년기와 청소년기의 추억이 가득한 곳이다. 나는 자모실로부터 시작해서 영아부, 유치부, 유년부, 초등부, 소년부, 중등부, 고등부 등 교회학교 전 과정을 수료했다. 고등학교 1학년 때인 1995년 9월 24일에 김동익 목사님께 세례 문답을 받고 입교를 했다. 현재 있는 여섯 번째 예배당은 나에게는 낯설지만 이전 예배당은 구석구석 다 알고 있었다. 주일예배 후 교회 이곳저곳에 흩어져서 분반 공부했던 장소들, 친구들과 뛰어놀았던 기억들, 지하 식당에서 함께 밥을 먹었던 시간들, 주일에 빈 공간을 찾아다니며 찬양 연습을 했던 추억들, '마구간의 축제'를 준비(고등부 문학의 밤 행사)하며 친구들과 함께했던 시간들, 성탄 자정 촛불예배를 드린 후 함께 밤을 새우고 비몽사몽으로 성탄예배를 드렸던 추억들로 가득하다.

지금의 새문안수양관 이전에 있던 구 수양관에서 성경학교가 진행되었었는데 맛있는 카레를 먹고, 앞의 개울에서 물놀이하고, 캠프파이어를 했던 추억들도 눈앞에 선하다. 고등학교 3학년 때 새로 지은 새문안수양관의 좋은 환경에 감탄하며 은혜를 누렸던 시간들도 감사한 기억이다. 특별히 고등학교 2학년과 3학년 때는 성가대와 찬양팀(PSALM)을 하면서 많은 은혜를 사모하던 시기였다. 고등부 선후배, 친구들과 그리스도의 몸 된 공동체를 세워가며 공동체의 아름다움을 경험하는 시기였다.

청년이 되어 아버지가 시무하시는 의정부시민교회 중고등부 교사로 봉사하면서 새문안교회 옛 수양관을 빌려 성경학교를 진행한 적이 있었다. 유년기와 청소년기를 보냈던 수양관에서 교사가 되어 성경학교를 진행했는데 어릴 적 교회학교 선생님들이 얼마나 많은 수고를 하셨는지를 새삼 느끼는 시간이었다. 어린 시절 캠프파이어는 늘 산 위에서 시작되었다. 선생님들이 산 위에서 철사와 천으로 만든 조형물에 불을 붙이고 아래로 내려보냈다. 줄을 타고 내려온 불타는 조형물에 의해 쌓아놓은 장작더미가 점화되었다. 그 순간 우리는 환호성을 질렀다. 그 한순간을 위해 얼마나 많은 수고와 준비를 했는지 생각하며 감사하는 시간이었다.

나는 새문안교회의 다섯 번째 예배당에서 5대 김동익 위임목사님이 계실 때 신앙생활을 했다. 김동익 목사님은 나의 유년기와 청소년 시절 위임목사님이셨다. 우리 가족은 매년 새해를 맞으면 목사님 사택을 방문하여 새해 인사를 드렸다. 늘 잔잔한 미소로 우리 가족을 맞아주셨고, 세배를 드리면 언제나 목사님께서 세뱃돈을 주셨던 추억이 있다. 당시 방송에 자주 출연하셨던 황산성 사모님(변호사, 제11대 국회의원, 제5대 환경처 장관)을 직접 만나 뵙는 것은 친구들에게 자랑할 만한 이야깃거리였다.

나의 몸에는 김동익 목사님을 기억나게 하는 상처가 있다. 김동익 목사님이 새문안교회에 부임하신 해(1981년)에 동생이 태어났다. 동생이 태어나고 10일이 지났을 때 김동익 목사님께서 우리 가정에 심방을 오셨다. 목사님께서 심방을 마치고 돌아가신 후, 집에서 산후조리를 도와주시던 아주머니가 밥상을 들고 방으로 들어오셨다. 들어오시던 아주머니와 내가 부딪혀 뜨거운 미역국이 나의 얼굴과 오른쪽 팔위로 쏟아졌다. 당시 나는 세 살이었는데 부모님이 오랫동안 효자동(종로구)까지 데리고 가 화상 치료를 받게 하였지만 지금도 그 화상 자국이 선명하게 남아있다. 아버지는 내 팔의 화상 자국을 볼 때마다 김동익 목사님이 생각난다고 하신다.

고등학교 1학년 때 김동익 목사님 집례로 입교했다. 입교식 전에 문답을 위해 교회에서 나눠준 자료를 열심히 암기하며 떨리는 마음으로 김동익 목사님과 장로님들 앞에서 문답식을 했던 기억이 있다. 수능시험을 마치고 숭실대학교에 지원하는 과정에서 담임목사님 추천서가 필요했다. 당시 김동익 목사님은 신장암 수술을 받고 병원에 계셨다. 아버지께서 병원에 계신 목사님께 전화를 하셨고 목사님이 추천을 허락해 주셔서 학교에 서류를 제출할 수 있었다. 대학에 입학하는 과정에도 목사님은 함께해 주셨다. 아버지께서 병원에 계신 목사님을 찾아뵙고 나의 대학입학 소식을 알려드렸는데 그것이 목사님과의 마지막 만남이 되셨다. 내가 대학교 1학년 학기를 시작한 지 얼마 안 된 시점인 1998년 4월 1일(수)에 목사님은 하나님의 부름을 받으셨다. 4월 4일 토요일에 새문안교회 동산에서 장례를 치를 때 아버지와 함께 참석하여 마지막 인사를 드렸다.

최근에 박성배 코칭작가님의 추천으로, 러시아에서 30여 년 동안 선교하신 정균오 선교사님(새문안교회 파송)의 '김동익 목사님 평전' 원고를 읽고 큰 감동을 받았다. 어린 시절이어서 잘 몰랐던 김동익 목사님의 삶과 사역이 목사가 된 나에게 큰 감동과 교훈을 주었다. 이런 목사님과 함께 사역한다면 참 행복할 것 같다는 생각이 들었다. 책을 읽으며 눈물을 흘린 적이 드물었는데, 이때만큼은 목사님의 인격적인 모습에 감격하여 흐르는 눈물을 주체할 수 없었다.

은평구 신사동에 살았던 나는 집 근처의 숭실고등학교에 배정되었다. 숭실고등학교는 아버지께서 신대원에 진학하시기 전 8년간 교사로 근무하셨던 곳이었다. 학교에 입학하자 아버지를 알고 계신 선생님들이 계셨고, 선생님들은 나를 따뜻하게 잘 대해주셨다.

우리는 입학할 때 성경책과 찬송가를 선물로 받았고 언제나 가방에 넣고 다녔다. 매일 아침 조회 때마다 찬송을 부르고 성경을 읽고 담임선생님의 기도로 하루를 시작했다. 종례 시간에도 찬송과 기도로 학교 일과를 마무리했다. 나는 3년간 학급 종교부장으로서 찬양과 성경 읽기를 인도했다. 성경 경시대회가 있을 때는 예상 문제를 만들어서 반 친구들과 함께 공부하기도 하였다. 고등학교 3학년 때는 수능시험을 보기 전까지 성경 일독을 목표로 공부를 시작하기 전에 개인적으로 성경을 한 장씩 읽었다. 수능시험 전날에 요한계시록 마지막 장을 읽으며 처음으로 신구약 일독을 하고 잠들었던 추억도 있다.

또한 일주일에 한 번씩 예배당에 모여드리는 채플은 은혜와 도전의 시간이었다. 채플에 오셨던 분들 중 지금도 기억에 남는 분은 실로암안과병원장이신 김선태 목사님이시다. 6.25전쟁 때 부모님과 두 눈을 잃은 목사님은 하나님께 기도하여 공부할 수 있는 기회를 얻고 목사가 되셨다. 또한 시각장애인으로 실로암안과병원을 설립하셨다는 간증을 들으며 은혜를 받고 도전을 받았던 기억이 있다. 특히 김선태 목사님이 숭실중·고등학교를 졸업하신 선배님이라는 말씀을 듣고 자랑스러웠다. 나도 나중에 훌륭한 목사가 되어 후배들을 찾아와서 설교를 하고 싶다는 소망을 갖기도 했다.

하나님께서는 나를 증조할머니로부터 시작된 4대째 신앙의 가정에서 태어나게 하셨다. 지금의 전의성결교회(1932년 창립)가 증조할머니 집에서 시작되었다. 또한 내가 선택하지 않았지만 새문안교회와 숭실고등학교에 보내셔서 믿음의 사람으로 신앙의 기초를 닦게 하셨다. 가정과 교회뿐만 아니라 학교에서도 영적인 분위기 안에서 평안함 가운데 성장하게 하셨다. 돌이켜보니 이 모든 것이 하나님의 전적인 은혜였다.

대학 시절에 회심을 경험하다

✝

"그리스도를 알고, 그를 알게 하라(To know Christ and to make Him known)" — 도슨 트로트맨

부모님의 서원기도에 따라 나의 꿈은 어려서부터 목사였다. 하지만 바로 신학교에 진학하지 않고 일반 대학에 진학하기로 결정했다. 이미 목회를 하고 계신 아버지께서 바로 신학교에 입학하기보다 일반 학교에서 다른 전공을 공부하며 견문을 넓히는 것이 좋다고 조언해 주셨기 때문이다.

수능시험을 치르고 1997년 12월 22일(월)에 아버지와 함께 숭실대학교에 입학원서를 제출했다. 학교에는 입학원서를 접수하기 위해 수많은 학생들과 부모님들이 모여있었다. 접수처를 향해 학교 교정을 걷고 있었는데 한 남자 선배가 다가와서 인사를 했다. 잠시 시간을 낼 수 있느냐면서 복음을 전하고 싶다고 했다. 나는 이미 교회에 다니고 있다고 말했지만 그래도 복음을 들어야 한다고 했다. 그 선배는《하나님의 선물인 영생》(네비게이토)이라는 작은 소책자를 가지고 나에게 복음을 제시했다. 나는 자연스럽게 영접기도까지 따라 했다. 그리고

선배에게 당시 '무선 호출기(삐삐)' 번호를 적어주고 헤어졌다.

면접을 거쳐 약 1주일이 지난 후 숭실대학교 경영학부 합격증을 받았다. 나의 대학생활은 학업, 웨스트민스터 합창단 활동, 교회 봉사가 주를 이루었다. 대학에서 배우는 모든 것이 새롭고 재미있었다. 그래서 이수하는 과목마다 최선을 다해 열심히 공부하였다. 경영학을 전공으로 하고 교직과정(2급 정교사)과 평생교육사과정을 함께 공부했다.

대학생활의 낭만과 추억은 웨스트민스터 합창단을 통해 얻었다. 웨스트민스터 합창단은 진리와 봉사의 학교 설립이념과 음악을 통한 선교를 목적으로 1958년에 창단되었다. 내가 입단할 당시(1998년) 40년의 역사를 가진 합창단이었다. 학교에서 드려지는 채플에 찬양대로 봉사하며 매년 11월에 정기연주회를 가졌다. 학기 중에는 매주 화요일과 금요일 저녁에 2시간씩 연습을 하였고, 단원들은 일주일에 3회 채플 찬양대로 봉사해야 했다. 우리는 주로 찬양을 불렀고 좋은 가곡들도 함께 노래했다. 기독교 학교여서 공식 행사 때마다 예배를 드렸고 예배가 있는 곳마다 찬양대로 섬겼다. 여름방학과 겨울방학에는 하계합숙(10박 11일)과 동계합숙(5박 6일)을 통해 함께 숙식하며 노래를 연습하고 다양한 조별 행사와 발표회를 가졌다. 대학 합창제에 나가기도 하고 교회와 군부대 순회 연주회를 하기도 하였다. 전국에서 모인 다양한 전공을 가진 선후배·동기들과의 만남은 나를 성장시켰다.

대학에 입학하면서 부모님이 계시는 의정부로 거처를 옮겼다. 어려서부터 자라온 집과 동네 친구들 그리고 새문안교회 친구들을 떠나 아버지가 담임 목회하시던 의정부시민교회로 교회를 옮겼다. 금요 심야기도회부터 주일 오후까지는 주로 교회에서 시간을 보냈다. 금요 심야기도회 찬양팀으로 봉사했고, 토요일은 의정부시민교회 청년부 집회와 청년부 모임을 가졌다. 주일 오전에는 1부 예배 찬양대와 중고등부교사로 봉사했고, 주일 오후에 새문안교회 대학부 예배를 드렸다. 새문안교회를 잊지 못하여 대학교 1학년 상반기는 의정부시민교회 청년부와 새문안교회 대학부를 동시에 출석했다. 새문안교회 친구들과 헤어지기가 쉽지 않았지만 여러 상황에 의해 2학기부터는 나가지 않았다. 시간이 지나면서 의정부시민교회에 정착하게 되었다. 당시 의정부시민교회의 청년부는 소수의 인원이 모여 예배드렸다. 말씀을 배우고 성장하고 싶은 갈증이 있었는데 충족되지 않았다.

고등학교 시절 찬양을 통해 많은 은혜를 받았다. 온누리교회의 목요 경배와 찬양과 예수전도단의 화요모임을 다니면서 하나님을 예배하는 것의 기쁨을 누렸다. 당시 예수전도단 화요모임에서는 해외에서 사역하시던 선교사님들의 간증을 들을 수 있었다. 선교사님들은 성경에 나타난 살아계신 하나님의 역사가 지금도 믿음의 사람들을 통해 선교 현장에 나타난다고 간증하셨다. 하지만 나는 열심히 예배하고 봉사하는데 영적인 체험이 없고 마음에 죄를 짓고 살아가는 나의 모습을 보며 구원에 관한 고민이 많았다. 나는 분명히 하나님이 계시고 예수님이 계신 것을 믿고 있었다. 문제가 닥치면 언제나 하나님께 기도드렸고 하나님의 살아계심을 인식하며 나의 행동과 생활을 바르게 하려고 애썼다. 하지만 나에게는 구원의 확신이 없었다. 거듭남의 체험이 없었다. 그래서 찬양집회 후 콜링(Calling)의 시간이 있을 때면 수차례 일어나 예수님을 영접하는 기도를 따라 했다.

대학 진학 후 구원에 대한 갈등이 더욱 심해졌다. 말씀을 체계적으로 배우고 양육을 받고 싶은 갈망이 점점 커졌다. 하지만 내가 속한 청년부에는 그런 체계가 없었다. 또한 열심히 봉사하는 위임목사의 아들이 구원에 대해 고민하고 있다는 것을 누구에게도 말할 수 없었다.

그때 학교에서 네비게이토 선교회의 신상래 선교사님을 만나게 되었다. 숭실대학교 네비게이토 선교회를 담당하시던 분이었다. 《인간과 하나님》 교재로 말씀을 배우기 시작했다. 1998년 11월이었다. 선교사님은 간단하게 큐티(QT)하는 법을 가르쳐 주셨고 암송카드의 말씀을 외우도록 시키셨다. 만날 때마다 암송구절을 외우고 큐티를 나누고 교재를 공부했다. 12월 초 어느 날이었다. 〈하나님의 해결〉, 〈인간의 책임〉을 예습하던 중 예수 그리스도가 나를 위해 십자가에서 돌아가셨고 부활하신 그 사실을 믿으면 구원을 받는다는 복음이 나의 마음에 꽂혔다. 나에게 어떠한 특별하고 신비한 체험이 없어도 내가 예수 그리스도를 믿으면 구원을 받는다는 말씀이 믿어졌다. 이것이 깨달아지고 너무 기뻐서 숭실대학교 잔디밭을 뛰어다녔던 것이 생각난다. 그리고 선교사님을 만나서 너무도 기쁘게 이 말씀이 믿어지고 예수님을 믿음으로 내가 구원받았다는 복음이 확신으로 다가온다고 고백했다. 성령님의 조명하심으로 하나님의 말씀으로 정리되고 나니 그 복음이 나에게 엄청난 사건으로 다가왔다.

그 후 나는 이 복음을 알리고 싶었다. 오랜 시간 방황하며 '나는 과연 구원받을 수 있는가'의 문제를 고민해 오던 나에게 이것은 정말 복음이었다. 당시 수능시험을 마치고 입학원서를 준비하고 있던 고3 친구들이 기도회 모임에 함께해 달라는 요청을 했다. 나는 그 모임에서도 다른 것이 아닌 복음을 나누었다.

"예수님을 믿음으로 우리가 구원을 받았다. 이 복음에 힘이 나지 않느냐? 이것이면 모든 것이 끝나지 않느냐? 우리를 구원하신 그 하나님이 우리와 함께하신다. 지금 우리를 도우신다."

그리고 교회 찬양팀 아이들을 모아놓고 《인간과 하나님》을 가르쳤다. 열과 성의를 다해서 그들에게 복음을 전했다. 나는 그때 나와 같이 교회 안에 있지만 진정 복음을 알지 못해서 불안해하고 답답해하는 친구들이 많다고 생각했었다. 내가 너무 교회 안에서 답답함을 느껴서인지 먼저 교회 안의 후배들과 학생들에게 이 복음을 전해야겠다는 불타는 마음으로 여러 번 이 책을 가지고 복음을 전했었다.

나는 네비게이토 선교사님의 사랑과 관심 그리고 하나님의 말씀(《인간과 하나님》) 그리고 성령님의 역사하심으로 복음을 듣고 예수 그리스도를 나의 구주로 영접하게 되었다. 그 뒤로는 구원의 확신에 대해서는 흔들림이 없는 견고한 반석을 다지게 되었다.

네비게이토 신상래 선교사님은 나에게 제자화가 무엇인지 행동으로 가르쳐 주셨다. 선교사님은 내가 합창단 정기연주회를 할 때 시간을 내서 찾아와 주셨고 함께 기념 촬영을 했다. 며칠 후 합창단 단실에 찾아오셔서 사랑의 노트에 짧은 글과 함께 인화한 사진을 남겨주셨다. 나의 삶에 관심을 가지고 세세하게 챙겨주시는 모습에 잔잔한 감동을 받았다. 그런 가운데 몇몇 모임에 참석했는데 선교단체가 나의 신앙배경과 맞지 않아서 조금 거리를 두게 되었다. 또한 그런 챙김과 관심을 받아본 적이 없어서인지 부담스럽기도 하였다. 그래서 가끔 삐삐로 연락하셨을 때 응답하지 않은 경우도 있었고, 시험 기간에는 의도적으로 피해 다닌 적도 있었다.

하지만 선교사님은 지속적으로 연락을 하셨고 관심을 가지고 기다려 주셨다. 어느 날 목회의 방향성에 대해서 이야기하게 되었다. 경영학도답게 목회에 있어서 행정이 중요하다고 생각하던 나에게 선교사님은 제자 삼는 목회의 본질에 대해서 이야기해 주셨다. 제자화가 무엇인지 몰랐던 나는 선교사님에게 반감을 갖게 되었고 의견이 충돌하며 좋지 않게 만남을 마무리하게 되었다. 돌이켜보면 선교사님은 나에게 진정한 목회의 본질을 가르쳐 주셨는데 내가 받아들일 준비가 되지 않았던 것 같다. 지금 생각해 보면 나에게 복음을 전해주시고 목회의 본질을 가르쳐 주신 하나님이 보내신 귀한 멘토셨다. 기회가 되면 꼭 만나 뵙고 감사하다는 말씀을 드리고 싶다.

제자훈련을 받고
제자훈련을 시작하다

✝

"우리가 그를 전파하여 각 사람을 권하고 모든 지혜로 각 사람
을 가르침은 각 사람을 그리스도 안에서 완전한 자로 세우려 함
이니"(골로새서 1장 28절)

　대학교에서 만난 선교단체의 훈련은 새문안교회에서 자라온 나의
신앙배경과 맞지 않았다. 나는 교회 안에서 말씀으로 양육받고 성장
하기를 기대하였다. 그러던 중 2000년 초에 의정부시민교회 청년부
를 담당하시던 박찬균 목사님께서 청년부 제자훈련을 시작하셨다. 내
가 대학교 3학년 때의 일이다.

　내가 속한 청년부는 작은 공동체였다. 적은 인원이었지만 목사님
은 지원자를 받아 온누리교회에서 사용하는 교재《일대일 제자양육
성경공부》를 가지고 매주 토요일에 모임을 가졌다. 교재는 일대일 제
자양육 교재였지만 처음 도입하는 과정이었기에 자원하는 청년들 몇
명을 모아 소그룹으로 출발하였다. 목사님은 훈련생들에게 성경묵상
(QT), 성경암송, 주일설교 기록, 매일 성경 읽기, 교재 예습 등의 과제
를 내주셨다. 영적인 갈급함과 교회 안에서의 체계적인 훈련을 사모

하던 나에게는 너무도 소중한 시간이었다. 약 5개월의 제자훈련을 통해서 기독교 신앙의 중요한 기초들을 정립하며 큰 은혜를 받았다. 또한 하나님과 교제하는 중요한 통로들을 알고 경험하게 되었다. 신앙의 기초적인 체계가 잡혀가는 시간이었다.

제자훈련과 함께 청년부 소그룹에서는 당시 사랑의교회 청년부에서 사용하던 소그룹 성경공부 교재를 채택하여 함께 나눴다. 목사님은 사랑의교회의 제자훈련에 대해 우리에게 소개해 주셨고, 옥한흠 목사님의《평신도를 깨운다》를 읽어볼 것을 추천해 주셨다. 5개월간의 제자훈련을 마친 후 나는《평신도를 깨운다》를 읽으면서 제자화가 무엇인지 그 중요성을 깨닫게 되었다. 그리고 약 1년 전 네비게이토 선교사님이 하셨던 말씀이 무엇인지 이해하게 되었다.

제자훈련을 받은 후 청년부 목사님께서 청년부 신입생을 양육해 볼 것을 도전하셨다. 그래서 나보다 두 살 어린 남자 청년 두 명에게 마음을 나누고 제자훈련을 권유했다. 2000년 7월 7일 금요일 저녁 7시 30분에 나의 첫 제자훈련 사역을 시작하였다.《일대일 제자양육 성경공부》의 원리대로 한 명의 후배와 일대일의 만남을 가졌다. 그리고 다른 한 친구는 한 주 후인 7월 15일 토요일 오전 11시 30분에 만남을 가졌다. 4개월 동안 매주 금요일 저녁과 토요일 오전은 일대일로 제자훈련을 하는 데 시간을 보냈다.

나는 제자훈련을 위해서 목사님이 가르쳐 주셨던 교재의 내용들을 다시 꼼꼼히 복습하여 가르칠 수 있도록 준비하는 시간을 가졌다.

목사님께서 가르쳐 주신 방법과 모임을 인도하는 순서 그대로 후배와 함께 모임을 가졌다. 한 주간의 삶을 나누며 마음을 열었다. 한 주간 말씀묵상한 내용을 나누며 기도제목을 공유했다. 함께 성경 구절을 암송하였고, 주일설교를 통해 받은 은혜를 나눴다. 교재를 함께 공부하고 결단의 기도를 하면서 모임을 마쳤다. 이 시절 배운 대로 지난 24년 동안 동일하게 제자훈련을 하고 있다.

4개월간의 일대일 제자훈련을 마친 후 두 명의 후배와 함께 옥한흠 목사님의 《평신도를 깨운다》를 읽었다. 매주 한 장씩 읽으며 청년부 안에서 제자화에 대한 꿈을 키웠다. 이 모임과 함께 나는 11월부터 새로운 후배 두 명과 만나 또다시 제자훈련을 시작했다. 그리고 처음에 나에게 제자훈련을 받았던 후배 중 한 명은 당시 고등학생이었던 한 학생을 일대일로 양육하기 시작했다. 11월에 시작한 제자훈련이 다음 해 2월까지 진행되었고 나는 4월에 군에 입대하였다. 짧은 시간이었지만 대를 이어 제자훈련이 연결되는 은혜의 경험을 했다.

이렇게 제자훈련을 하던 중 언제 군대에 입대해야 할지에 대한 고민에 빠졌다. 대부분의 대학 동기들은 2학년을 마치고 입대한 상황이었는데 나는 남아서 3학년을 마치는 시점에 이르렀다. 4학년까지 마치고 갈 것인지 휴학을 하고 다음 해에 입대할 것인지에 대한 고민이었다. 많은 고민 가운데 해답을 찾지 못했다. 그때 어머니가 생각났다. 어린 시절 어머니는 밤마다 몇몇 집사님들과 삼각산으로 산기도를 다니셨다. 삶에 문제가 생기면 금식을 하시며 하나님께 간구하셨다. 늘 기도와 금식으로 삶의 문제들을 풀어가셨다.

나는 하나님께 기도하여 응답을 받기로 결심했다. 이전에도 몇 차례 갔던 여의도 순복음교회의 오산리 최자실 기념 금식기도원으로 향했다. 2000년 12월 18일(월) 오후였다. 기도원에 도착해보니 '21C를 준비하는 연말연시 이웃돕기 특별 축복 응답성회'가 개최되었다. 기도원에 올라올 때의 나의 기도제목은 한 가지였다. 군입대에 대한 시점이 언제인지 하나님께 응답을 받는 것이었다.

첫날(18일) 저녁 예배 때 강사 목사님께서 "우리에게도 은혜를"이란 제목으로 설교하셨다. 은혜를 받으려면 마음 중심에 진실로 하나님을 믿는 믿음이 필요하다고 말씀하셨다. 설교를 들으면서 "나의 중심은 어떠한가?"를 생각해 보았다. 응답받기 원하는 군입대 문제 이전에 나의 영적 상태는 어떠한지 돌아보고 기도하는 시간을 가졌다.

다음 날(19일) 오전 11시 서울 임마누엘교회 김동훈 목사님께서 "열리는 기적을 체험하자"라는 제목으로 말씀을 전하셨다. "에바다!, 하늘의 문, 기도의 문, 영적인 문이 열려야 한다"고 말씀하셨다. 오전예배에 참석하면서 저녁에는 '기도굴'에 들어가서 기도할 것을 계획했다. 12월 겨울의 기도굴은 춥기 때문에 돗자리와 랜턴을 구입하려면 5,000원 정도가 들 것이고 나머지를 헌금해야겠다고 계산했었다. 하지만 목사님께서는 "은혜받는 때, 기적을 경험하는 때는 지금, 이 시간"이라고 강조하셨다. 쩨쩨하게 천 원짜리로 바꾸어서 성회 마지막 때까지 조금씩 헌금하지 말고 이 시간에 하나님께 다 드리고 가지고 온 문제를 해결 받으라고 말씀하셨다. 목사님의 말씀을 듣고 가지고 있던 돈 전부를 헌금 바구니에 넣었다. 그 순간 나는 군입대 문제보다도 기도의 문이 열리는 것을 소원하게 되었다. 2년 전에 바로 이곳 기도원에서 그렇게 소원하며 기도하였지만 방언의 은사를 받지 못했던 것이 기억이 났다. 목사님께서는 회개하고 사모하면서 기도하면 나의 믿음대로 될 것이라고 말씀하셨다. 인간적인 계산과 생각을 모두 내려놓고 전적으로 하나님만을 신뢰하라고 하셨다.

설교가 끝나고 기도회가 시작되었다. 나의 마음은 하나님을 향한 마음으로 뜨거워졌다. 의자에 앉아있다가 간절한 마음으로 바닥으로 내려앉아 무릎을 꿇고 기도했다. 전심을 다해 기도할 때 나의 입에서 방언이 터져 나왔다. 기도원의 목사님이 지나가시면서 머리에 안수하실 때 방언기도가 더욱 강렬해졌다. 방언의 은사를 주신 것이 너무 기뻐서 예배를 마친 후 나는 곧장 기도굴로 뛰어갔다. 기도굴에서 2시간 동안 방언으로 기도를 했다. 방언이 어떤 것일까? 참 많이 기대하고 사모했었다. 내가 경험한 방언은 기도의 문이 열리는 것이었다. 나의 입으로 고백하고 싶어도 답답하여 나오지 않았던 기도가 방언을 통해 터져 나왔다. 혼자서는 30분도 기도하기 힘들었던 내가 2시간 동안 기도할 수 있었다.

저녁예배 때 강사 목사님께서 각자 가지고 온 문제가 무엇이냐고 물어보셨다. 왜 이곳 기도원까지 찾아왔느냐고 목적을 물으셨다. 문제를 해결 받으려면 기도하고 매달려야지 숙소에 가서 자면 되겠느냐고 도전하셨다. 저녁예배가 끝나자마자 다른 사람들에게 자리를 빼앗기지 않기 위해서 오리털 파카와 함께 가져온 옷들을 준비하여 기도굴에 들어갔다. 지금은 기도굴에 난방이 되지만 당시에는 난방이 되지 않아서 무척 추웠다. 기도굴에 들어간 시간은 저녁 9시였다.

오전에 받은 방언으로 기도를 시작하자 회개기도가 터져 나왔다. 어릴 적부터 내가 잘못했던 상황들이 파노라마처럼 영상으로 스쳐 지나갔다. 하나님께서 상황들을 보여주셨고 나는 그 장면마다 방언으로 회개의 고백을 드렸다. 수많은 마음속의 고백들이 몇 마디 방언으로 하나님께 올려 드려짐이 느껴졌다. 놀라운 체험이었다. 회개의 고백 후 군입대 문제와 교회, 고3 친구들, 그 밖의 주변 지인들을 위해 기도했다. 그 기도 시간에 하나님께서 나에게 "강하고 담대하라!"는 음성을 들려주셨다. 다리가 아프고 너무 추워서 시계를 보니 새벽 3시였다. 새벽 3시에 기도굴 문을 열고 나와 보니 주변 기도굴이 다 비어있었다. 숙소 문이 잠겨서 들어갈 수 없었고 대성전에 들어가 추위를 피하며 날이 밝기를 기다렸다.

마지막 날 오후 3시 예배 때 갑자기 강사 목사님이 바뀌셨다. 목사님은 "보혈의 능력"에 대해서 설교를 하셨다. 예수님의 보혈로 나는 예수님의 것이 되었고 우주 만물을 창조하신 하나님이 내 아버지시라는 것을 마음으로 느낄 수 있었다. 하나님께서 "너는 너를 포기하고 나를 의지해라. 내가 너를 강하고 담대하게 하겠다"는 마음을 주셨다. 이 모든 과정을 통해 강하고 담대한 마음으로 다음 해에 군입대를 하기로 결정하였다.

방황 가운데 한 책을 만나
목회자가 되기를 결단하다

"인간은 누구나 삶의 전환점에서 한 권의 책을 손에 쥐고 있다."
— 이디스 해밀턴

2001년 4월 23일(월), 김광석의 〈이등병의 편지〉 노래 가사처럼 이른 아침에 부모님께 큰절을 올리고 어머니와 몇몇 청년들과 함께 훈련소로 향했다. 아버지는 일정이 있으셔서 함께 가시지 못하셨다. 아버지께서는 입대를 앞둔 나에게 두 가지를 말씀하셨다. 군대에서 기회가 주어지면 적극적으로 도전해 보라는 것과 요령(要領) 있게 군생활을 하라고 하셨다. 잔꾀를 부리며 요령을 피우라는 말이 아니라, 일하는 데 꼭 필요한 이치를 파악하고 효율적으로 주어진 일을 감당하라고 말씀해 주셨다.

논산 훈련소에 입소하고 며칠이 지났다. 일반적으로 보아오던 국방색 군복이 아닌 다른 옷을 입은 대위와 원사 계급장을 단 두 분이 내무실로 들어오셨다. 내무실에 있던 우리 훈련병을 향해서 "장군차 운전해 볼 사람 나와봐!"라고 외치셨다. 당시 나는 운전면허증은 있었지만 운전병이 아닌 일반병으로 지원했었다. 순간 아버지의 조언이 생각나서 그분들 앞으로 뛰어나갔다. 몇몇 동기들도 함께 응답했다. 그분들은 우리를 숙소 앞 공터로 데리고 가셨고 승용차에 태우고 간단한 운전 테스트를 하셨다. 그리고 아무 말 없이 사라지셨다.

논산 훈련소의 훈련을 수료하고 동기들과 함께 기차에 올랐다. 목적지가 어디인지도 알 수 없는 상황에서 두렵고 떨리는 마음으로 앉아 있었다. 목적지를 알지 못하고 길을 떠난다는 것이 얼마나 답답한 것인지 처음으로 느껴보았다. 중간중간에 기차가 멈췄고 이름이 호명되면 더블백을 메고 기차에서 내렸다. 늦은 저녁이 다 되어 몇몇 동기들과 함께 경산에 내렸다. 당시 나는 경산이 어느 지역인지 몰랐다.

마중 나온 차를 타고 간 곳은 경산에 있는 2수교(제2수송교육단)였다. 당시 한강 이남 부대의 운전병을 교육하는 곳이었다. 도착하고 나서야 바로 자대로 배치되지 않고 후반기 교육을 받게 된다는 사실을 알았다. 순간 '장군차 운전병으로 선발된 것인가?'라는 생각이 들었다. 하지만 나는 장군차 운전병이 훈련받는 소형반이 아니라 대형차량을 운전하게 될 중차반에 배치되었다. 장군차 운전병으로 갈 수 있다는 희망은 사라졌다. 당시 중차반은 두돈반, 육공트럭이라고 불리는 K-511과 사제차로 불리던 5톤 트럭으로 운전교육을 받았다. 5톤 트럭은 번호판만 군 번호판이고 사회에서 보던 트럭과 같은 것이었다. 육공트럭에 없던 에어컨도 장착되어 있었다. 대형차 운전을 배운다는 사실에서 의미를 찾았다.

10여 일 정도 지난 시점에 호출이 있었다. 소형반으로 갔어야 했는데 행정 착오로 중차반으로 배정됐다고 했다. 당장 소형반으로 짐을 옮기라는 지시를 받았다. 그리고 며칠 간은 닷지라고 불리는 K-311로 교육을 받고 2수교를 수료했다. 수료 전날에 자대가 발표됐다. 국방부, 기무사, 수방사 등이 있었는데 나는 계룡대로 결정됐다. 계룡대가 어디에 있고 어떤 곳인지 아는 동기가 아무도 없었다. 기차를 타고 계룡대로 떠났다. 밤늦게 도착했고 준비된 승용차를 타고 어딘지 알 수 없는 내무실에서 잠을 잤다.

그리고 다음 날 계룡대 수송대에 전입하게 되었다. 계룡대는 육해공군의 본부가 있는 곳이었다. 나는 육군본부의 수송대 내빈 소대에 배치되어 군생활을 시작했다. 내빈 소대는 육군본부에 방문하는 내빈의 차량지원과 장군차 운전병을 지원하는 소대였다. 논산 훈련소에 오셨던 대위와 원사분이 바로 내빈 소대 중대장님과 주임원사님이셨다. 훈련소에서 운전 테스트 후 육군본부로 차출되었다는 사실을 알게 되었다.

부대 적응을 마친 어느 날 중대장님이 나를 본청 사무실로 데리고 가셨다. 중장(쓰리스타) 차량 운전병 면접을 보는 자리라고 알려주셨다. 떨리는 마음으로 사무실에 들어갔는데 면접관은 대령이셨다. 이력서를 보시면서 몇 가지 질문을 하셨는데 나를 마음에 들어 하시는 것 같았다. 좋다고 하시면서 장군님을 모시면 될 것 같다고 하셨다. 면접을 마치고 나가려고 하는데 내가 적은 종교란을 보셨는지 장군님의 종교가 불교여서 일요일에 불당으로 모시고 가야 한다고 하셨다. 교회예배는 참석할 수 없다고 하셨다. 그 순간 나는 "주일예배에 참석하지 못한다면 장군님 차량 운전을 할 수 없습니다"라고 말씀드렸다. 이등병의 신분에서 내가 속한 수송대 대대장님보다 높은 대령님께 못하겠다고 거절한 것이다. 순간 대령님의 표정이 굳어졌다. 대령님은 나를 밖으로 나가라고 하고 중대장님을 남기셨다. 안에서 호통치는 소리가 들렸다.

이 사건으로 나는 중대장님의 눈 밖에 났다. 중대장님은 나를 멀리 보내고 싶으셨던 것 같다. 그래서 결국 파견을 보내셨는데 그곳이 서울이었다. 대령에서 장군으로 진급하시고 보직을 받기 전에 국방대학원에서 대학원 공부하시는 분을 모시게 되었다. 국방대학원에 사무실이 있었고 직속 예하 병력은 나 혼자였다. 나는 용산 국방부 근무지원단 내무실에 머물면서 수색에 있는 국방대학원으로 장군님을 모시고 출퇴근을 했다. 출근을 시켜드리고 퇴근하실 때까지 나는 국방대학원 도서관에서 대기하였다. 책을 읽기도 하고 영어공부도 하면서 시간을 보냈다. 종종 장군님과 몇몇 대령분들의 문서작업을 도와드렸다. 후반기에는 장군님 졸업논문을 정리하는 데 많은 시간을 보냈다.

지금은 달라졌다고 들었는데 당시에는 근무 시간 이외에도 운전병이 차량 운행을 할 수 있었다. 종종 함께 공부하시던 대령분들, 고위 공무원들, 공군과 해군 장군님들과 저녁 회식 자리가 있었다. 국방부 내무실은 주로 숙소 역할을 했고 대부분의 시간을 국방대학원과 서울의 거리에서 보냈다. 내가 모셨던 장군님은 너무도 인격적인 분이셨다. 아들처럼 잘 챙겨주셔서 큰 어려움 없이 파견생활을 할 수 있었다.

나에게 군생활은 세상과의 첫 접촉과 같았다. 학교와 교회에서 만날 수 없었던 세상 청년들의 생각과 생활 방식을 접하게 되었다. 국방부 근무지원단 내무실에서 공보과, 군사법원, 땅굴 탐지과에서 근무하는 '아저씨'들(타부대 장병)과 함께 생활했다. 그들은 서울대, 연대, 성균관대, 서강대에서 석사 또는 박사과정을 이수한 전문 인력들이었다. 몇몇 아저씨를 형이라고 부르며 친하게 지냈다. 하지만 믿음 안에서 만났던 청년들과는 큰 차이가 있었다. 또한 장군님을 통해서 고위 공무원, 대학교수, 기업체 중역, 사업가 등 사회의 지도층분들과 만날 기회들이 있었다. 신앙의 분위기 안에서 목사가 되겠다는 생각만 가지고 성장한 나에게 군생활을 통한 세상과의 만남은 진로에 대한 고민을 하게 하는 계기가 되었다. 부모님의 바람이 아닌 나를 향한 하나님의 부르심이 무엇인지를 찾게 되었다. 그런 고민 가운데 군대를 전역하였다.

2003년 6월 전역하고 2개월 후에 캐나다로 어학연수를 떠났다. 동생이 몬트리올에 있는 맥길대학교(McGill University)로 교환학생을 가게 되어, 나는 함께 가서 어학연수를 하기로 했다. 한동안 몬트리올에서 한인교회에 출석하였다. 이민하신 분들과 청년들이 영주권과 시민권을 얻기 위해 노력하는 모습을 보았다. 만날 때마다 관심은 시민권에 있었고, 삶의 목적이 시민권을 얻어 편하게 노년을 보내는 것처럼 보였다. 그 모습을 지켜보며 생활하던 중 나는 진로 고민과 함께 삶에 허무감이 찾아왔다.

처음에는 "내가 과연 목회자가 되어야 하나? 아니면 무엇을 하면서 살아야 할까?"에서 시작되었던 질문들이 "내가 왜, 무엇을 위해 이 땅에 살아야 하는가?" 즉 삶의 이유와 목적에 대한 근원적인 질문으로 번졌다. 그동안 성경공부와 영적체험을 통해서 성경적인 답은 이미 알고는 있었지만, 그 답들이 실존적인 영적 방황에서 벗어나게 할 수는 없었다. 주변 상황에 영적으로 정서적으로 함몰된 것 같았다. 며칠간 침대에 누워서 아무 일도 하지 않은 채 시간을 보내기도 하였다.

그러던 중 책상에 놓여있던 릭 워렌(Rick Warren) 목사님의《The Purpose Driven Life》(목적이 이끄는 삶)가 눈에 들어왔다. 동생이 생일 선물로 받은 책이었다. 처음에는 내용에 대한 기대가 없었다. 부모님이 힘든 상황에서 어학연수를 보내주셨는데 누워만 있을 수는 없다는 생각에 영어공부를 할 생각으로 책을 집어 들었다. 그런데 서문을 읽다가 마음에 감동이 있었다. 하나님께서 이 책을 통해 말씀하실 것이 있다는 느낌을 받았다. 그래서 40일간 아침 금식을 하면서 한 챕터씩 읽기로 마음먹었다. 2003년 11월 27일부터 나의 영적 여행이 시작되었다. 매일 한 챕터씩 읽고 묵상하는 과정 가운데 성령님의 동행하심이 느껴졌고, 예수님께서 이 모든 과정을 인도하시는 것을 체험할 수 있었다. 책을 통해 성경에 계시된 삶의 의미와 목적을 발견하게 되었다. 하나님 안에서 확실한 정체성(Identity)을 찾게 되었다.

2004년 1월 6일, 영적 여행 38일째가 되는 날은 나에게 소중한 날이다. 그때까지는 진로 선택에 있어서 하나님께 모든 결정권이 있다고 생각했다. 너는 무슨 일을 하고, 너는 어떤 일을 하라고 하나님께서 각 사람에게 역할 분담을 하신다고 생각했다. 하지만 하나님께선 내가 무엇을 하는가(What I do) 보다 내가 누구인가(What I am)에 더 관심을 갖고 계신다. 나를 향한 하나님의 목적을 이루려는 삶을 살기 위해 '나에게 적합한 진로를 내가 결정할 수 있다'고 생각이 정리되었다.

이러한 과정과 깨달음을 통해 나는 목회자가 되기로 결심했다. 이것은 부모님의 서원기도나 환경적인 상황에 의해서가 아닌 하나님과의 교제 가운데 나 자신을 목회자로 하나님께 드리기로 결단했다. 43일간의 영적 여행을 통해 말씀 안에서 나의 정체성을 확고히 했고, 삶의 목적을 발견했으며, 나의 삶의 진로를 확정하게 되었다. 당시 목회자가 되기로 결단하고 세운 삶의 목표와 하나님께 드린 기도가 아래와 같다.

The life purpose statement

My life purpose is to worship God with all my heart,

Love others as myself,

Grow like Christ in character,

Serve God with my shape,

and Fulfill his mission in the world.

So He receives glory.

"주님, 제가 부족함을 너무도 잘 압니다. 저의 약함을 잘 압니다. 하지만 사도 바울이 자신은 연약하지만 예수 그리스도께서 자신을 통해 일하신다는 사실을 믿고 자신의 약함을 자랑했던 것처럼, 저도 그리스도께서 제 안에서 일하시도록 저를 드리겠습니다. 아직 미숙하여 자기중심적인 생활을 하고 있지만 그리스도 안에서 성장하여 나가기 원합니다. 사랑하기 위한 삶, 종이 되기 위한 삶을 살아가도록 도와주세요. 삶의 목적을 확고히 붙잡고 살아가도록 도와주세요. 예수님 이름으로 기도드립니다. 아멘." (2004년 1월 6일에 드린 기도)

선교지에서 하나님의 선교와 체계적인 제자훈련을 경험하다

✝

"그러므로 너희는 가서 모든 민족을 제자로 삼아 아버지와 아들과 성령의 이름으로 세례를 베풀고 내가 너희에게 분부한 모든 것을 가르쳐 지키게 하라 볼지어다 내가 세상 끝날까지 너희와 항상 함께 있으리라 하시니라"(마태복음 28장 19-20절)

2004년 8월 30일에 1년간의 캐나다 어학연수를 마치고 귀국했다. 이틀 후인 9월 1일부터 나의 4학년 1학기 대학생활이 시작되었다. 2000년 3학년 2학기 가을 학기를 마치고 군생활(26개월)과 캐나다 어학연수(12개월) 후 3년 9개월 만의 복학이었다. 캐나다에서 목사가 되겠다는 결단을 하고 귀국하였기에 마지막 남은 1년의 대학생활을 잘 마무리하면서 신대원 입시를 준비할 계획이었다.

그런데 한국에 돌아왔을 때 교회 분위기가 바뀌어 있었다. 아버지는 내가 군대와 캐나다 어학연수를 간 사이에 장로회신학대학교와 맥코믹신학교(McCormic Theological Seminary)의 공동 목회학박사과정(D.Min.)을 공부하셨다. 그 과정에서 G12 셀목회를 접하셨고 관련된 논문을 쓰시고 학위를 받으셨다. 그리고 교회 현장에 접목하기 위해 고군분투하고 계셨다.

나는 군생활과 캐나다에서의 생활을 통해 다양한 교회를 접했다. 군에서는 주로 계룡대 본부교회와 국방부 국군중앙교회에서 예배를 드렸다. 서울에 파견을 나와있을 때는 장군님을 따라 여러 군인교회와 지방의 많은 지역교회에서 예배를 드렸다. 캐나다에서는 6개월은 몬트리올(Montreal)에 있는 한인교회에 출석하고 봉사하며 이민교회를 경험했고, 나머지 6개월은 매니토바주(Manitoba)의 위니펙(Winnipeg)에 있는 캐나다 현지인 교회에서 주일예배와 청년부 셀모임에 참석했다. 한국에서 경험할 수 없었던 자유로우면서도 성령님의 임재가 충만한 기쁨과 축제의 예배 현장을 체험했다.

그런 상황에서 의정부시민교회의 변화의 움직임을 보며 여러 가지 생각이 많아졌다. '오늘날 이 땅의 교회들은 올바른 방향을 향하여 열심히 달리고 있는 것일까? 하나님께서 마음에 품으셨던 교회의 모습이 오늘날 이 땅의 교회의 모습일까? 과연 교회의 원형은 존재하는 것일까? 교회의 사명은 무엇인가? 오늘날의 교회는 그 사명에 합당하게 사역하고 있는 것일까? 교회가 사회로부터 비판을 받는 것은 무엇 때문일까? 예수님은 좋아하는데 교회에 소속되는 것은 싫다는 현대인들을 어떻게 전도해야 할까? 교회에 실망하고 떠나간 성도들을 어떻게 회복시킬 것인가?' 등의 질문을 던지며 고민하였다.

그때 아버지께서 책 두 권을 소개해 주셨다. 카자흐스탄 김삼성 선교사님의 책《셀교회에서 G-12교회로》,《당신도 영적 카라반이 되라》였다. 이 책에 기록된 카자흐스탄 알마티 은혜교회의 이야기를 읽으면서 새로운 빛이 비춰짐을 느낄 수 있었다. 그곳에 하나님의 손길이 머무는 것 같았다. 얼마 후 카자흐스탄 알마티 은혜교회에서 '마하나임'이라는 선교훈련 과정이 시작된다는 소식을 접하게 되었다. 국내에서 목사로 사역할 것만 생각했지 선교에 대해서는 생각해 본 적이 없었다. 하지만 하나님께서는 여러 가지 환경들을 통해서 마하나임 선교훈련으로 인도하셨다. 마지막 한 학기를 남기고 또다시 휴학을 하였다.

나는 3가지 목적을 가지고 카자흐스탄으로 떠났다. 첫째는 하나님의 영광을 보는 것이고, 둘째는 하나님의 사랑을 느끼며 열방을 향한 아버지의 마음을 품는 것, 마지막으로 구체적인 비전을 발견하는 것이었다. 2005년 3월 숭실대학교가 아닌 카자흐스탄 알마티에서 비전대학(Vision International University) 강의를 듣게 되었다(현지 성도들을 위한 신학교육).

책에서 읽은 대로 김삼성 선교사님은 실크로드와 아랍지역(이슬람 문화권)에 '영적 카라반'의 역할을 감당하고 계셨다. 1990년에 카자흐스탄 선교사로 들어가셔서 현지인들을 대상으로 교회를 개척하셨다. 2005년 당시 약 5,000명의 현지인 성도들이 출석하는 교회로 성장시키셨다. 선교지에서의 5,000명은 정말 성령님의 강권적인 역사가 아니고서는 일어날 수 없는 일이다. 선교사님은 '비전가'셨다. 이슬람 문화권을 '복음화'하는 것이 비전이었다. 알마티 은혜교회의 영향력을 통해 인근 나라들(타지키스탄, 키르기스스탄, 우즈베키스탄, 아제르바이잔,

중국 신장, 러시아, 터키, 몽골 등)의 교회 리더들을 훈련시키는 역할을 감당하고 있었다. 교회개척학교를 통해 선교지 현지에 셀교회를 개척하도록 훈련시켰다. 같은 비전으로 일하는 동역자들과 네트워크를 형성하였다. 서로에 대한 신뢰와 헌신으로 철저한 멘토링을 통한 제자화 사역을 하였다.

이런 사역 가운데 김삼성 선교사님은 함께 동역할 사람들을 키워내기 위해 마하나임 선교학교를 시작하셨다. 마하나임 1기 훈련생으로 형제 6명, 자매 7명 총 13명이 훈련을 받았다. 공동체 생활을 하면서 매일 아침기도회로 하루를 시작하였다. 아침 운동, 러시아어와 영어 공부, 전도 세미나, 가정생활 세미나, 순종 세미나, 성경통독 세미나, 금식기도 훈련, 알파 세미나, 교회개척 세미나, 지도자학교, 비전대학 등의 훈련을 받았다. 또한 알마티 은혜교회에서 실시하고 있는 모든 훈련프로그램에 참여하였다. G12 셀교회가 어떤 것인지를 몸소 경험하였다.

예수님은 공생애 3년 동안 12명의 제자를 훈련시키셨고 그들과 동행하셨다. 하나님 나라 비전과 열방의 복음화를 위해 제자를 세우는 전략을 취하셨다. G12는 이러한 예수님의 사역에 따라 '제자 삼는 교회'를 세우고자 하는 전략이다. G12의 'G'는 영어로 Government이고, '12'는 12명의 제자를 의미한다. 즉 '열두 제자를 통한 통치'이다. G12의 셀은 한 명의 리더와 12명의 제자로 구성되며, 12명의 제자는 각각 자신의 셀을 만들게 된다. 이런 식으로 제자 삼는 사역은 계속해서 확산되고, 번식되며 열방을 복음화하는 비전에 동참하게 되는 것이다.

G12 셀교회의 양육체계는 4단계로 이루어진다. 첫 번째 단계가 영혼 구원(Win)이다. 전도를 통해서 새신자를 구원하는 단계이다. 이 단계에서는 관계 전도를 통해 탁월한 성과를 나타내는 알파(Alpha) 코스를 사용한다. 영혼 구원은 잃어버린 영혼에 대한 열정을 가지고 철저한 기도를 통해 준비되며, 셀그룹과 함께 전도 프로그램이 진행된다.

두 번째 단계는 강화(Consolidate)이다. 전도를 통해 교회에 속하게 된 새신자를 위한 훈련이다. 강화 단계에는 2박 3일(또는 1박 2일) 진행되는 인카운터 수양회가 있다. 새신자로 하여금 성령님을 통하여 하나님과 그의 말씀을 직접 경험하게 할 수 있는 장을 마련하는 것이다. 용서를 통한 내적 치유와 죄 고백을 통한 부정적인 요소들을 해소하는 것을 다루는 과정이다. 강화의 2단계로는 포스트 인카운터가 있다. 인카운터에서 경험된 변화를 유지시키고, 하나님의 말씀으로 무장하여 믿음이 뿌리내리도록 배워가는 과정으로 10주간 진행된다.

세 번째 단계는 제자화(Disciple)이다. 강화된 신자를 제자화시키는 프로그램으로 리더스쿨을 통해 훈련이 진행된다. 제자화는 3학기(학기당 10주)로 이루어지며 1학기에는 신앙의 기초와 성도의 생활을 중심으로 훈련이 진행된다. 2학기에는 화목한 가정을 위한 교육과 내적 치유를 다룬다. 3학기에는 셀그룹과 G12 비전, 그리고 리더십에 대해서 가르친다.

이러한 단계를 거쳐 마지막으로 파송(Send)의 단계에 이르게 된다. 훈련된 지도자를 파송식을 통해 임명한다. 지도자 훈련학교까지 마치게 되면 셀을 인도할 수 있는 리더로 파송된다. 리더들은 앞의 훈련 단계 중 한 영역에서 섬기게 되고, 자신의 셀을 개척해 나가는 데 전념하게 된다.

알마티 은혜교회는 성령님의 임재가 충만한 예배, 전인격적인 삶을 나누며 위로하고 격려하는 셀모임, 체계적인 양육체계를 통하여 예수님의 제자들이 세워지고 있었다. 또한 끊임없이 영혼을 구원하고 선교하는 역동적인 교회였다. 살아 움직이는 교회에 대한 새로운 소망을 갖게 되었다.

선교훈련 중이던 2005년 4월, 인카운터 수양회가 있었다. 수련회 중 하나님께서 나의 마음에 "신회야! 너는 나실인이다"라는 음성을 들려주셨다. 내가 얼마나 하나님의 보호하심 가운데 부모님의 사랑 안에서 살아왔는지를 깨닫게 하셨다. 이 사실을 아버지께 메일로 알려드렸을 때 놀라운 답장이 왔다. 내가 출생하던 날 아버지께서는 일기장에 세 구절(렘 1:4-6, 삼상 1:28, 삿 13:7)의 성경 말씀을 기록하셨다. 그중 한 구절이 "이 아이는 태에서부터 그가 죽는 날까지 하나님께 바쳐진 나실인이 됨이라"(삿 13:7)였다. 아버지가 나에게 말씀하신 적이 없었는데 내가 기도하는 가운데 동일한 말씀을 받은 것이었다. 목사가 되겠다고 캐나다에서 결단한 시간 이전에 이미 하나님의 부르심이 있음을 확인하고 감격하였다.

"여호와의 말씀이 내게 임하니라 이르시되 내가 너를 모태에 짓기 전에 너를 알았고 네가 배에서 나오기 전에 너를 성별하였고 너를 여러 나라의 선지자로 세웠노라 하시기로 내가 이르되 슬프도소이다 주 여호와여 보소서 나는 아이라 말할 줄을 알지 못하나이다 하니"(예레미야 1장 4-6절)

"그러므로 나도 그를 여호와께 드리되 그의 평생을 여호와께 드리나이다 하고 그가 거기서 여호와께 경배하니라"(사무엘상 1장 28절)

청년 시절에 체계적인
제자훈련을 실천해 보다

✝

카자흐스탄에서 약 10개월간의 선교훈련을 마치고 2006년 1월에
귀국했다. 귀국 후 세 가지 일이 나를 기다리고 있었다. 첫째는 대학
교 4학년 2학기를 마무리하고 학부를 졸업하는 것, 둘째는 장로회신
학대학교 신대원 입시를 준비하는 것, 마지막으로 아버지를 도와 의
정부시민교회 청년부를 세우는 것이었다.

나는 대학 시절에 경영학을 전공하며 교직과 평생교육사과정을 이
수하고 있었다. 덕산중학교에 교생실습 일정이 잡혀있었고 학기마다
들어야 하는 평생교육사 교과과정이 있었다. 그런데 갑작스럽게 카자
흐스탄으로 선교훈련을 결정하면서 교직과 평생교육사 이수를 포기
해야 했다. 교생실습 일정과 평생교육사 수업 일정이 맞지 않았기 때
문이다. 하지만 귀국 후 한 후배의 도전으로 어려운 상황이지만 공부
하던 모든 것을 마치려고 마음먹었다. 그러다 보니 마지막 학기에 19
학점을 이수해야 했다. 휴학한 기간이 길어서인지 복학 후 전공이 많
이 낯설었다. 중간, 기말고사와 함께 졸업시험을 준비해야 했고, 5월
에는 3주 동안 교생실습(경민중학교)을 나가야 했다.

당시 숭실대학교에는 신대원 입시 준비를 돕는 인문연구실이 있었다. 생활관에 있는 연구실에서 합숙하면서 신대원 입시를 준비할 수 있도록 학교에서 배려해 주었다. 나는 2월에 인문연구실에 들어가 친구들과 함께 신대원 준비를 하면서 학부 마지막 학기를 공부했다. 의정부까지 오가는 시간을 줄일 수 있었고 선배님들의 자료를 가지고 공부할 수 있는 은혜를 입었다.

2006년 3월 1일부터 매주 수요예배를 드린 후 청년부 남녀 혼성 셀모임을 시작하였다. 청년부에 셀모임을 소개하고 경험해 보게 하고 중보기도를 훈련하기 위함이었다. 중보기도 시간에는 교회와 나라와 민족, 선교사님들과 세계 복음전파를 위해 기도했다. 나는 2006년 한 해 동안 이 모임을 인도하며 셀리더를 세웠고, 2007년에는 그중 한 명인 김성욱 형제가 수요모임을 인도하였다. 김성욱 형제는 현재 목사가 되어 청년 사역에 힘쓰고 있다. 기대가 되는 귀한 후배이자 동역자이다.

카자흐스탄에서 여름에 열리는 '2006 실크로드 페스티벌' 참석과 카자흐스탄 단기선교를 위해 4월 21일부터 팀을 구성하고 준비모임을 시작했다. 3개월간 함께 기도하며 준비하였고 11명의 청년들이 7월 26일부터 8월 9일까지 2주간 단기선교를 다녀왔다. 2005년 여름에는 부모님과 다섯 명의 청년들이 한 집사님의 후원으로 '2005 실크로드 페스티벌'에 동참하였는데, 2006년에는 어려운 여건 가운데서도 모두 자비량으로 감당하였다. 지체들의 재정이 채워지는 과정을 통해 하나님의 은혜를 체험하였다.

수요모임과 카자흐스탄 단기선교 사역을 통해 청년부에 6명의 셀리더가 세워졌다. 6명의 셀리더를 중심으로 진행한 3박 4일간의 인카운터 여름수련회를 거치며 청년부는 셀체제로 전환되었다. 셀리더가 수련회 각 조의 조장이 되었고, 수련회 이후에 그 조가 청년부 셀모임으로 정착되었다. 당시 셀원들은 신앙의 기초가 약했기 때문에 1년 동안 교제와 양육에 집중하였다.

학교 공부와 교회 청년부의 분주한 일정과 함께 신대원 입시를 준비하는 것은 쉽지 않았다. 카자흐스탄 단기선교를 다녀오고 9월에 들어서 본격적으로 공부를 시작할 때가 되었다. 사실 막막했다. 평생교육사 자격증을 위한 수업이 2학기에만 개설되는 과목이 있어서 학점등록으로 2과목을 수강하면서 신대원 입시에 전념하려고 하였다. 인문연구실의 친구들은 나를 걱정하며 다른 사역은 중단하고 공부에 전념해야 한다고 조언해 주었다. 내가 담당하고 있는 사역을 한 번에 다 그만둘 수 없었기에 처음에는 수요모임과 토요일 저녁 리더모임에만 참여하고 나머지 시간은 공부에 전념하려고 하였다. 하지만 제자 삼고 지체들을 돌보아야 한다는 하나님의 음성이 마음속에서부터 들려왔다. '해야 할 것은 많고 시간이 없는 상황이라고 내가 지체들을 돌보지 않고 신대원 입시에만 전념한다면 직장생활과 학교생활 가운데에서 치열하게 살아가는 다른 청년들에게 어떻게 셀을 개척하고 양육하라고 말할 수 있단 말인가?' 내가 먼저 모범을 보여야 했다.

그래서 부모님께 나의 마음을 말씀드리고 1년을 더 공부하는 한이 있더라고 제자양육을 병행할 것이라는 말씀을 드렸다. 아버지께서 동의해 주셨다. 그리하여서 수요일은 오전에 집중해서 공부하고 오후 2시에 서울대학교를 방문하여 셀원을 만났다. 만남 후 의정부로 가서 수요예배를 드리고 예배 후 수요모임을 인도했다. 수요모임 후에는 또 다른 셀원과 일대일 만남을 가졌다. 금요일에는 우리 학교로 찾아온 셀원과 모임을 했다. 주일에는 오전 9시에 한 형제, 12시 30분에는 또 다른 형제와 만나서 모임을 가졌다. 사실 공부할 시간도 부족했는데 믿음이 아니고서는 감당하기 힘든 사역이었던 것 같다. '영혼을 구원하고 예수제자 삼겠다'는 열정이 불타오르는 시간이었다. 이런 과정 가운데 10월 말에 2007년도 청년부 회장으로 선출되었다. 청년부에 셀모임이 정착되고 양육체계를 세워가는 데 힘쓰게 되었다.

또한 이 시기에 신대원 입시를 준비하면서 하루에 한 시간 개인기도 시간을 가졌다. 공부를 하다가 밤 11시가 되면 기숙사 옥상에 올라갔다. 기숙사 옥상에서 아래를 내려다보며 나 자신과 셀원들, 청년부와 교회, 나라와 선교를 위해 기도했다. 당시 교회에 어려운 문제가 있었기 때문에 더 간절했던 것 같다. 날씨가 추워지기 시작했을 때에는 연구실 책상에서 자리의 모든 불을 소등하고 귀마개를 한 뒤 두 손을 모으고 기도했다.

당시 장로회신학대학교 신대원에 입학하기 위해서 재수하는 것은 기본이었다. 그런데 놀라운 것은 이렇게 입시를 준비하면서도 하나님께서 합격시켜 주실 것이라는 확신이 내 안에 자리 잡고 있었다. 불안과 초조보다는 빨리 이 시간들을 보내고 신대원에 진학하여 신학을 배우고 경험하고 싶은 마음이 내 안에 가득했다. 처음에는 성경을 완전히 공부하고 들어가야겠다고 생각했지만 그것이 불가능하다는 것을 깨달았다. 내가 의지할 것은 주어진 시간에 최선을 다하고 나머지는 하나님의 은혜를 구하는 것이었다. 나는 하나님이 주시는 평안함 가운데 마음을 다해 사역하며 열심히 공부를 했고, 합격할 수 있다는 기대로 충만했다. 그리고 하나님의 은혜로 그해 신대원 입학시험에 합격했다. 지금 생각해도 2006년 한 해에 있었던 모든 일들은 내 능력으로 이뤄낸 것이 아니었다.

1998년 대학에 입학하여 2007년 봄 대학을 졸업할 때까지 대학 공부 외에도 군 복무를 비롯하여 캐나다에서의 어학연수, 카자흐스탄에서의 선교훈련을 받은 경험은 다양한 배움의 기회가 되었다. 대학 졸업 때 각 과에 한 명에게 주는 우등상을 경영학과 대표로 받은 것도 너무나 감사한 일이다. 내 삶의 방향성을 하나님께 맞추었을 때 하나님께서 감당할 능력과 지혜를 주셨던 것 같다.

2005년 3월에 시작한 장년 알파코스가 교회의 사정으로 2006년 말에 중단되었다. 청년들은 자체적으로 알파코스를 열 수 있도록 10개월간 하나님께 기도드렸다. 기도의 응답으로 2007년 1월 7일부터 청년부 자체적으로 하늘알파 1기를 시작하게 되었다. 교회에서 알파코스를 반기지 않는 분위기여서 교회의 재정 지원 없이 청년들의 헌금과 몇몇 성도님들의 후원으로 알파코스를 운영하였다. 우선은 청년부에 속한 청년들 전체를 대상으로 하였다. 나는 청년부 회장으로 알파코스의 전체적인 운영과 토크, 그리고 셀리더를 담당했다. 담임목사님의 지도 가운데 알파코스 중간에 있는 1박 2일간의 성령수양회도 직접 인도하였다. 담임목사님과 사모님, 헌신된 청년 셀리더들과 성도님들의 도움으로 모든 사역이 은혜 가운데 진행되었다. 첫 번째 알파코스는 3월 25일에 마쳤다.

4월 8일 초청 만찬을 시작으로 하늘알파 2기를 시작하였다. 또한 이날부터 주일 오후 3시에 열린 예배 형식의 청년부 예배를 시작하였다. 2시에 모여서 셀모임을 먼저 가졌다. 하늘알파 1기 수료 후 도우미 지원자들이 생겨서 2기는 1기보다 좀 더 구색을 갖추게 되었고, 나는 토크에만 집중할 수 있었다. 2기부터는 교회 밖의 믿지 않는 청년들이 게스트로 참여하기 시작했다.

2007년은 하늘알파와 함께 청년 리더 훈련에 집중하려고 마음먹고 사역하고 있었는데, 4월 21일 토요 리더모임 후 한 지체를 포천 집에 데려다주고 돌아오는 길에 카자흐스탄 단기선교에 대한 강한 마음의 감동이 몰려왔다. 모든 청년부의 사역의 결과는 결국 선교로 이어져야 한다는 하나님의 음성이 들렸다. 바로 몇몇 청년들에게 마음을 나누고 단기선교팀을 구성했다. 짧은 기간 동안 10명의 청년들이 지원했다.

하늘알파 2기 중에 하늘알파 1기 인카운터 수련회를 가졌다(5월 4~5일, 33명 참석). 인카운터 수련회 역시 담임목사님의 지도 아래 내가 전체 말씀과 기도회를 인도했다. 5월 12일부터는 매주 토요일 의정부역 전도가 시작되었다. 매주 청년들이 함께 나가서 전도를 하였다. 하늘알파 2기 성령수양회에는 40여 명의 청년이 참석했다(5월 24일).

7월에는 5~20일까지 10명의 청년이 카자흐스탄에서 있는 '2007 실크로드 페스티벌'과 단기선교에 참가했다. 그해 청년부 여름수련회는 52명의 청년들이 함께했다. 그리고 9월에는 포스트인카운터 1기를 시작했고, 하늘알파 3기도 진행했다(9월 9일부터 11월 18일). 게스트 초청 야유회도 가고 성령수양회까지 은혜 가운데 마쳤다. 청년부 안에서 한 해 동안 알파코스와 인카운터, 포스트인카운터까지 양육체계를 세울 수 있었다. 신대원 1학년은 학업과 함께 청년부 사역에 올인(All-in)하며 시간을 보냈다. 내 삶과 청년부 안에 큰 은혜가 있었다.

청년부 회장을 1년 더 연임하게 되었다. 당시 나는 신대원 2학년이었는데 교육전도사로 사역을 나가지 않고 청년부 회장으로 더 섬기기로 했다. 2008년에는 하늘알파 4기, 5기, 6기를 진행하였다. 상반기와 하반기 두 번의 인카운터 수양회를 진행하였다. 매주 수요일 저녁 8시에 수요모임이 진행되었고, 토요일 저녁 8시에는 리더모임을 가졌다. 주일 오후 3시에 청년예배를 드리고 이어지는 알파, 포스트인카운터의 등의 진행에 빠지지 않는 저녁 식사는 청년부 활동을 통해 은혜받은 청년들의 어머님들이 중심이 되어 마련해 주셨는데 모두에게 큰 기쁨이 되었다.

3년간의 사역을 통해 성령님의 놀라운 역사하심을 경험하였다. 성령님께서 각 사람을 만지시며 치유하시는 것을 보았다. 청년들이 복음 안에서 회복될 때 그 가정들의 회복도 일어났다. 온 가족이 함께 하나님을 섬기는 일들이 생겨났다. 사역을 진행하면서 깨달은 사실은 예배와 셀모임, 교회 사역에 은혜가 있으면 전도는 자연스럽게 일어난다는 사실이다. 은혜를 경험한 청년들이 자신의 친구들을 자발적으로 데려왔다. 한 청년은 알파코스에 참석하기 위해 인천에서 의정부까지 12주를 다녀간 청년도 있었다. 의정부 주변의 서울, 양주, 동두천에서 청년들이 교회를 찾아왔다.

또한 양육체계의 중요성이다. 복음을 듣고 십자가의 예수님을 만나며, 말씀과 기도 안에서 살아계신 성령 하나님을 체험하고, 하나님의 말씀을 배울 때 사람이 변했다. 새사람이 되었다. 1년 동안 카자흐스탄에서 배운 양육체계대로 담임목사님과 함께 3년 동안 청년부 안에서 실행하였을 때, 양적 성장과 함께 질적 성장을 경험할 수 있었다. 하나님의 말씀에 순종하고 헌신한 귀한 믿음의 동역자들을 통해 하나님께서 역사하셨다. 공동체에 임한 부흥을 경험하였다.

나는 출생부터 청소년기까지 새문안교회에서 성장하면서 말씀 중심의 장로교 전통에 신앙의 뿌리를 두고 있다. 또한 청년 시절 오순절 계통의 성령 사역을 경험하면서 기독교 신앙의 신비적 요소를 이해하게 되었다. 말씀의 능력과 성령님의 역사하심이 성도를 세우고 교회를 건강하게 하며 하나님의 나라를 확장시켜 감을 믿는다.

다양한 학교에서 신학 수업을 받다

2004년 캐나다 어학연수 중 5월에, 미국 시카고에서 아버지 목회학박사 졸업식이 있었다. 아버지는 장로회신학대학교와 맥코믹신학교(McCormic Theological Seminary)의 공동 목회학박사과정(D.Min.)을 마치셨다. 우리 가족은 시카고에서 모일 계획을 세웠다. 나는 위니펙에서 시카고로, 동생 지회는 몬트리올에서 시카고로 향했다. 사전에 아버지께서 시카고 맥코믹신학교에서 목회학석사과정을 공부하고 있던 동기 목사님 딸 이혜영 자매를 소개시켜 주셨다. 이혜영 자매는 나와 동생이 맥코믹신학교 기숙사에서 1주일간 머물 수 있도록 준비해 주었다. 기숙사에 있으면서 종강 파티에 초대되어 가기도 하고 한인 학생모임에도 함께하는 기회가 있었다. 나와 동생은 아버지 졸업식에 참석하고 나머지 시간은 혜영 자매와 함께 시카고 여행을 하였다.

혜영 자매를 통해서 하버드대학을 졸업하고 맥코믹신학교에서 목회학석사과정을 공부하고 있는 한인 2세 형을 만났다. 대학을 졸업하고 신대원에 갈 생각이 있다고 말했더니 맥코믹신학교에서 공부하면 좋겠다고 했다. 맥코믹신학교 입학처장님과의 만남을 주선해 주고 필요하면 통역도 해주겠다며 적극적으로 나섰다. 부담 없이 만나서 이야기해 보자고 해서 사무실로 찾아갔다. 입학처장님과 대화하다가 처장님이 "신학을 공부한 후 어디에서 목회를 하고 싶으냐?"고 질문하셨다. 나는 그때까지 이민목회나 선교를 생각해 본 적이 없었기에 한국에서 목회하고 싶다고 대답했다. 입학처장님은 "신학은 각 시대와 나라와 지역의 현실을 반영하기 때문에 목회학석사과정은 목회를 하려고 하는 현장에서 공부하는 것이 좋다, 유학은 그 후에 오는 것이 좋겠다"고 조언해 주셨다. 상담 후 원래 계획대로 장로회신학대학교 신학대학원에 진학해야겠다고 마음먹었다.

카자흐스탄 선교훈련을 마치고 한국에 돌아와서 1년간 공부를 하고 2007년에 장로회신학대학교 신학대학원에 입학하였다(103기). 온몸으로 체험한 신앙의 내용들을 장로회신학대학교에서 학문적으로 신학적으로 정리하는 시간을 가졌다. 3년간 '경건과 학문'이라는 학훈대로 열심히 공부하며 경건의 훈련을 하였다. 카자흐스탄 선교훈련 후 청년들을 양육하면서 궁금한 것들이 많았는데 신대원의 커리큘럼은 나의 필요를 충족시켜 주었다.

신대원 시절 특별히 조직신학 과목을 좋아했다. 1학년 때 수강했던 김명용 교수님의 '조직신학 개론'과 '바르트신학', 2~3학년 때 수강했던 최윤배 교수님의 '기독교강요연구'와 '깔뱅신학'이 기억에 남는다. 또한 정식 수업은 아니었지만 최윤배 교수님이 개인적으로 시간을 내셔서 푈만(H. G. Pohlmann)의 《교의학》을 가르쳐 주시는 모임이 있었는데 열심히 참석하여 신학적 기초를 쌓을 수 있었다. 윤철호 교수님의 '기독론', 현요한 교수님의 '성령론', 김도훈 교수님의 '교회론과 종말론' 등 기독교의 중요한 교리적 내용들을 잘 공부할 수 있었다. 모든 수업의 내용이 유익했고 교수님들도 인격적이셨다.

신대원의 커리큘럼은 상당히 잘 구성되어 있었다. 하지만 신학을 처음 접하는 나에게는 만만치 않은 과정이었다. 많은 시간을 들여 공부하는 노력이 필요했다. 학부 때 신학을 공부한 동기들이 부러웠다. 학부 때 신학을 공부했던 동기들은 한 번 들었던 내용에 조금씩 새로운 것들이 첨부되어서 공부하기가 수월하다고 하였다. 가장 기본적인 개론 수준의 내용이었음에도 공부할 분량이 많았던 것 같다. 주중에는 대부분의 시간을 도서관에서 보냈고, 주말에는 교회 사역에 전념했다.

신대원 1~2학년 때는 학교 정문 바로 앞 건물에서 동생 지회와 함께 자취를 했다. 지회는 나보다 한 기수 아래(104기)로 신대원에 입학했다. 주로 학교에서 학식을 먹고 학교 후문과 연결된 아차산을 오르내리며 건강관리를 하였다. 청년부 사역을 위해서 '주기철목사순교기념기도탑'의 개인기도실에서 통성으로 기도하며 영성관리를 했다. 또한 하나님의 은혜로 신대원 1학년 때 가게 된 '제4차 종교개혁 사적지 현장답사'(유럽 5개국/11박 12일)를 통해 종교개혁의 정신을 마음에 새겼고, 2학년 때는 '제22차 성지답사 연구'(이집트, 이스라엘, 요르단/13박 14일)를 통해 성경의 배경이 되는 현장을 답사하면서 성경 말씀을 실감나게 체험하는 시간을 가질 수 있었다.

신대원 시절 1학년 때는 회계로, 2학년 때는 반장으로 동기들을 섬길 수 있었다. 하지만 아쉬웠던 것은 공부하는 것과 교회 사역에 매진하다 보니 동기들과의 친교를 잘하지 못했던 것 같다. 남자 동기들은 축구를 하면서 많이 가까워졌는데 나는 학업을 따라가기에 바빠서 도서관에서 많은 시간을 보냈던 것 같다. 또한 휴일마다 진행된 교회 사역들로 인해 동기 엠티, 또래 엠티에 참여하는 것이 어려웠다. 돌이켜 보니 중요한 부분을 놓친 것 같아서 아쉬움이 남는다. 하나님의 전적인 은혜로 3년간의 학업을 잘 마치고 신대원 103기로 졸업했다(2010년 2월).

2011년 1월, 상현교회에 청년교회 담당 전임전도사로 부임했다. 시간이 지나면서 청년교회와 함께 장년부 사역도 감당하게 되었다. 장년부 사역은 교회 전체 프로그램에 따라가면 되는데 당시 100여 명 모이던 청년교회는 내가 모든 것을 계획하고 실행해야 했다. 장년부 사역과 함께 청년교회에서 주일마다 설교를 하며 주중 제자훈련 사역에 전념했다. 4년 정도 사역에 전념하다 보니 고갈됨이 느껴졌다. 몸도 많이 지쳤고 무엇보다도 하나님의 말씀인 성경을 더욱 깊이 알고 싶었다. 신대원 시절 꼭 수강해야 하는 필수과목과 함께 조직신학 강의들을 선택해서 공부했는데 정작 성경에 대해서는 많이 공부하지 못했었다. 구약학개론, 신약연구개관, 구약석의방법론, 신약석의방법론, 구약신학, 신약신학, 구약성경학 등 성경과 관련된 과목들을 공부했지만 성경본문 자체를 공부하는 것은 구약성경학을 통해 여호수아와 사사기를 공부한 것이 전부였다.

고민 가운데 있는데 동생 지회가 에스라성경대학원대학교를 추천해 주었다. 지회는 신대원을 졸업한 후 에스라성경대학원대학교에 진학해서 성경학과(Th.M.) 공부를 마치고 유학을 준비하고 있었다. 당시 성경 66권을 책별로 깊이 연구하는 커리큘럼을 가진 학교가 거의 없었다. 장신대에는 잘 알려지지 않았지만 합동측 총신대학원과 고신측 고신대학원 신대원에서는 성경을 제대로 공부하고 싶으면 신대원 졸업 후 에스라성경대학원대학교를 가도록 교수님들이 추천하는 분위기였다.

나는 성경을 배우고 싶은 갈급함이 컸기에 기도한 후 위임목사님께 말씀드렸다. 감사하게도 최기학 위임목사님께서 1년간 전임 사역을 내려놓고 파트 사역으로 전환하여 청년부와 교육부서 총괄을 맡아 사역할 수 있는 기회를 주셨다. 이 학교는 파트 사역을 하면서 가족과 떨어져 사는 것을 각오해야 입학이 가능했다. 입학해 보니 총신과 고신 목회자가 주류를 이루었다.

2015년 2월 말부터 에스라성경대학원대학교에서 성경공부를 시작하였다. 2년 과정 4학기 중 1학년 두 학기는 기숙사에서 생활해야 했다. 월요일부터 금요일까지는 기숙사 생활을 하면서 수업과 개인 자습의 시간을 갖고, 금요일 저녁부터 주일 저녁까지 교회 사역을 하는 과정이었다. 화요일부터 금요일까지 오전에는 3시간씩 강의를 들었다. 강의는 성경본문 주해였다. 매일 정해진 성경본문을 사전에 예습하여 단락구분과 내용정리 등의 예습과제를 제출해야 하고, 수업 후에는 배운 내용들을 정리하여 복습과제를 제출해야 했다. 월요일에는 선택한 과목에 대한 세미나 수업이 있었다. 세미나는 발제 중심으로 수업이 진행되었다. 학기별로 소논문을 작성하는 과목들도 있었다.

학교에서는 성경연구뿐만 아니라 말씀묵상(QT)과 공동체 생활을 통한 섬김을 강조했다. 매일 아침 강의실에 모여서 각자 말씀묵상을 하고 정해진 조원들과 함께 묵상한 내용을 나누는 시간을 가졌다. 순번에 따라서 식사 후 설거지를 하고 점심 식사 후에는 매일 함께 모여서 학교 구석구석을 정리하고 청소하는 듀티(Duty, 섬김의 시간)를 가졌다. 튜터(Tutor) 제도를 통해서 김덕중 교수님과 교제할 수 있는 시간도 있었다. 타 교단 목사님들(총신, 고신, 감리교, 성결교 등)과 교류할 수 있는 소통의 장이었다. 하루 10시간 이상 성경에 파묻혀 성경연구에만 전념하는 은혜를 누릴 수 있었다. 2학년 때는 다시 교회 전임 사역으로 복귀하여 교회 사역을 하면서 월요일에 수업을 들었다. 하나님의 은혜로 2년간의 석사과정을 잘 마칠 수 있었다(2017년 2월).

2019년 2월에 목사님께서 이제는 시대가 바뀌어서 부교역자 때 목회학박사과정을 공부해야 한다고 말씀하셨다. 목사님은 교회를 개척하셔서 30여 년 사역하시면서 총회장까지 지내신 어른이시다. 늘 학업보다 목회 현장에서의 사역을 강조하셨었는데 목회학박사과정에 대해 말씀하셔서서 놀랐다. 목사님은 공부할 수 있는 방법을 찾아보라고 하셨는데, 내가 속한 교단의 장로회신학대학교의 경우는 이미 2018년 12월에 합격자 발표를 마쳤다. 장신대에서 공부하기 위해서는 1년을 기다려야 하는 상황이었다.

그러던 중 월간지《목회와 신학》에서 트리니티복음주의신학대학원(Trinity Evangelical Divinity School/TEDS)의 한국목회학박사과정(K-DMin)을 발견하였다. 내가 존경하는 지구촌교회 이동원 목사님이 공부하신 학교이다. 총신대 역사신학 박용규 교수님은 "이 학교는 1897년에 설립되어 학문성, 경건성, 복음주의 신앙이라는 세 가지 교육 이상으로 세계적인 신학교가 되었다"고 소개했다. 한국목회학박사과정은 2016년에 한국에서 시작되었다. 각 과목은 먼저 교수님이 내주신 과제로 개인연구를 수행한다. 미국에서 오신 교수님의 수업을 통역을 통해 4일간 집중수업 형태로 듣는다. 그리고 수업 후 사역에 적용하는 프로젝트를 제출하는 방식으로 진행되었다. 졸업논문 6학점을 포함해서 총 36학점을 이수해야 하고 마지막 수업과 졸업식은 미국에서 진행되는 과정이었다. 지원서를 작성하여 2019년 4월 17일에 입학허가서를 받았다.

첫 번째 수업은 데이나 해리스(Dana M. Harris) 교수님의 '히브리서에서 발견되는 목회적 이론'이었다(2019년 5월). 수업 중 교수님이 성경을 너무도 잘 알고 계신다는 사실에 놀랐다. 질문들에 대한 모든 대답을 그 자리에서 성경을 보여주시면서 답변하시는 데 놀랐다. 수많은 성경 말씀을 마음에 새기고 계신 것에 큰 도전이 되었다. 스캇 마네치(Scott M. Manetsch) 교수님의 '종교개혁시대의 목회신학'에서는 문헌자료를 통해서 칼빈이 목회하던 때 제네바시의 교회에서 '새벽 설교예배'가 진행되었다는 사실을 알게 되었다. 새벽기도회의 시작이 한국교회가 아니었다. 칼빈의 설교 사역과 목회적 돌봄 사역을 배우면서 새로운 도전을 받았다. 그 외에도 여러 교수님들을 통해 많은 것들을 배우고 시야를 넓힐 수 있었다.

또한 할렐루야교회 원로목사이신 김상복 교수님, 한국대학생선교
회(CCC) 대표 박성민 교수님(신약학), 횃불트리니티신학대학원대학교
전 총장 김윤희 교수님(구약학), 이정숙 교수님(교회사), 합동신학대학
원 김만형 교수님(교육학) 등 한국 교수님들의 수업도 유익했다.

2020년 시작된 코로나로 한 주간 집중수업에서 월요일 수업으로
변동이 있었다. 양재동 횃불회관에서 공부하지 못하고 줌(Zoom)으로
수업을 들어야 하는 변화가 있었다. 모여서 공부할 때 다른 학우들과
교제의 시간이 있어서 좋았는데 줌으로는 그런 시간이 없어서 아쉬
웠다.

전임 사역을 하면서 논문을 작성하는 것은 쉽지 않은 도전이었다.
몇 번이나 논문을 쓰지 않고 수료로 마쳐야겠다는 생각이 들었지만,
상현교회 윤요한 위임목사님께서 배려해 주시고 격려해 주셔서 학업
을 잘 마칠 수 있었다. 한국목회학박사과정 학생 중 처음으로 받은 장
학금도 논문을 쓰는 데 큰 힘이 되었다. 힘든 상황 가운데서도 하나님
의 은혜로 2022년 8월에 〈REPRODUCING MINISTRY THROUGH
LAY LEADERS: A CASE STUDY OF SANGHYUN CHURCH(평신도 양
육자를 통한 재생산 사역에 관한 연구: 상현 교회를 중심으로)〉 논문을 제출하고
목회학박사 학위를 받았다. 논문은 상현교회에서 실시하였던 제자훈
련 사역을 질적 연구방법을 통해 연구한 것이다.

돌이켜 보면 내가 계획한 것은 아니었지만 하나님께서 시기와 상황에 맞게 다양한 학교에서 공부할 수 있는 기회를 주셨다. 나에게 꼭 필요한 학교들이었고 배움의 내용들이었다. 이제 배운 것을 가지고 목회 현장을 섬겨야 한다.

선민(善民) 됨의 배움터

Th.M. 김신회 목사

경영학을 전공하고 신대원에 입학했을 때 나의 관심은 성경에 있기보다는 조직신학에 있었다. 조직신학을 통해 신앙적인 질문들에 대해서 어느 정도 답을 찾을 수 있는 것 같아 흥미로웠다. 반면에 성경연구에 대해서는 많은 관심을 갖지 못했다. 하지만 전임 사역을 하면서 목회 현장에서 중요한 것은 말씀을 바로 알고 설교하며 가르치는 것이라는 사실을 깨달았다. 부족함이 느껴질수록 하나님의 말씀을 바로 알고 싶은 갈급함은 증폭되었다. 그러던 중 동생으로부터 에스라성경대학원대학교를 소개받았고 공개강좌를 들으면서 에스라에서 성경을 공부하고 싶은 소망이 생겼다. 기도하며 소망하던 중 마침내 에스라에서 말씀을 연구할 수 있는 길이 열렸다.

대부분의 학우들과 마찬가지로 1년간의 기숙사 생활을 위해서는 희생해야 하는 것이 많았다. 전임 사역에서 파트 사역으로 전환하는 것과 무엇보다도 가족과 한 주간 떨어져서 지내야 하는 것이 어려웠다. 아빠와 함께 시간을 보내야 할 어린아이들을 집에 두고 공부하는 것이 맞는 것인지 많이 고민되었다.

커다란 희생을 각오하고 시작한 공부이기에 1년간의 기숙사 생활 기간 동안 정말 치열하게 공부한 것 같다. 거의 모든 시간과 마음을 에스라 학업에 집중하였다. 말씀 한 장을 이해하기 위해 여러 번 말씀을 읽고 묵상하며 다른 자료들을 찾아보고 생각하는 등 많은 시간을 말씀과 씨름했다. 하나님의 말씀이 가슴을 때렸고 영혼을 울렸다. 말씀을 배워서 가르치고 싶었는데 가르칠 수가 없었다. 배운 말씀들이 다른 사람을 향한 말씀이 아니었고 나를 향한 말씀이었다. 목사의 아들로 자라왔지만 불순물이 섞인 나의 가치관과 세계관과 신앙관을 말씀으로 정제(精製)하는 시간이었다.

강의를 통해서는 에스라 교수님들의 말씀 연구의 열정과 진지한 태도를 배울 수 있었다. 또한 아침 말씀묵상 나눔, 튜터조 모임(김덕중 교수님), 섬김의 시간 등을 통한 학우들과 교수님들과의 인격적인 만남과 교제는 에스라에서만 누릴 수 있는 특권인 것 같다. 학생들의 이름을 일일이 기억하며 관심을 가져주신 백정란 이사장님과 민경동 총장님의 격려와 지도는 힘든 학업을 이겨낼 수 있는 힘이 되었다.

나에게 있어서 에스라는 성경을 배우는 학교 이상이다. 에스라는 말씀을 통해 생각과 삶을 변화시켜 하나님의 거룩한 자녀 됨을 배워가는 곳 같다. 사역자이기 이전에 하나님 앞에서 바른 선민(善民) 됨을 훈련하는 배움터이다. 혼탁한 이 시대에 말씀을 붙들고 살아가고, 말씀을 따라 사역한다는 것은 큰 도전인 것 같다. 하지만 말씀을 배웠기에 더 이상 예전의 모습대로 살아갈 수 없고 사역할 수 없을 것 같다. (2016년 에스라 소식지 기고문)

한국교회에서 부교역자로
차근차근 목회 수업을 받다

나는 신대원 1~2학년 때는 청년부 회장으로 봉사하였다. 신대원 3학년 때 결혼을 앞두고 교육전도사 사역을 시작하였다. 내가 처음 사역을 시작한 교회는 새벽교회이다. 2009년 1월 4일에 새벽월드교회 중등부 전도사로 부임하였고, 1월 10일에 결혼을 하였다. 결혼과 동시에 사역을 시작하였다.

새벽교회는 이승영 목사님의 "하나님께 영광, 이웃에게 평화, 자연에 긍휼"이라는 삼원 목회철학의 기초 위에 세워졌다. 삼원 목회 사역으로 새벽교회(송파), 새벽월드교회(분당), 새벽월드자연교회(진천) 등세 곳에서 예배가 드려졌다. 목사님께서 한 교회에서 설교하시면 다른 교회에서는 영상을 통해 예배드렸다. 나는 새벽월드교회의 중등부 교육전도사로 사역을 시작하였다. 첫 사역이어서 많이 긴장되었지만 선생님들의 도움으로 감당할 수 있었다.

수요일이면 송파 새벽교회에서 선임 목사님을 중심으로 교역자 회의가 있었다. 수업을 마치고 전도사님들과 함께 교회로 이동해서 저녁 식사를 하고 회의에 참여했다. 각 부서 사항을 점검하고 교회의 사역을 나누는 시간이었다. 회의가 끝나면 교역자들 간 교제의 시간을 갖고 수요예배에 참석했다. 주일 1부 예배 때는 방송실을 도왔고, 주일 저녁예배 때는 찬양팀으로 섬겼다.

새벽교회 사역에서 인상 깊었던 것은 체계적인 양육 시스템이었다. 새벽교회 사역 2년 차에는 월드중등부와 함께 월드청년부 사역을 맡았다. 청년들도 교회 전체 양육 시스템을 따라 장년들과 함께 양육을 받았기에 조금 더 가까이에서 교회 양육 시스템이 운영되는 것을 경험할 수 있었다. 새가족이 교회에 오면 '새가족 축복의 만남' 시간을 가졌다. 먼저 교회 소개 영상을 시청하고 선임 부목사님과 만남의 시간을 가졌다. 그 자리에서 등록 카드를 작성했다.

등록한 새가족은 '라이프스터디'라는 양육 시스템의 첫 단계로 연결된다. 하나님의 은혜와 믿음, 예수 그리스도와 성령, 주일성수와 예배생활, 기도·찬송·말씀생활, 교회와 성례 등 8주에 걸쳐 평신도 교사에 의해 일대일로 양육을 받는다. 라이프스터디를 마치면 주일 저녁예배 시간에 수료식과 함께 간증의 시간이 있다. 새신자는 양육을 통해 하나님을 만난 간증을 하였고, 타 교회에서 오신 분들은 불분명했던 부분들이 정리되고 깨달아진 은혜들을 나눴다. 또한 평신도 교사들의 수고와 헌신에 감사하는 고백을 하였다. 이 과정을 마쳐야 세례 교육을 받을 수 있는 자격이 주어졌다.

다음 단계는 '제자양육'이다. 제자양육은 예수님이 열두 제자를 부르시고 양육하신 데에서 연유한 과정이다. 이 과정은 소그룹으로 수

개월 동안 진행되는데 놀라운 것은 평신도 교사가 양육한다는 점이었다. 교재의 내용은 사랑의교회의 제자훈련과 비슷했는데 사랑의교회 제자훈련이 목회자에 의해 인도되는 것과 달리 새벽교회에서는 훈련된 평신도 교사가 양육하였다. 나에게는 신선한 충격이었다. 또한 양육에 있어서 평신도 사역의 가능성을 보았다.

마지막 단계는 '사역훈련'이다. 이 과정은 위임목사님께서 직접 인도하셨다. 제자양육을 마친 교우들 중에서 소그룹 모임 인도를 위한 평신도 지도자를 양성하는 과정이다. 소그룹 모임의 특성과 운영에 대해 이론적으로 배우고, 실제 소그룹 성경공부를 인도하는 것을 실습한다. 실습하는 과정을 교역자가 평가하여 일정 점수 이상을 받아야 통과한다. 이 과정을 통과해야만 교회의 제직자, 교회학교 교사, 평신도 지도자인 은찰로 사역할 수 있다. 청년부 순장들도 이 과정을 거쳐서 세워졌다. 많은 교회들이 양육과 훈련 없이 청년들을 교회학교 교사로 세우는 것과는 달랐다. 먼저 양육을 통해 사람을 준비시키고 사역을 하게 했다. 양육을 통한 신앙고백 없이 교사나 봉사에 동참시켰을 때 본인에게나 공동체에 좋지 않은 영향을 끼치는 것을 많이 보아왔다. 양육 후 사역에 동참시키는 것이 바람직한 체계인 것 같다.

2년간의 새벽교회 사역을 통해서, 평신도 지도자를 훈련시키고 그들을 통해 또 다른 성도들을 훈련시키는 재생산 사역을 경험하였고 가능성을 볼 수 있어서 큰 유익이 되었다. 마지막 단계는 위임목사님께서 직접 교육하시는 과정을 통해 교역자와 평신도 지도자 간 양육의 균형을 이루는 모델을 보았다.

사역지를 옮기려고 기도하던 중 상현교회 최기학 목사님으로부터 연락을 받았다. 청년교회 담당 목사님이 개척을 나가는데, 나에게 청년교회 사역을 맡아달라고 하셨다. 당시 최기학 목사님은 G12 셀사역을 하고 계셨다. 내가 카자흐스탄에서 선교훈련을 받고 있을 때, 그곳에서 만나 뵌 적도 있었다. 2011년 1월에 100여 명이 모이는 상현청년교회 담당 전도사로 부임하였다.

상현청년교회는 장년부와 마찬가지로 G12 셀시스템을 갖추고 있었다. G12 셀교회는 동성 사역을 원칙으로 했다. 그래서 남성과 여성을 분리해서 셀을 구성했다. 처음에는 내가 남성 셀리더들(수요일)과 여성 셀리더들(화요일)과 함께 셀리더 모임을 시작하였는데 얼마가 지난 후 여성 셀리더 모임은 아내가 담당했다. 그때부터 아내는 5년간 청년부 사역의 귀한 동역자가 되어주었다. 나는 부임하자마자 카자흐스탄에서 배웠고 의정부시민교회에서 실행하였던 G12 셀사역을 본격적으로 시작하였다. 장년 사역은 주 1회 새벽기도회 설교와 순번에 따라 수요저녁기도회 설교를 했고 나머지 시간은 청년교회 사역에 집중하였다.

2월 동계수련회 때 포스트인카운터를 시작으로, 3월 5일부터 토요일마다 7주간 비전스쿨을 열었고, 3월 18~19일에는 인카운터 수련회를 가졌다. 3월부터 여름 몽골 단기선교 준비를 시작했다. 4월 24일부터는 주일 저녁에 8주간 알파코스를 진행했다. 4월 중 국내 단기선교 준비를 위해 37명의 청년들이 발혈치유교육(발마사지)을 받고 31명이 수료했다. 7월에는 7박 8일간의 첫 몽골 단기선교를 떠났다. 8

월에는 경북 군위에 있는 장군교회에서 3박 4일간의 국내 단기선교를 진행했다. 매주 평일 저녁에 청년 셀리더 모임도 진행했다. 각각의 사역을 감당하기 위해 정말 열심히 사역하였다.

9월부터 교회에 변화가 시작되었다. 그때까지 장년 평신도 셀리더 중심으로 셀사역이 진행되었는데, 각 셀마다 담당 교역자가 세워졌다. 나에게는 시온셀이 맡겨졌다. 장년 사역과 함께 청년 사역을 병행해야 하는 상황이 되었다. 제자훈련의 필요성이 대두되어서 9월부터 청년 사역에 변화를 주었다. 매주 주중에 셀리더 모임을 하였고, 토요일에는 아침(8:30)과 저녁(7:00)으로 두 시간씩 5개월간 제자훈련을 하였다. 이와 함께 상황적으로 힘들어하던 남자 형제 한 명과 토요일 오후 5시에 5개월간 제자훈련을 했다. 힘들어할 때는 교재를 진행하지 않고 2시간 동안 이야기를 들어준 적도 있고, 옷을 사는데 함께 가서 쇼핑을 한 적도 있었다. 그 시간 동안 많은 회복을 경험하는 것을 보았다. 화요일에는 새벽예배 인도를 마치고 오전 6시에 남자 형제 두 명과 4개월간 제자훈련을 했다. 제자훈련 후 순대국을 먹으며 하루를 시작했던 추억이 있다.

2012년 상반기에는 화요일, 수요일, 목요일 저녁에 제자훈련을 했다. 금요일에는 금요심야기도회, 토요일에는 리더모임, 주일 오후에는 몽골 단기선교팀 모임을 했으니 월요일 저녁만 집에서 보낼 수 있었다. 낮에는 장년부 사역을 하였고 밤에는 청년교회 사역을 하였다.

상현교회 청년부에서 8년 동안(2011~2015년, 2020~2022년) 《일대일 제자양육 성경공부》교재로 16개의 소그룹, 110여 명의 청년을 훈련하였다. 1:1로, 1:2로 훈련한 경우도 있었지만, 대부분은 8명 내외의 소그룹으로 훈련하였다. 2단계는 9개의 소그룹을 통해 74명의 청년을 훈련하였고(3개월), 3단계는 34명의 청년을 훈련하였다(3개월). 청년들의 경우 주중 저녁 시간에 학교와 직장을 마치고 와서 늦은 시간까지 함께 훈련하였는데 은혜가 있었기에 다들 열심히 참석하였다. 코로나 시기에는 온라인도구인 줌(Zoom)을 통하여서 제자훈련을 하였다. 지금 돌이켜 보면 어떻게 감당했는지 신기하다. 장년부 사역과 병행하면서 제자훈련을 진행하였기에 시간적·체력적으로 어려움이 있었다. 하지만 청년들이 한 명 한 명 변화되어 가고 성장해 가는 것을 볼 때 기쁨과 보람을 느껴서 사역을 지속할 수 있었다.

청년부 사역을 잠시 쉬고 장년 사역만 했던 2017~2018년에는 6개의 소그룹을 통해 장년 성도 42명을 훈련하였다. 제자훈련 과정에서 꾸준히 평신도 양육자로서의 비전을 전달하였고 그 결과 여덟 명의 평신도 양육자가 세워졌다. 여덟 명이 2017~2019년 3년 동안 25명을 훈련시켰다.

장년교구 사역은 대심방 및 상시심방, 구역장 성경공부, 새벽기도회와 금요심야예배 설교, 경조사 예식인도, 장년 성경공부(일대일 제자양육, 구약/신약의 파노라마, 가스펠프로젝트), 상현평생대학(노인대학), 전도사역, 9시 기도회 인도, 수요예배 찬양인도 등 교회 상황에 따라 위임목사님께서 맡기신 사역을 성실하게 섬겼다. 특별히 최기학 목사님의 영혼 구원을 향한 열정과 교회와 성도를 향한 사랑과 관심, 목회자로서 하나님을 경외하며 신실하게 사역하려는 태도를 배울 수 있었다.

최기학 목사님이 2016년 부총회장 선거에 출마하셨을 때는 교구 사역을 담당하며 교회에서 선거의 행정적인 지원과 목사님 사역을 위한 중보기도회 인도를 담당했다. 이때부터 아내와 함께 3년 동안 아침 9시 기도회를 인도했다. 선거 준비를 위해 노회 목사님들과 장로님들을 모시고 다니면서 많은 분들과 교제하게 되었다. 목사님께서 부총회장과 대한예수교장로회(통합) 제102회기 총회장으로 활동하실 때는 종종 목사님을 수행하며 총회의 여러 모임에 참석하였고, 목사님 가까이에서 총회와 한국교회 여러 사안들을 접하며 지역교회 중심의 시각에서 좀 더 확장된 공교회에 대한 관심을 갖는 계기를 가졌다.

그러던 중 상현교회에 리더십 교체가 있었다. 최기학 목사님이 2019년에 은퇴와 함께 원로목사로 추대되셨고, 윤요한 목사님이 7개월간 동사목회를 하시다가 위임을 받으셨다. 교회를 옮기지 않았지만 후임 목사님을 통하여서 새로운 목회 스타일을 경험하게 되었다. 교회를 개척하시고 강력한 리더십으로 이끌어 오신 원로목사님과는 다르게 청빙 받아 오셔서 리더십을 잘 이양받으시고 교회를 안정되게 이끌어가시는 목사님을 통해 많은 것을 배울 수 있었다. 2022년 12월에 12년간의 상현교회 사역을 마무리하고 하나님의 보내심을 따라 대광교회로 사역지를 옮기게 되었다. 지금은 신길동 대광교회에서 선임 부목사로 사역하고 있다.

나를 키워주신
믿음의 멘토들에게 감사드린다

믿음의 여정을 기록하면서 내가 깨달은 것은 하나님께서 수많은 사람들을 통해서 나를 준비시키셨다는 사실이다. 하나님께서는 나에게 아름다운 만남을 갖게 하셨고 그분들을 통해 나를 하나님의 사람으로 빚으셨다. 나의 삶에 선한 영향력을 끼친 멘토분들을 회상해 본다.

나의 최고의 멘토는 아버지 김재민 목사님과 어머니 박영순 사모님이시다. 두 분은 따뜻한 사랑과 관심으로 우리 형제에게 올바른 삶의 자세와 인격의 틀을 형성할 수 있도록 양육해 주셨다. 항상 기도와 격려로 든든한 후원자가 되어주셨다. 소문난 잉꼬부부로 행복한 가정의 울타리를 만들어 주셔서 나와 동생은 평안함 가운데 성장할 수 있었다. 다양한 경험을 할 수 있도록 길을 열어주셨고, 좋은 분들과의 만남을 주선해 주셨다. 부모님은 사람을 키우는 사역의 모본을 보여주셨다. 한 영혼 한 영혼을 사랑으로 돌보고 양육하여 하나님의 사람들로 길러내셨다. 진정한 영적 아버지 됨이 무엇인지 삶으로 가르쳐 주셨다. 많은 사역의 장을 열어주셔서 카자흐스탄에서 배운 제자훈련을 실천할 수 있는 기회를 허락하셨다.

몇 개월간의 길지 않은 만남이었지만 숭실대학교 네비게이토 선교회의 신상래 선교사님은 나의 영원한 멘토이다. 구원의 확신이 없어 불안해하던 나에게 복음을 전해주신 분이시다. 구원의 감격을 가지고 청년 시절을 보낼 수 있도록 인도해 주신 귀한 분이시다. 한 사람에게 관심을 갖고 한 사람을 세우기 위한 따뜻한 섬김을 보여주셨다. 영혼을 제자 삼는 목회의 본질을 가르쳐 주셨다.

의정부시민교회에서 부목사 사역을 하시며 청년부를 담당하셨던 박찬균 목사님은 나를 예수님의 제자로 훈련시켜 주셨다. 영적으로 갈급함 가운데 있던 나에게 하나님의 말씀을 가르쳐 주셨고 거룩한 습관을 기를 수 있도록 지도해 주셨다. 나는 지금도 제자훈련을 할 때 24년 전 목사님으로부터 제자훈련 받았을 때 사용했던 책을 사용한다. 그리고 목사님이 가르쳐 주셨던 방법대로 제자훈련을 하고 있다. 나의 사역에 가장 중요한 도구를 들려주신 분이시다. 또한 나의 목회 사역의 교과서인 옥한흠 목사님의 《평신도를 깨운다》를 만나게 해주신 분이다. 제자훈련의 은혜를 경험하고 제자훈련에 눈을 뜨게 해주신 소중한 분이시다.

새들백교회의 릭 워렌 목사님은 직접 만나 뵙지는 못했지만 나의 영적 멘토이시다. 캐나다에서 우연히 집어 든 《The Purpose Driven Life》(목적이 이끄는 삶)는 나에게 삶의 의미와 목적을 깨닫게 해주었다. 이 책을 읽고 묵상하는 가운데 삶의 진로를 확정하였고 목사가 되기로 결정했다. 나의 삶을 하나님께 드리며 나의 사명 선언서를 작성하게 되었다. 나의 삶에서 성경 다음으로 가장 중요한 영향력을 끼친 책이 바로 이 책이다. 한국에 돌아와서 읽게 된《새들백교회 이야기》역시 나의 사역의 교과서와 같은 책이다. 교회가 감당해야 할 사역의 영역을 명확히 제시하였고 구체적인 방법까지 알려준다. 지금 다시 보아도 수많은 영감을 주는 책이다.

나의 청년 시절에 가장 큰 영향력을 끼친 분은 카자흐스탄 김삼성 선교사님과 선선덕 사모님이시다. 10개월간 선교사님이 개척하신 알마티 은혜교회에서 마하나임 선교훈련을 받았다. 지역교회만을 바라보고 지역교회에 초점이 있던 나에게 열방을 향한 하나님의 마음을 알게 하셨다. 카자흐스탄에서 개최한 실크로드페스티벌을 통해 주변 각국에서 온 청년들과 함께 예배드리며, 요한계시록 7장에 기록된 "각 나라와 족속과 백성과 방언에서 아무도 능히 셀 수 없는 큰 무리가" 함께 하나님께 영광 돌리는 현장을 앞당겨 경험하였다. 또한 알마티 은혜교회의 4단계의 제자양육체계를 통해 셀리더들이 세워지고 그들을 통해 교회들이 개척되는 모습을 보았다. 선교지에서 교회의 중요성을 배웠고, '교회 개척을 통한 열방의 회복'이라는 비전을 받았다. 그 후에도 수년간 교역자로서 교회 사역을 시작하기 전까지 멘토로 모시고 교제하였다.

교역자로서 사역을 시작하고 만난 멘토는 사랑의교회 故 옥한흠 목사님
이시다. 안타깝게도 목사님을 직접 만나 뵌 적은 없다. 청년 시절에《평신도
를 깨운다》를 읽고 큰 감명과 도전을 받았다. 목사님의 책을 통해 나의 제자
화 사역에 기틀을 마련하게 되었다. 전도사 시절 목사님이 소천 받으셨다는
소식을 듣고 사랑의교회를 찾아간 적이 있었다. 교회를 둘러보며 목사님의
자취를 느끼고 교회 서점에서《이것이 목회의 본질이다》를 구입하였다. 수
차례 반복하여 읽으며 도전받은 책이다. 살아생전에 만나 뵙고 훈련을 받지
는 못했지만 '제자훈련 지도자 세미나(CAL)' CD를 통해 수차례 육성 강의를
듣고 목사님의 제자훈련 정신을 전수받았다.

상현교회 최기학 원로목사님(대한예수교장로회(통합) 제102회기 총회장)과
는 추억이 많다. 내가 카자흐스탄에 있을 때 목사님이 카자흐스탄을 방문하
셨다. 친구 아들이 선교훈련을 받고 있다고 찾아오셔서 용돈을 주고 가셨다.
신대원 진학을 위해 용천노회에서 노회고시를 볼 때 난처한 상황이 있었는
데 면접관으로서 도움을 주셨다. 결혼식 때는 기도순서를 맡아 축복기도를
해주셨다. 그리고 내가 상현교회 청년부에서 사역할 수 있도록 불러주셨다.

또한 아내가 함께 청년부 사역을 할 수 있도록 기회를 주셨다.

목사님은 교회를 개척하시고 '영혼을 구원하고 예수제자 삼는 교회'를 비전으로 33년을 목회하셨다. 나는 그 기간 중 마지막 9년을 함께하였다. 최기학 원로목사님의 영혼 구원을 향한 열정과 교회와 성도를 향한 사랑과 관심, 목회자로서 하나님을 경외하며 신실하게 사역하려는 태도를 배울 수 있었다. 목사님의 목회 가르침 가운데 9년간 많은 사역들을 경험하였다. 목사님이 총회장 사역을 하실 때 목사님 곁에서 총회와 한국교회 여러 사안들을 접하였고, 지역교회 중심의 시각에서 좀 더 확장된 공교회에 대한 관심을 갖게 되었다. 또한 목사님의 배려로 사역을 하면서 신학석사과정과 목회학박사과정을 마칠 수 있었다. 매주 금요심야기도회 때 사역을 위해 축복해 주시며 안수기도해 주셨던 사랑이 가장 기억에 남는다.

또 한 분의 멘토는 하나북스 대표이며, 코칭작가이신 박성배 작가님이시다. 박성배 작가님은 몇 년 전 부모님의 공저를 코칭해 주신 분이다. 당시 나에게도 책 쓰기를 권유하셨는데 그때는 마음에 감동이 없었다. 작년 연말에 다시 만나 뵈었을 때 마음이 열려서 책쓰기를 시작하게 되었다. 나는 이 책을 쓰기 위해 《내 인생을 다시 쓰는 책쓰기》를 여러 차례 읽었다. 이 책은 박성배 작가님의 '책쓰기 건축술 8단계'를 따라 썼다. 작가님은 8단계에 따라 단계별로 지도해 주셨다. 매주 원고 마감일을 정해주시고 원고를 제출하면 피드백을 해주셨다. 무엇보다도 칭찬과 격려로 책을 쓸 수 있는 용기를 불어넣어 주셨다. 풀리지 않는 난관에 부딪혔을 때는 어려움을 헤쳐나갈 수 있는 구체적인 방법을 제시해 주셨다. 멘토링이 무엇인지 제대로 경험하게 해주셨다. 내 안에 있는 역량을 끌어올려 결과물을 낼 수 있도록 인도해 주신 최고의 코칭 전문가이시다.

그 외에도 수많은 분들이 내가 성장할 수 있도록 도움을 주셨다. 귀한 분들을 만나게 하신 하나님께 감사드린다. 나도 앞으로 누군가의 멘토가 되어 보배로운 하나님의 사람들을 섬기고 싶다.

"또 네가 많은 증인 앞에서 내게 들은 바를

충성된 사람들에게 부탁하라

그들이 또 다른 사람들을 가르칠 수 있으리라"

(디모데후서 2:2)

PART 2

성경과 한국교회 역사가
제시하는 사람 키우는 원리

✦

사람을 키우고 세워가는 일을
성경에서 배운다

성경이 제시하는
제자의 정의는 무엇인가

✝

　제자훈련을 시작하기 위해서는 먼저 제자훈련에 대한 성경적 기초를 세워야 한다. 이러한 제자훈련에 대한 논의를 위해서는 신약성경에서 말하는 제자를 정의하는 것이 선행되어야 한다. 성경에서 말하는 제자에 대한 정의가 분명하지 않으면 교회 안에 오해가 생길 수 있다. 제자훈련을 받은 사람과 그렇지 않은 사람을 구분하게 되기도 하고, 제자훈련을 받은 사람들은 특권의식을 갖기도 한다. 제자훈련에 참여하지 못한 사람들이 소외감을 느끼기도 한다. 제자훈련이 오히려 교회를 하나 되지 못하게 하는 장애물이 될 수도 있다. 그렇기에 제자에 대한 성경적 정의가 중요하다.

　제자의 어원적 의미를 살펴보면 제자로 번역된 'μαθητής'(마데테스)는 'μανθάνω'(만다노)에서 유래되었다. 'μανθάνω'(만다노)는 "자신을 어떤 것에 익숙하게 하다, 경험하다, 배워서 알다, 이해하다" 등의 뜻을 가진다. 헬라 세계에서 'μαθητής'(마데테스)는 본래 "자신들의 마음을 어느 것에 쏟는 자들"을 가리키는 데 사용되었는데, 후에 배움에 종사하고 있는 학생을 가리키게 되었다. 신약에서는 복음서와 사도행전에 약 250회 사용되는데 대부분 예수님의 추종자들을 가리킨다.

백석대학교 김경진 교수의 연구에 따르면 공관복음에 나타난 제자들의 범위가 다르다. 일반적으로 제자들을 사도들과 동일시하며 열두 명이라고 생각하는데 이것은 마가복음에 근거한 것이다. 마가복음에서는 예수님이 제자들을 교육한 곳이 주로 집(εἰς οἶκον)으로 나타난다 (막 7:17; 9:28, 33; 10:10). 고대 팔레스타인 집 구조를 고려할 때 12명 이상을 넘을 수 없는 소수의 사람만이 함께할 수 있었다. 그렇기에 마가복음에서 제자의 범위는 대체로 약 12명 정도의 제한된 인원으로 나타난다고 설명하였다.

누가복음의 경우는 조금 다르다. 누가복음 6장에는 예수님이 열두 제자를 선택하시는 장면이 기록되어 있다. "밝으매 그 제자들을 부르사 그 중에서 열둘을 택하여 사도라 칭하셨으니"(눅 6:13), "예수께서 그들과 함께 내려오사 평지에 서시니 그 제자의 많은 무리와"(눅 6:17상) 이상의 구절을 보면 세 종류의 무리가 제자로 불리는 것을 알 수 있다. 이 본문에서는 사도라 칭하여졌지만 다른 본문에서는 열두 제자로 불리는 그룹과 열두 명의 제자들을 선발해 낸 더 큰 범위의 헌신자 그룹이 있었다. 이들도 제자라고 불렸다. 그리고 예수님이 부르시고 선발하신 제자들과 함께 산에서 내려와 평지에 다다랐을 때, 모여 있었던 큰 무리의 추종자 집단 역시 제자라고 불렸다. 누가복음에서는 다양한 그룹의 제자들이 등장하며 제자의 범위가 확대된 것을 볼 수 있다. 누가복음에서의 제자는 사도행전에서 사용되고 있는 제자의 용례를 이미 반영한 것으로 보인다. 누가복음은 교회 지도자인 열두 명의 사도들과는 구별되는 '평신도로서의 제자'란 용어를 사용한 것으로 볼 수 있다.

마태복음에서 제자의 범위는 마가복음과 누가복음의 중간에 위치한다. 마태복음을 연구하면 제자라는 단어는 주로 '열두 제자'를 가리키고 있다. 하지만 열두 제자를 선택하시기 이전에도 제자란 호칭이 사용되었고(마 8:21, 23, 25; 9:10, 11, 14, 19, 37) 아리마대 요셉의 경우도 예수님의 제자라고 소개하였다(마 27:57). 즉 소수의 마가복음과 다수의 누가복음의 중간적 위치에 놓인 그룹으로 '불특정 그룹(Undifferentiated Group)'으로 볼 수 있다.

이와 같이 복음서마다 조금씩 상이한 제자 그룹이 등장하기 때문에 성경을 연구한 사람들마다 제자가 누구인가에 대한 다양한 정의를 내리고 있다. 교회 성장학파인 도널드 맥가브란(Donald McGavran)이나 피터 와그너(Peter Wagner)는 제자란 예수님에 대한 믿음으로 회심한 사람이고, 제자도는 그 뒤에 온다고 제안하였다. 제자는 복음을 듣고 믿는 사람이고 그 후에 성장 과정을 '제자도' 또는 '완전케 됨'이라고 한다.

제임스 보이스(James M. Boice)는 《참제자의 길》에서 "어떤 사람이 우선 예수를 믿는 자가 되고 그 다음에 제자가 되기를 선택하는 것과 같이 기독교에서 제자가 된다는 것은 예측되어질 두 번째 단계는 아니라는 것이다. 그리스도인이 된다는 의미 속에는 처음부터 제자가 된다는 의미(제자도)를 포함한다"고 하였다. 즉 제자는 제자도 과정에 있는 회심자를 뜻한다.

후안 카를로스 오르티즈(Juan Carlos Ortiz)는 《제자입니까》에서 "제자는 예수 그리스도를 따르는 사람이다. 그러나 그분의 왕국에 속해있다 하는 그리스도인이라 해서 누구나 다 그분의 제자는 아니다. 그리스도를 따른다는 것은 그분을 주님으로 모신다는 말이요, 이 말은 노예로서 그분을 섬긴다는 뜻이다"라고 정의한다. 그는 모든 그리스도인이 다 제자가 아니고 헌신된 신자가 제자라고 정의한다.

리로이 아임스(LeRoy Eims)는《제자삼는 사역의 기술》에서 성도를 초신자, 제자, 일꾼, 지도자로 구분한다. 전도하여 복음을 듣고 예수님을 영접한 사람을 초신자라고 한다. 그 초신자를 제자로 세우기 위해 양육을 하고, 양육의 결과 초신자는 전도할 수 있는 제자가 된다. 그에 따르면 제자는 평신도 중에서 훈련받아 사역자가 된 사람을 뜻한다.

이상의 견해들을 정리해 보면 제자는 '회심자', '제자도 과정에 있는 회심자', '헌신된 신자', '사역자' 등 다양한 모습으로 정의된다. 하지만 마이클 윌킨스(Michael J. Wilkins)는《제자도 신학》에서 이러한 정의들은 합당한 해석학적 원칙을 충분히 고려하지 않은 채 형성된 것으로 평가한다. 그는 제자를 제대로 정의하기 위해서는 "그 용어들이 1세기의 일반적인 문맥에서는 어떻게 사용되었는가, 성경적 문맥에서는 어떻게 사용되었는가, 오늘날 그 용어들은 어떻게 사용되는가 등의 세 가지 범주를 고려해야 한다"고 주장한다.

세 가지 범주를 고려하여 연구한 결과 윌킨스는 "예수님의 제자란 영생을 얻기 위해 예수께로 와서, 예수님을 구주와 하나님이라고 시인하고, 그분을 따르는 삶을 시작한 사람이다"라고 정의하였다. 예수님을 믿는 모든 성도가 다 제자이다. 제자에 대한 이러한 정의를 기초로 제자도(Discipleship)는 "제자로서의 지속적인 성장 과정"으로 설명하였다. 지속적인 성장 과정은 주님이신 예수님을 닮아가는 것이다. 이와 연관하여 제자 삼기(Discipling)는 "제자들이 서로 도와서 제자로 성장해 가야 할 책임"을 함축한다.

옥한흠 목사 역시《다시 쓰는 평신도를 깨운다》에서 "교회 안에서 평신도가 어떤 믿음의 수준에 있든지 그들이 예수를 주로 고백하는 이상 누구나 예수의 제자"라고 규정하였다. 제자도는 성장하는 삶의 방식이다.

성경에서 말하는 제자는 예수님을 구주와 주님으로 믿고 그분을 따르기 시작한 모든 사람이다. 그렇기에 제자훈련을 통해서 제자가 되는 것이 아니라 제자이기 때문에 제자로서 훈련을 받아야 한다. 교회는 성도들을 예수님의 제자로 세워갈 책임이 있다.

신약성경에 나타난
제자도의 본질적인 특성

✝

예수님을 구주와 주님으로 믿는 모든 사람이 예수님의 제자이다. 제자는 지속적으로 성장해야 한다. 그러한 성장의 과정을 제자도라고 한다. 성장 과정을 돕기 위한 도구 중 하나가 제자훈련이다. 제자훈련은 제자도를 돕는 하나의 도구이다. 제자도가 더 큰 개념이고 제자훈련은 하위의 개념이다.

신약성경은 제자도의 본질적인 특성을 가르쳐 준다. 복음서를 통해서 예수님이 가르치신 제자도의 본질적인 특성을 살펴보고, 서신서를 통해서 사도 바울의 제자도의 본질적인 특성을 확인할 것이다. 성경학자들이 연구한 내용들을 살펴봄으로써 지속적인 성장 과정인 제자도의 본질적인 특성을 알아보자.

✕ 복음서에 나타난 제자도의 본질적 특성

리처드 N. 론제네커가 엮은《신약성경에 나타난 제자도의 유형》에서 테렌스 도널드선(Terence L. Donaldson)은 마태복음에 나타난 제자도의 특징을 세 가지 범주로 정리하였다. 하나님 및 예수님과의 관계는 '헌신과 희생'(마 8:20; 10:37; 19:27-30; 10:38-39; 16:24-26)이 따르는 관계이고, 동료 제자들과의 관계의 특징은 '사랑의 관계'(마 22:34-40)이다. 여기서 사랑은 용서(마 6:14-15)와 작은 자(마 18:1-14)를 보살피는 것으로 표현된다. 세상과 제자들과의 관계는 착한 행실(마 5:16)을 보여줌으로써 사람들을 끌어당기는 구심력과 세상에 나가서 적극적으로 선교하는 것(마 28:18-20)을 통한 원심력을 동시에 발휘해야 함을 가르쳐 준다.

백석대학교의 김경진 교수는 공관복음에 나타난 제자도를 비교 연구하여 정리하였다. 그는 복음서의 제자도는 각 교회 공동체의 상황과 특성에 알맞게 표현되었다고 주장한다. 마가복음의 경우 로마의 대화재 사건 이후 핍박에 직면하였던 이방 그리스도인들을 위로하고 격려하기 위해 기록되었다. 이러한 상황에서 마가는 "왜 제자가 고난을 당하는가?"와 "고난의 상황에서 어떻게 처신해야 하는가?"를 다루고 있다. 그래서 마가는 예수 그리스도의 고난을 집중적으로 다뤘다. 특별히 예루살렘으로의 여행에서 세 번에 걸쳐 수난 예언을 하신 것(막 8:31; 9:31; 10:33-34)을 통해 예수님이 가신 길이 수난의 길이고, 제자들은 예수님의 뒤를 따라가야 함을 전하고 있다. 즉 마가복음의 제자도는 온전히 걸어가신 예수님의 삶을 본받아 기꺼이 고난을 감내하는 용기를 요청한다.

누가복음을 받는 공동체의 상황은 달라졌다. 다른 복음서의 공동체(교회)보다는 환난이나 핍박의 위협이 거의 없는 다소 안정적인 형편에 놓였다. 종말 또한 연기된 상황이어서 일상적인 삶의 문제가 중요하게 부각되었다. 그렇기에 다른 복음서에 없는 삶의 실천적 윤리를 강조하고 있다. 누가복음은 가난한 자들을 위한 복음(the Gospel for the Poor), 사회적 복음(Social Gospel)으로 알려져 있다. 종말이 연기되고 핍박과는 무관한 상황 속에서 제자들이 실천해야 할 윤리적 삶의 모습을 제시한다. 누가복음의 제자도의 핵심은 "가난한 자와 약자를 배려하는 윤리적 실천"이다.

탈봇 신학교의 마이클 윌킨스는 "요한복음의 제자도와 관련된 최근의 연구들을 살펴보면 세 가지 근본적인 측면에서 합의점에 도달했다"고 밝힌다. 첫째, 제자는 아버지 하나님과 자신을 연결하는 예수님의 주장을 믿고 받아들인다. 예수님에 대한 인식, 환호, 믿음이 제자가 가진 중심 특징이다. 둘째, 이 믿음은 점진적인 이해와 깨달음의 과정을 필요로 한다. 제자들은 점점 예수님이 누구신지 인식하고 이해했다. 이러한 이해가 제자들의 신앙의 성장과 성숙을 가져왔다. 셋째, 요한은 제자와 비제자 사이를 의도적이고 지속적으로 대비한다. 예수님을 진정으로 믿는 예수님의 제자들은 예수님을 믿지 않는 자, 세상에 속한 자, 예수님을 거부한 자와 확연하게 구별된다. 요한복음에 나타난 참된 제자의 증거는 "예수님의 말씀에 거함"(요 8:31-32), "서로 사랑함"(요 13:34-35), "열매 맺음"(요 15:8)으로 나타난다.

복음서에는 "제자가 ~이다", "~하면 제자가 된다(~하지 않으면 제자가 될 수 없다)"라는 표현이 몇 곳에 등장한다. 합동신학대학원대학교 송인규 교수는 이러한 표현의 성경 구절을 정리하여 제자 됨의 특징을 여덟 가지로 정리하였다. ① 제자는 자기를 부인해야(자기 목숨을 미

위해야)한다(마 16:24; 눅 14:26). ② 제자는 자기 십자가를 지고 예수님을 따라야 한다(마 16:24; 눅 14:27). ③ 제자는 스승을 닮아야 한다(눅 6:40). ④ 제자는 자기 가족을 미워해야 한다(눅 14:26). ⑤ 제자는 자기의 모든 소유를 버려야 한다(눅 14:33). ⑥ 제자는 예수님의 말씀에 거해야 한다(요 8:31). ⑦ 제자는 서로 사랑해야 한다(요 13:35). ⑧ 제자는 열매를 많이 맺어야 한다(요 15:8).

⤳ 서신서에 나타난 제자도의 본질적 특성

제프리 위마(Jeffrey A. D. Weima)는 데살로니가전서에서 두드러지게 나타나는 주제는 거룩함이라고 주장하며 "거룩함이 세상과 구별하여 참된 그리스도인의 실존을 뚜렷하게 드러내 주는 표지 또는 경계표"라고 밝혔다. 바울이 데살로니가전서를 통해 말하는 제자도는 거룩함을 요구하는 복음의 부르심에 긍정적으로 응답하는 것을 뜻한다.

린다 벨빌(Linda L. Belleville)은 고린도전·후서에 나타난 제자도는 "객관적 내용을 가지고 있고, 순종을 요구하며, 본보기가 되는 개인을 본받는 것, 그리스도를 닮는 것 등을 요구하며 공동체적 차원을 가지고 있다"고 밝혔다.

앤 저비스(L. Ann Jervis)는 로마서에서 말하는 제자도는 "그리스도를 통하여 하나님과 같이 되는 것"이라고 정의한다. 하나님을 닮는다는 것은 예수 그리스도의 죽음에 끊임없이 참여한다는 것을 뜻하고, 그리스도의 죽음에 참여하는 것은 불의한 세상에서 하나님처럼 의롭게 살아간다는 것을 뜻한다.

제럴드 호손(Gerald Hawthorne)은 빌립보서가 제시하는 제자도의 모습을 한마디로 "몸소 참된 삶의 모범이자 본을 보여주신 그리스도를 본받는 것"이라고 주장한다.

마이클 노울스(Michael Knowles)는 골로새서 연구를 통하여 "제자도는 단지 올바른 행동이 무엇인지 이해하거나 그런 행동을 따르는 것을 의미하지 않는다"고 하였다. 끊임없이 그리스도를 따른다는 것은 끊임없이 새롭게 되는 것을 의미하고(골 3:10), 새롭게 되는 일에서 중요한 목표는 하나님과 그리스도로 대변되는 완전한 형상을 차츰 닮아가는 것이다.

윌리엄 레인(William L. Lane)은 히브리서의 제자도를 "하나님의 도덕적 요구 앞에 서다"로 정리하였다. 히브리서는 제자도를 하나님을 향한 헌신의 필수 요소로 본다. 제자도는 신앙의 선진들이 보여준 믿음의 모범들을 본받는 것이고, 예수님의 발자취를 기꺼이 따라가는 것이다.

피터 데이비즈(Peter H. Davids)는 야고보서의 제자도를 "혀와 지갑을 제어하라"는 요구로 받아들였다. 그는 야고보서가 말하는 제자도의 영역 중 가장 두드러진 것이 지갑의 제자도라고 하였다. 지갑이 제자도의 외적 차원이라면 내적 차원으로는 혀의 제자도를 말한다.

마이클 윌킨스는 서신서에 나타난 제자도의 교훈을 예수님 따르기, 십자가 지기, 제자의 표지, 세상의 빛, 기도, 의의 귀감 등 여섯 가지로 정리했다.

첫째, 예수님 따르기이다. 예수님은 지상 사역 기간에 제자들에게 모범을 보이시며 따라오도록 명령하셨다. 이처럼 베드로는 성도를 향해서 예수님의 본을 보고 예수님의 자취를 따르라고 권했다(벧전 2:21). 바울은 데살로니가 교회 성도에게 "우리와 주를 본받은 자"가 되었다고 말하였다(살전 1:6).

둘째, 십자가 지기이다. 예수님은 "자기를 부인하고 자기 십자가를 지고 나를 따르라"(막 8:34)고 말씀하셨다. 교회는 바울을 통해 십자가에서 그리스도와 함께 죽었음을 배웠다(갈 2:20). 로마서 6장을 통해서는 성도가 그리스도와 함께 죽고 부활했다는 것을 알고, 마음 깊이 생각하며, 하나님이 사용하시도록 드려야 한다고 가르쳤다.

셋째, 제자의 표지이다. 예수님은 제자의 필수 요소로 그분의 말씀에 거함(요 8:31-32), 다른 제자들을 사랑함(요 13:34-35), 열매 맺음(요 15:8)을 말씀하셨다. 사도 요한은 예수님을 믿는다고 시인하는 사람은 예수님의 말씀에 거함으로 그 믿음을 증명할 것을 선언한다(요일 2:3-6). 참된 신자는 사랑이신 하나님으로부터 태어났으므로 사랑할 것이고, 다른 신자를 사랑한다는 것은 하나님을 사랑한다는 증거이다(요일 4:21). 바울 사도는 성령을 소유한 사람은 성령의 열매를 맺는다고 하였다(갈 5:18-23). 또한 빌립보교회를 위하여는 "의의 열매가 가득하여 하나님의 영광과 찬송이 되기를"(빌 1:11) 기도하였다.

넷째, 세상의 빛이다. 예수님은 새로운 세상을 비추는 빛이셨다(요 1:6-10; 8:12). 사도 바울은 에베소 교회 성도를 향해서 전에는 어둠이었는데 이제는 주 안에서 빛이라고 선언하면서 빛의 열매를 맺을 것을 권면한다(엡 5:8-14).

다섯째는 기도이다. 예수님은 기도의 사람이셨고 제자들에게 기도를 가르치셨다(눅 11:1-4). 바울은 기도의 필요성을 지속적으로 강조했다(살전 5:17). 자신이 기도를 실천했고(골 1:9), 다른 신자들(약 5:13, 16), 교회 지도자들(엡 6:19), 정부 지도자들(딤전 2:1-2)을 위해서 기도할 것을 요구했다(엡 6:18-20).

마지막으로 의의 귀감이다. 예수님은 의로운 순종의 귀감이며 율법의 완성이다(마 3:15). 지금 그리스도 안에 있는 사람들은 의의 종이다(롬 6장). 바울은 사랑이 율법을 완성한다(롬 13:10)고 설명하였다.

신약성경에 나타난
제자훈련의 목표

오늘날 많은 교회와 선교단체에서 제자훈련을 한다. 제자훈련의 기준은 성경이 되어야 한다. 예수님께서 보여주신 제자훈련이 기준이 되어야 한다. 복음서는 예수님이 열두 제자를 훈련하신 모습을 보여준다. 그렇기에 복음서 연구를 통해서 예수님의 제자훈련의 목표를 알 수 있다. 또한 예수님의 말씀을 붙잡고 실제 제자훈련을 실천한 사람이 사도 바울이다. 사도 바울이 기록한 서신서에는 사도 바울의 제자훈련 목표가 기록되어 있다. 복음서와 서신서를 통해 예수님과 사도 바울의 제자훈련의 목표를 알아보고자 한다.

✒ 예수님의 제자훈련의 목표

3년여의 공생애 사역이 마무리되어 가는 시점에 예수님이 하신 대제사장적 중보기도에는 예수님의 세 가지 제자훈련 목표가 나타난다.

첫째, 예수님은 세상에서 살아가고 있는 예수님의 제자들을 통해서 세상에 속하지 않은 새로운 공동체를 탄생시키려고 하셨다. "내가 세상에 속하지 아니함 같이 그들도 세상에 속하지 아니하였사옵나이다"(요 17:16). 예수님은 이전에도 베드로가 예수님을 "그리스도와 살아 계신 하나님의 아들"로 고백했을 때, "이 반석 위에 내 교회를 세우리라"고 천명하셨다(마 16:16-18). 예수님은 제자훈련을 통해서 새로운 공동체인 교회 공동체를 형성하기 원하셨다.

둘째, 예수님은 제자훈련을 통해서 예수님의 제자들이 다른 제자들을 재생산할 수 있도록 준비시키기 원하셨다. 예수님은 "아버지께서 나를 세상에 보내신 것 같이 나도 그들을 세상에 보내었고"(요 17:18), "내가 비옵는 것은 이 사람들만 위함이 아니요 또 그들의 말로 말미암아 나를 믿는 사람들도 위함이니"(요 17:20)라고 기도하셨다. 예수님은 예수님의 제자들을 통해 예수님을 믿게 될 다음 세대를 내다 보시면서 기도하셨다. 또한 부활하신 후 "아버지께서 나를 보내신 것 같이 나도 너희를 보내노라"(요 20:21)고 말씀하시면서 "가서 모든 민족을 제자로 삼으라"(마 28:19)고 명령하셨다. 예수님은 자신이 이루실 구속과 하나님 나라의 역사를 선포하는 선교 활동을 이어갈 사람들이 필요하셨고, 그것을 위해 제자들을 준비시키셨다.

셋째, 제자들의 거룩함과 온전함을 위해서 그들을 훈련시키셨다. 예수님은 "또 그들을 위하여 내가 나를 거룩하게 하오니 이는 그들도 진리로 거룩함을 얻게 하려 함이니이다"(요 17:19)라고 기도하셨다. 교회 공동체의 건강한 성장과 효과적인 재생산을 위해서 먼저 제자들의 바른 삶과 성숙한 인격이 전제되어야 했다. 이러한 예수님의 가르침의 목표는 "그러므로 하늘에 계신 너희 아버지의 온전하심과 같이 너희도 온전하라"(마 5:48)는 말씀과 같이 제자들의 '온전함'이었다.

트리니티복음주의신학대학교 전도학 교수였던 로버트 콜먼(Robert E. Coleman)은 "예수님 전도계획의 우선적인 목표는 예수님이 아버지께로 돌아가신 후 예수님의 생애를 증거하고 복음 사역을 계속할 수 있는 사람들을 모집하는 일이었다"고 하였다. 총신대학교 심상법 명예교수는 "예수님의 제자 삼는 사역에는 복음 증거, 회개하는 죄인의 기도를 도와주기, 기독교 신앙 변증 등이 다 포함되지만, 그 목표는 그리스도인의 성숙과 사역의 열매와 함께 하나님 나라의 완성에 있다"고 주장한다. 제자훈련의 중요한 목표는 하나님 나라의 완성(구현)이다.

이상의 내용을 정리해 볼 때 예수님의 제자훈련의 목표는 개인적인 측면에서는 제자들의 온전함과 재생산을 위한 준비이고, 공동체적으로는 새로운 공동체인 교회를 세우는 것과 하나님 나라의 구현에 있다.

✈ 서신서에 나타난 제자훈련

사도 바울은 에베소서 4:11-12절에서 "사도, 선지자, 복음 전하는 자, 목사와 교사 등 교회의 지도자들의 궁극적인 사역의 목표는 성도를 온전하게 하여 봉사의 일을 하게 하며 그리스도의 몸인 교회를 세우는 것"이라고 하였다. 12절을 헬라어 원어에 가까이 번역하면 "그리스도의 몸을 세우기 위해 봉사의 일을 하는 성도로 온전히 준비하기 위하여"이다. 즉 교회 지도자의 최종 목표는 건강하고 활력 있는 교회를 세워가는 것인데 이것은 봉사의 일을 통해 가능하다. 그런데 봉사는 성도가 온전히 준비될 때 가능한 일이다. 에베소서 4:13절에서는 온전한 사람의 기준을 밝히는데 "그리스도의 장성한 분량이 충만한 데까지 이르는 것"이다. 즉 제자훈련의 목표는 예수님처럼 '온전한 사람'이 되는 것이다.

바울은 골로새서 1:28-29절을 통해서도 제자훈련의 목표를 밝힌다. "우리가 그를 전파하여 각 사람을 권하고 모든 지혜로 각 사람을 가르침은 각 사람을 그리스도 안에서 완전한 자로 세우려 함이니"(골 1:28). 예수님을 전파하고 권하고 가르치는 목적은 바로 그리스도 안에서 '완전한 자'로 세우는 것이다. 옥한흠 목사는 골로새서 1:28-29절을 "제자훈련의 대헌장"이라고 명명하였다. 성도를 예수님의 제자가 되게 하여 전파하고 가르치고 권면하신 예수님의 사역을 계승하는 것이 제자훈련이다. 전파 사역(Preaching)을 통해 복음을 듣고, 가르치는 사역(Teaching)을 통해 변화 받아 영과 육의 치유(Healing)가 나타나는 자리가 제자훈련의 현장이다.

바울은 고린도 교회가 '온전하게' 되는 것을 위해 기도하였다(고후 13:9). 바울이 전한 복음을 떠나 다른 복음을 좇았던 갈라디아 교회 안에 "그리스도의 형상이 이루어지기까지 해산하는 수고를 한다"고 고백했다(갈 4:19). 영적인 아들인 디모데를 향해서 말씀과 기도로 형제를 깨우치며 성도를 가르치라고 당부한다(딤후 2:15; 3:14-16). 특별히 성경에서 배우고 확신한 일에 거하며 실천하라고 권면하는데, 그렇게 할 때 "하나님의 사람으로 온전하게 하며 모든 선한 일을 행할 능력을 갖추게"(딤후 3:17)되기 때문이다. 제자훈련의 목표는 '온전한 사람이 되어 선한 일을 행하게 하는 것'이다.

결국 사도 바울이 서신서를 통해 제시하는 제자훈련의 목표는 복음서에서 제시된 예수님의 목표와 동일하다. 바울의 제자훈련은 철저하게 그리스도 중심적인 제자훈련이며, 하나님 나라 중심적인 제자훈련이다. 개인적으로는 "그리스도 안에서 온전한/장성한 자"(고전 13:11; 14:20; 골 1:28; 엡 4:13)가 되는 것이며, 공동체적으로는 "의와 진리의 거룩함으로 지으심을 받은 새사람"(엡 4:24)을 입어 그리스도의 주되심 아래에서 거룩함과 연합의 영광스러운 교회로서의 삶을 사는 것을 의미한다. 즉 서신서의 제자훈련의 목표는 개인의 성숙과 그리스도의 형상을 본받는 삶의 개인적인 측면과 그리스도의 몸을 세우고 순결, 연합, 섬김, 질서가 있는 공동체적인 측면을 가진다. 최종적으로는 공의와 자비로 하나님께서 통치하시는 샬롬의 나라가 이루어지는 것을 목표로 한다.

옥한흠 목사는 《다시 쓰는 평신도를 깨운다》에서 "제자도란 하나의 정의라기보다 실제 생활 속에서 구현되는 산 진리이다"라고 하였다. 그는 인격적 위탁자, 증인, 종이라는 세 가지 요소를 하나의 개념으로 포함하는 말이 제자도라고 하였다. 누구든지 위탁자, 증인, 종으로서의 요소들을 그 사람의 인격과 삶에 온전하게 갖출 수만 있다면 세상은 그에게서 예수님을 볼 수 있게 될 것이다. 제자훈련의 절정은 우리를 통해 예수님이 반사되는 데 있다. 제자훈련의 목표는 예수님의 제자로서 예수님을 닮아가고 예수님의 몸 된 교회 공동체를 건강하게 세워가는 것이다.

신약성경에 나타난
제자훈련의 방식

✝

➤ 예수님의 제자훈련 방식

성경을 연구한 학자들마다 자기 나름대로 예수님의 제자훈련 방식을 찾아냈다.

브루스(A. B. Bruce)는 《열두 제자의 훈련》에서 예수님과 제자들의 관계를 중심으로 예수님의 제자양육 방식에 대해 "열두 제자는 예수와 관계가 점차 깊어지다가, 마침내 최종적인 친밀한 관계에 이르게 되었다. 열두 제자와 예수의 교제의 역사는 크게 세 단계로 나눌 수 있다"고 말했다. 그가 제시한 세 단계는 ① 단순한 신자로 가끔씩 적절한 시기에 예수님의 동반자로 나타나는 시기 ② 세속적인 직업을 전적으로 혹은 일정 기간 포기하고 따르는 시기 ③ 마지막으로 상당 기간 주님 곁에서 시간을 보낸 후 열두 명을 특별히 택하셨던 시기로 나눈다.

빌 헐(Hill Hull)은 《온전한 제자도》에서 브루스의 설명에 자신의 연구를 더하여 네 단계로 예수님이 제자들을 성장시키려고 사용하신 단계를 제시하였다. 예수님은 제자들과 유기적 관계를 맺으면서 제자들을 훈련시키셨다.

첫째 단계는 "와서 보라"의 입문 단계이다. 이것은 4~5개월의 기간으로 예수님이 한 무리의 제자들에게 당신의 본질과 사역의 본질을 소개하셨다.

둘째 단계는 "와서 나를 따르라"의 세움의 단계이다. 약 10개월의 기간으로 다섯 명의 제자들이 다른 사람들과 함께 잠시 자신들의 생업을 접어 두고 예수님과 함께 이곳저곳을 다녔다.

셋째 단계는 "와서 나와 함께 있으라"의 리더십 준비 단계이다. 이것은 거의 20개월 정도 지속되었는데, 이 시간 동안 예수님은 자신이 부르셔서 함께 있게 하신 열두 제자들이 세상에 나가 복음을 전할 수 있도록 전심전력을 기울여 훈련하셨다.

넷째 단계는 "내 안에 거하라"의 사명수행 단계이다. 예수님은 물리적으로 제자들을 떠나셨다. 이제 제자들은 성령과 교회 공동체 안에서 예수님과의 사귐을 하면서 자신들에게 맡겨진 사명을 감당하게 된다. 이 단계는 마가 요한의 다락방에서 시작되었고 지금까지 계속되고 있다.

총신대학교 심상법 명예교수는 복음서에 나타난 예수님의 제자훈련 방식을 세 가지 모습으로 정리하였다.

첫째, 예수님은 제자들을 부르셨다(공생애의 시작). 1세기 그라코-로망사회에서는 제자가 스승을 찾아오는 것이 일반적이었다. 하지만 예수님은 이러한 관례와 달리 자신을 따를 제자를 직접 부르셨다. 예수님을 따르라는 부르심에는 철저하고도 전폭적인 순종과 헌신이 요구되는데 그것은 '버림, 자기부인, 수난의 삶, 섬김의 삶'을 전제로 한다.

둘째, 예수님은 제자들과 함께하시며 훈련하셨다(공생애 동안). 예수님은 부르신 제자들과 함께 삶을 나누기 원하셨다. 함께하시면서 자신이 전하시며 가르치시며 행하시는 것을 보고 듣게 하심으로 제자들이 그것을 실천하도록 하셨다. 예수님의 제자훈련 방식은 당시 선생들의 교육 방법과 달랐다. 예수님은 말씀으로 가르치시고 본을 보이셨으며 직접 현장 실습을 시키셨다. 사역의 현장에서 경험으로 산 지식을 얻어 다른 사람들을 제자로 재생산할 수 있도록 훈련하셨다.

셋째, 예수님은 제자들을 제자 삼는 제자로 보내셨다(승천하시기 전). 예수님은 '제자 삼는 제자'로 훈련하시고 파송하셨다. 보냄 받은 제자는 하늘과 땅의 모든 권세를 가지신 주님의 권위를 가지고 나아가는 제자이다. 주님과 동행하는 삶을 사는 제자이고, 주님으로부터 배운 모든 것들이 그들과 그들을 통해 세워진 제자들의 삶에서 실천되도록 하는 제자이다(마 28:16-20). 사도행전은 이러한 주님의 지상명령이 성령의 권능 가운데 성취되어 가는 여정을 보여준다.

로버트 콜먼은《주님의 전도계획》에서 신약성경을 연구하여 발견한 예수님의 8가지 제자훈련 원리를 제시하였다. ① 선택(Selection),

주님의 방법은 사람이었다. ② 동거(Association), 주님은 그들과 함께 지내셨다. ③ 성별(Consecration), 주님은 순종을 요구하셨다. ④ 분여(Impartation), 주님은 자신을 주셨다. ⑤ 시범(Demonstration), 주님은 사는 방법을 보여주셨다. ⑥ 위임(Delegation), 주님은 제자들에게 일을 맡기셨다. ⑦ 감독(Supervision), 주님은 계속 그들을 점검하셨다. ⑧ 재생산(Reproduction), 주님은 그들이 열매 맺기를 기대하셨다.

⊁ 서신서에 나타난 제자훈련 방식

바울은 밀레도에서 에베소 장로들과 마지막 만남을 가졌다. 바울은 에베소에서 보낸 약 3년간의 자신의 삶과 사역을 상기시켜 주었다(행 20:17-35). 바울은 겸손과 눈물로 주님을 섬겼다. 유대 사람들의 음모로 자신에게 덮친 온갖 시련을 겪으면서도 유익한 것이면 빼놓지 않고 성도에게 전했고 공중 앞에서나 각 집에서 가르쳤다. 자신과 자신의 일행에게 필요한 것은 직접 일해서 마련했다. 말씀을 마무리하면서 "범사에 여러분에게 모본을 보여주었다"(행 20:35)고 회고하였다. 다른 교회들에게 편지할 때도 "너희는 나를 본받는 자가 되라"(고전 4:16; 빌 3:17; 살전 1:6; 살후 3:9; 딤후 1:13)고 전했다. 이렇듯 바울의 제자훈련 방법은 자신이 삶으로 가르치는 바를 행하고 보이는 '본'에 있었다.

하지만 바울 자신을 본받으라고 말하면서도 성도가 따라야 할 궁극적인 본은 예수님이심을 강조하였다. 바울이 따르는 모본이 예수님이시기 때문이다(고전 11:1). 예수님이 본을 보이며 제자들을 가르치셨던 것처럼 바울도 본과 실습을 통한 현장 교육을 통해 제자들을 훈련시켰다. 또한 바울은 자신의 제자들인 디모데와 디도에게도 '선한 일의 본'을 보이라고 당부하였다(딤전 4:12; 딛 2:7).

강양국 박사는 서신서에 나타난 바울의 제자훈련 방식을 다섯 가지로 정리하였다.

첫째는 소수집중의 방법이다. 바울 역시 대중을 상대로 복음을 전파했지만 소수의 인원을 선택해서 철저히 훈련시켜 정예화하였다.

둘째는 선택의 방법이다. 바울은 디모데에게 목회 전수를 할 때에 많은 증인 중 충성된 사람에게 부탁하라고 하였다(딤후 2:2).

셋째는 4대 증식 방법이다. 바울은 그의 제자 디모데와 디모데에게 훈련받은 충성된 사람들, 그리고 그들을 통해 제자가 될 사람들을 통해 4대에 걸친 제자훈련 사역을 계획하였다.

넷째는 영친관계의 방법이다. 바울은 제자훈련가로서 자신을 아버지라고 불렀고 훈련시킨 제자들을 아들로 호칭하였다. 스승은 많지만 아버지가 많지 않다고 말하며 자신은 아버지로서 성도를 낳았다고 고백한다(고전 4:15).

다섯째는 팀 워크(Team Work) 방법이다. 바울은 충성된 사람들을 모아서 팀을 구성해서 전도여행을 떠났다. 바울은 팀과 전도여행을 같이 하면서 현장에서 복음 사역에 대한 교육을 실행하였다.

　결론적으로 서신서를 통해 나타난 사도 바울의 제자훈련 방법은 예수님이 하셨던 선택, 동거, 성별, 분여, 시범, 위임, 감독, 재생산의 방법으로 성도를 훈련시켰던 것을 확인할 수 있다. 오늘날 교회는 복음서와 서신서가 보여주는 제자훈련 방법을 사역의 현장에 적용해야 한다.

제자훈련은
재생산 사역이다

✝

교회는 주님이 원하시는 사역을 해야 한다. 로버트 콜먼은 《주님의 전도계획》에서 예수님의 사역 목적과 그 목적을 달성하기 위해서 예수님이 세우신 전략을 정리하여 소개하였다. 예수님의 사역의 목적은 "하나님을 위하여 세상을 구속하는 것"이었다. 예수님의 사역의 절정은 모든 사람을 죄로부터 구원하기 위해 자기 자신을 십자가에 내어 주시는 것이었다. 예수님은 공생애 기간 동안 세상을 구속하기 위한 목적을 달성하기 위하여 승리할 계획을 가지고 사역하셨다. 예수님은 전략적으로 사역하셨다.

콜먼은 예수님의 전략적 계획에서 여덟 가지 원리들을 찾아냈다. 여덟 가지 원리는 선택, 동거, 성별, 분여, 시범, 위임, 감독, 재생산이다. 로이 피시(Roy J. Fish)는 콜먼이 제시한 여덟 가지 원리 중에서 예수님의 전략적 계획의 핵심은 '재생산'이라고 정리하였다. 예수님이 열두 제자를 선택하시고 동거하며 성별하고 분여하여 시범을 보이고 위임하고 감독하는 일들의 궁극적 목적은 재생산이었다. 예수님의 생명이 제자들 안에서 그들을 통해 다른 사람들의 생활로 재생산되는 것이 제자훈련의 궁극적인 목표였다.

나들목교회 김형국 목사 역시《제자훈련, 기독교의 생존 방식》에서 제자훈련의 본질적인 특성을 재생산이라고 밝혔다. 광의의 개념으로 제자훈련을 생각한다면 성경공부, 소그룹, 설교, 봉사 등의 교회에서 하는 모든 사역이 포함된다. 교회의 모든 사역은 사람을 세우기 위한 것이고 예수님의 제자 삼기 위한 것이기 때문이다. 하지만 좁은 의미의 제자훈련은 제자훈련을 받은 제자가 다른 사람을 제자로 세워가는 재생산을 하는 것이다. 제자를 훈련한다는 것은 학생을 만드는 것과 다르다. 학생은 자신이 배우는 것에 중심을 두지만, 제자는 다른 이에게 전수하는 것에 사활을 건다. 김형국은 목회자가 성도를 훈련시키는 것은 제자훈련이라기보다는 리더십 훈련코스로 불러야 한다고 주장한다. 진정한 제자훈련은 재생산이 주목적이다.

예수님의 공생애 사역의 중심에는 재생산이 있다. 예수님은 3년간의 공생애 기간 동안 열두 명의 제자들을 불러내어 함께 살아가며 가르치셨다. 예수님의 세계 정복 전략은 예수님이 불러내신 제자들이 자신들과 같은 제자들을 재생산하여 예수님의 제자들을 늘려가는 것이었다. 케이스 필립스(Keith Phillips)는《제자양육론》에서 신약성경을 연구한 결과 "성령께서 우리 안에 창조하신 성품을 다른 사람 안에 재생산하라는 명령보다 더 명료하고 큰 명령은 없다"고 하였다.

예수님은 요한복음 15장의 포도나무와 가지의 비유로 예수님과 제자들과의 관계의 목적과 그 목적을 이루는 방법을 가르치셨다. 예수님과 제자들의 관계의 목적은 열매를 맺는 데 있다. 요한복음 15장에서 열매가 언급될 때마다 현재 시제로 되어있는데 이것은 열매를 맺는 것이 계속적인 일로 재생산을 거듭하는 일임을 의미한다. 가지인 제자들이 포도나무인 예수님께 붙어있을 때 결실할 수 있다. 제자들이 다른 생명을 재생산하기 위해서는 주님의 생명이 필수적이다. 그렇기에 예수님의 생명에 참여자로 붙어있으면 영혼을 재생산하는 열매를 맺게 될 것이다.

요한복음 17장의 대제사장적 기도에서 예수님은 예수님이 제자들을 세상에 보내신 목적을 언급한다. 예수님은 자신의 제자들을 통해 세상 사람들이 예수님을 믿게 되는 것을 기대하셨고, 제자들을 통해 믿게 될 또 다른 제자들을 위해서도 기도하셨다(요 17:20). 예수님은 제자들이 재생산의 방법을 통해서 복음으로 세상을 정복하는 것 이외에 다른 계획을 세우지 않으셨다. 제자들을 통한 재생산이 예수님의 전략이었다.

예수님의 재생산 전략을 가장 잘 보여주는 것은 '대위임 명령'이다.

> "그러므로 너희는 가서 모든 민족을 제자로 삼아 아버지와 아들
> 과 성령의 이름으로 세례를 베풀고 내가 너희에게 분부한 모든
> 것을 가르쳐 지키게 하라"(마 28:19-20상)

이 말씀은 하나의 명령형 동사에 세 개의 분사가 연결된 문장이다. 이 문장의 주동사는 '제자 삼으라'이다. '가서, 세례를 베풀고, 가르쳐'는 '제자 삼으라'를 꾸며주는 분사이다. 즉 제자들을 향한 예수님의 명령의 핵심은 모든 민족을 제자 삼는 것이다. 제자 삼으라는 동사는

반복적이고 지속적인 것을 의미함으로 끊임없이 재생산을 하라는 명령의 말씀이다. 이 명령은 지상(至上)대명령으로 불린다. 여기서 '지상(至上)'은 더할 수 없이 높은, 최상의 명령이라는 뜻이다.

장로회신학대학교 장흥길 교수는 "마태복음에 의하면 그리스도인이란 예수님의 제자가 되는 것이고, 다른 사람을 예수님의 제자로 삼는 사람이다"라고 정의한다.

데이빗 왓슨(David Watson)은 그의 책《제자도》에서 지상대명령은 예수님이 세상을 구원하기 위한 기본계획이며, 이것은 놀랄 정도로 단순하다고 평가한다. 하지만 이 전략이 역사적으로 많은 교회에서 무시되어 왔다. 교회는 예수님이 세우신 계획대로 또 다른 제자들을 삼으려고 하는 제자들을 길러내야 한다.

콜먼 역시 대위임 명령은 단순히 복음을 전하러 땅끝까지 가는 것이나, 회심자들에게 세례를 주는 것이나, 그리스도의 교훈을 가르치는 것이 아니라 제자를 삼는 것이라고 설명한다. 제자들처럼 주님을 따를 뿐 아니라 다른 사람을 주님의 길로 인도할 사람들을 세우라는 명령이다. 제자를 세울 때만이 다른 활동들의 목적을 달성할 수 있는 것이다.

예수님의 사역을 이어받은 사도 바울 역시 재생산 사역을 영적 아들인 디모데에게 전수했다.

"또 네가 많은 증인 앞에서 내게 들은 바를 충성된 사람들에게 부탁하라 그들이 또 다른 사람들을 가르칠 수 있으리라"(딤후 2:2)

이 말씀을 통해서 바울은 제자훈련을 통한 재생산이 4세대에 걸쳐 확장된다고 설명한다. 사도 바울(1세대)이 디모데(2세대)를 가르쳤고, 디모데가 충성된 사람들(3세대)을 가르친다. 그러면 충성된 사람들이 또 다른 사람들(4세대)을 가르치게 된다. 변재창은《작은 목자 훈련》에서 이 구절을 설명하면서 바나바 또는 아나니아가 바울을 양육한 것으로 여기고, 바울 앞에 한 세대를 추가하여 다섯 세대에 걸쳐 영적인 재생산이 일어났다고 주장한다. 그리고 이러한 재생산을 수천 대 반복하여 오늘 우리가 있다고 설명한다.

예수님의 수제자인 베드로 역시 영적 4세대를 염두에 두고 사역했다.

"1 너희 중 장로들에게 권하노니 나는 함께 장로 된 자요 그리스도의 고난의 증인이요 나타날 영광에 참여할 자니라 2 너희 중에 있는 하나님의 양 무리를 치되 억지로 하지 말고 하나님의 뜻을 따라 자원함으로 하며 더러운 이득을 위하여 하지 말고 기꺼이 하며 5 젊은 자들아 이와 같이 장로들에게 순종하고 다 서로 겸손으로 허리를 동이라 하나님은 교만한 자를 대적하시되 겸손한 자들에게는 은혜를 주시느니라"(벧전 5:1-2, 5)

베드로는 자신으로부터 시작하여(1세대), 장로들(2세대), 맡은 양 무리(3세대), 양 떼 가운데 젊은이(4세대) 등 4세대를 마음에 두고 사역할 것을 권면했다. 사도 바울은 자신의 세대만이 아니라 다음 다음 세대의 젊은이들까지 마음에 두고 장로들에게 권면하였다. 나들목교회 김형국 목사는 《제자훈련, 기독교의 생존 방식》에서 바울과 베드로가 4세대를 마음에 품고 사역한 것을 설명한 후 "제자훈련은 반드시 재생산으로 이어져야 한다"고 주장하였다.

하승진은 《영적 재생산의 삶》에서 "초대교회 확산의 모습을 신약성경을 통해 알 수 있는데 그 확산의 중심에는 '영적 재생산의 체인'이 있다"고 설명한다. 사도행전 18장을 보면 바울(1세대)이 브리스길라와 아굴라(2세대)를 말씀으로 양육하였고 이들을 통해 성경학자인 아볼로(3세대)가 변화되어 돌아왔다. 또한 아볼로는 아가야로 건너가서 믿는 사람들(4세대)에게 유익을 주었다. 바울이 골로새 교회에 보낸 편지를 보면 바울 사도(1세대)와 그의 팀 안에 에바브라(2세대)가 있었다. 에바브라를 통해 골로새 교인들이 생겨났다(3세대). 그리고 골로새 교인들을 통해 온 천하(4세대)에 복음의 열매가 맺어졌다(골 1:6-8).

또한 하승진은 "신약성경에 나타난 영적 재생산의 역사는 하나님의 일꾼들이 사역의 효능을 위해서 전략적으로 계획을 세워서 추진한 것이 아니다. 이것은 아담에서부터 시작된 재생산에 대한 하나님의 약속과 뜻을 하나님의 일꾼들이 믿고 그 사역을 끊임없이 이어온 것이다"라고 주장한다.

예수님의 사역의 목적은 하나님을 위하여 세상을 구속하는 것이었다. 예수님은 그 사명을 수행하시기 위하여 열두 명의 제자들을 선택하여 훈련시키셨고 그들을 통한 재생산 사역을 계획하셨다. 예수님의 열두 제자와 사도 바울은 이러한 예수님의 재생산 사역을 본받아 실천하였다. 예수님의 제자인 우리들 역시 예수님의 본을 따라 재생산을 목표로 제자훈련을 해야 한다.

한국교회의
제자훈련 역사를 돌아본다

✝

역사학자 박용규 교수는 한국교회에서 제자훈련이 하나의 운동으로 자리 잡기 시작한 것은 사랑의교회를 통해 시작된 게 맞지만, 그 이전에도 한국교회에서 제자훈련 운동이 줄기차게 있었다고 설명한다.

"헨리 로즈는 그의 책《History of the Korea Mission, Presbyterian Church》(U.S.A.,1884~1934)에서 한국 선교를 특징짓는 중요한 '일곱 가지 사역 프로그램'(a seven fold working program) 가운데 첫 번째로 '제자훈련'(making disciples)을 들고 있다. 한국교회의 형성 과정에서 선교사들이 제자훈련을 중요한 선교정책으로 삼고 있었다는 사실은 찰스 알렌 클라크의 명저《The Korea Church and the Nevius Metheods》에도 잘 나타난다. 그는 한국에 파송된 선교사들은 순회전도와 함께 '모든 신자들은 자신의 교회 지도자(group leader)나 선교 교구 조사(helper) 지도 아래 체계적인 성경공부'를 실시한다는 것을 중요한 선교정책으로 채택하고 이를 강조했다."

송인규 교수는《주는 영이시라》에서 한국교회와 제자훈련의 역사를 유입의 단계(1960년대 말~1970년대), 보급의 단계(1970년대~1980년대), 정착의 단계(1980년대 중반~2000년대)로 구분하여 정리하였다.

첫째, 1960년대 말에서 1970년대에 있었던 '유입의 단계'이다. 제자훈련이 한국교회에 프로그램으로 보급된 것은 1960년대 북미와 영국의 복음주의 운동의 발흥과 초교파 학생운동(IVF, C.C.C. 네비게이토 선교회 등)이 한국에 널리 소개되면서부터이다. 송인규는 특별히 네비게이토 선교회(Navigators)가 개척자적 기여를 하였다고 평가한다. 1960년대 초반부터 유강식 선생의 지도하에 사역해 온 네비게이토 선교회는 '제자 삼기(Disciple-making)'를 사역의 골조로 삼았다. 이를 위해 SCL(Studies in Christian Living)과 DFD(Design for Discipleship) 등 몇 가지 훈련 교재가 사용되었다. 초창기 네비게이토 사역에는 성구 암송, 성경공부, 정기모임, 수양회 등이 있었지만 이 모든 것들은 제자 삼는 일에 초점이 맞추어져 있었다. 이러한 네비게이토 사역에 직·간접적으로 연관되었던 사람들에 의해서 '제자 삼기'라는 용어와 개념이 교회 젊은이들 사이에 뿌리내리기 시작했다.

둘째, 1970년대에서 1980년대에 있었던 보급의 단계이다. 1970년대 후반에 접어들면서 여러 대학생 선교단체들은 자신들 기존의 양육 프로그램을 보완한 새로운 양육 프로그램을 개발하였다. 한국기독교학생회(Inter-Varsity Fellowship, I.V.F.)는 제자훈련이라는 용어를 사용하거나 일대일 양육체계를 발전시키지는 않았다. 대신 소그룹 활동을 통해 양육했는데 주요 과정으로는 "전도 목적 성경공부(기초 양육 목적), 소그룹 활동(성장 목적의 소그룹 활동), 소그룹 지도력 훈련(소그룹 지도자 활동)"이 있었다. 소그룹 활동을 중심으로 하되 LGM이라는 큰 모임을 통한 교제권 형성에 역점을 두고 '소그룹 학교' 및 '지도자 훈련과정'을 통해 귀납적 성경공부와 소그룹 인도법 등 소그룹 지도력을 배출하였다.

한국대학생 선교회(Campus Crusade for Christ, C.C.C.)는 주로 대형집회에 초점을 맞추었지만 'Ten Steps'로 불리는 10권의 성경공부를 개인 및 그룹 양육교재로 사용했다. 훈련과정으로는 '전도접촉 – 획득 – 기초육성 – 제자화 훈련 – 파송'의 단계가 있다. 사영리와 성경소책자를 통한 개인전도 훈련과 순모임을 통한 소그룹 활동, 기도훈련(금요철야기도, 금식기도) 등 각종 훈련이 많았다.

죠이선교회(JOY Mission)는 1980년대에 이르기까지 몇 단계의 제자훈련 프로그램과 교재를 만들어 냈다. 주요 과정은 '4단계 기본훈련과정(소그룹) – 3단계 지도자훈련과정 – 4단계 리더훈련과정'으로 구성되어 있고, 캠퍼스에서 진행되는 일대일 양육과 소그룹 활동 및 정기모임과 본부에서 실시하는 1년간의 리더훈련과정이 있었다.

학생선교단체들은 단체의 목적마다 훈련하는 목적과 방식이 달랐다. 하지만 대부분이 전도, 양육, 선교의 영역에서 청년들을 훈련시켜 학원복음화, 민족복음화, 세계복음화를 이루고자 하였다.

고직한 선교사는 "대부분의 단체들은 다음의 네 가지 차원의 교육

구조를 만들어 활용하였다"고 정리했다. ① 자기훈련의 구조로서 QT, 개인적인 성경공부, 기도, 경건 서적 읽기 등 ② 일대일 관계를 통한 교제나 훈련으로 바울과 바나바 식의 평등한 관계, 바울과 디모데 식의 선생과 제자의 관계 등 ③ 소그룹 활동을 통한 양육과 공동체적 교제 ④ 정기집회나 수련회 등의 비교적 큰 모임의 활동을 통한 말씀 훈련이나 특강의 제공 등이다.

또한 이들 학생선교단체들은 거듭남과 구원의 확신 영역, 그리스도 안의 새사람으로의 기초적인 양육 문제와 헌신의 영역, 그리스도의 제자로 성장하기 위해 갖추어야 할 노하우의 영역, 전도와 제자 삼기의 재생산의 영역, 세계선교에의 헌신의 영역 등의 내용을 훈련과정에서 철저하게 다루었다. 이러한 대학생선교단체들의 사역은 지역교회에 성경공부를 통한 평신도 개발과 제자양성을 각성시켰다. 한국교회들에 자극과 영향을 주어 목회자로 하여금 청년 및 대학생들을 전도와 선교의 자원으로 인식하는 계기와 도전이 되었다.

이 시기에 선교단체의 영향을 받아 서울 시내의 여러 곳의 대학·청년부에 제자훈련 프로그램의 기틀이 마련되기 시작했다. 1960년대 후반부터 규모가 큰 교회들의 경우 대학부가 생겨났지만 주로 성가대원과 교사들을 공급하는 데 그 목적이 있었다. 1970년대 들어와 새로 시작된 대학부들은 전도와 양육을 위한 목적 중심으로 탈바꿈하게 되었다. 1980년대 초에 대학생 선교단체 출신의 목회자들이(홍정길 목사(C.C.C. 출신, 남서울교회 개척), 하용조 목사(C.C.C. 출신, 연예인교회 개척), 이동원 목사(YFC 사역자 출신, 서울침례교회 시무)) 등이 교회 사역을 시작하면서 제자훈련이 대중화되기 시작했다. 이 시기에는 제자훈련이라는 용어와 개념이 청년들만이 아니라 교회의 사역자들과 목회자들에게까지 영향을 미쳤다.

셋째, 1980년대 중반에서 2000년대에 있었던 정착의 단계이다. 한국교회에 제자훈련을 정착시키는 데 가장 큰 기여를 한 사람은 옥한흠 목사이다. 장년들을 대상으로 제자훈련을 지역교회의 총체적인 프로그램으로 접목시키기 시작한 것은 사랑의교회가 처음일 것이다. 옥한흠 목사는 1978년 사랑의교회를 개척한 후 2003년 은퇴할 때까지 제자훈련을 목회의 근간으로 삼았다. 또한 국제제자훈련원을 통해 은퇴 후에도 제자훈련세미나와 문서보급에 힘썼다.

송인규 교수는 제자훈련에 있어서 옥한흠 목사의 사역이 주효했던 것은 다음의 두 가지 이유 때문이라고 하였다.

첫째, 옥한흠 목사는 대학생 선교단체의 방법론을 전통적 목회의 틀 안에 정착시켰다. 선교단체 전문가의 눈으로 보기에는 사랑의교회의 다락방 훈련이 대단하지 않아 보일지도 모른다. 하지만 그가 처음으로 제자훈련의 이론과 방법을 목회 사역에 접목했다는 데 큰 의의가 있다.

둘째, 옥한흠 목사는 제자훈련이 목회적 적용이 가능하다는 것을 실례를 통해 입증하였다. 그는 25년간의 사랑의교회 사역을 통해 제자훈련을 통한 목회가 가능하고 제자훈련 사역이 전통 목회에 비해 유익하다는 것을 다방면으로 보여주었다.

1986년 옥한흠 목사의 인도로 제1기 제자훈련 지도자 세미나(83명 이수)가 사랑의교회에서 시작되었다. 2023년 제120기 제자훈련 지도자 세미나(CAL 세미나)까지 38년 동안 이 세미나를 이수한 총인원이 26,810명이나 된다(국내 세미나 21,874명, 미주 세미나 2,625명, 일본 세미나 521명, 브라질 세미나 1,672명, 대만 세미나 118명 포함). 제자훈련 지도자 세미나가 인원 제한을 두고 시행된다는 점에서 이 인원은 놀라운 수치이다. 세미나가 꾸준히 지속되어 왔고 참여하는 이들이 늘어갔다는 것은 제자훈련의 영향력이 확대되어 갔다는 사실을 말해준다고 곽상규 목사는 분석했다.

이 기간 동안 세미나 참석인원만 늘어간 것이 아니다. 훈련을 이수한 목회자들이 목회 현장에 접목시키는 사례가 늘어갔다. 또한 제자훈련을 현장에 접목시켜 건강한 교회성장을 이루어 가고 있는 교회도 늘어갔다. 대표적인 교회로는 안산 동산교회, 부산 호산나교회, 남가주 사랑의교회, 인천 은혜의교회, 평택 대광교회, 일산 충정교회, 행신 중앙교회, 수원 더사랑의교회, 고양 화평교회 등이 있다. 제자훈련은 한국교회의 성장을 주도하는 하나의 운동으로 자리 잡았다.

한국교회의 제자훈련 현장을 돌아본다 1
- 사랑의교회

한국교회의 제자훈련 현장을 살펴볼 것이다. 특별히 훈련의 주체에 따라서 구분하면 목회자가 훈련의 주체가 되는 경우와 평신도가 훈련의 주체가 되는 제자훈련으로 나눌 수 있다. 목회자가 훈련의 주체가 되는 제자훈련은 사랑의교회의 제자훈련이 대표적이다. 이에 반해 평신도가 훈련의 주체가 되어 이끄는 제자훈련은 온누리교회가 대표적이다. 두 교회의 제자훈련을 제자훈련 현장을 소개하겠다.

✦ 사랑의교회

옥한흠 목사는 교회에 대한 상처가 있었다. 그래서 그는 사랑의교회를 개척하면서 '하나님이 말씀하시는 교회, 바로 그 교회를 만들자'고 마음먹었다. 성도교회 대학부 사역을 통해 평신도를 바로 세우는 것이 목회의 본질임을 알게 되었고 평신도를 세우기 위한 방법으로 제자훈련을 목회에 접목시켰다. 유학을 통해 제자훈련에 대한 신학을 정립한 후 1978년에 사랑의교회를 개척했다.

↳ 사랑의교회의 제자훈련 목적과 방법

제자훈련의 궁극적 목적은 예수 그리스도의 인격과 삶을 본받는 자아상을 확립하게 하는 것이다. 즉 예수처럼 되고 예수처럼 살기 원하는 신앙인으로 만드는 것이며, 예수님의 사역을 이 땅에서 계승하는 순종자로 만드는 것이다. 이 과정은 성령의 손에 부서지고 녹아져서 거듭나는 진통의 과정이요, 하나님의 은혜에 매달리는 영적인 몸부림인 것이다.

제자훈련의 책임자는 담당 교역자이다. 교역자의 역량은 지도하고 있는 평신도의 인격과 삶, 증거되는 복음의 능력에서 평가된다. 교역자는 먼저 제자훈련을 경험하고 제자가 되어야 한다. 또한 필요한 목회철학을 나름대로 정립해야 한다.

↳ 사랑의교회의 제자훈련 양육과정과 교재

사랑의교회의 제자훈련 양육과정은 제자훈련과 사역훈련 두 과정으로 나눌 수 있다. 각 과정에서 사용하는 교재가 준비되어 있다. 제자훈련 교재는 제자훈련 세 권과 사역훈련 세 권이 있다. 이 책들을 가지고 각각 1년씩 2년 동안 훈련을 진행한다.

제자훈련 세 권은 모두 32과로 구성되어 있다. 제자훈련 1권,《제자훈련의 터다지기》에서는 '나의 신앙 고백과 간증(영원으로 통하는 창문)', '하나님과 매일 만나는 생활(그렇습니다!)', '경건의 시간(묵은 만나)', '살았고 운동력 있는 말씀(영적 양식 그리고 변화)', '무엇이 바른 기도인가?(바르고 완전한 기도)', '기도의 응답(언젠가!)' 등의 주제로 6주간 기본적인 신앙훈련에 집중한다.

제자훈련 2권,《아무도 흔들 수 없는 나의 구원》에서는 14주 동안 '성경의 권위', '하나님은 누구신가?', '예수 그리스도는 누구신가?', '삼위일체 하나님', '인간의 타락과 그 결과', '예수 그리스도의 죽음', '예수 그리스도의 부활', '약속대로 오신 성령', '거듭난 사람', '믿음이란 무엇인가?', '의롭다 함을 받은 은혜', '우리 안에 계시는 성령', '그리스도인의 성화', '예수 그리스도의 재림' 등 전통적인 주요 교리 주제들을 공부한다.

제자훈련 3권,《작은 예수가 되라》에서는 12주 동안 '순종의 생활', '봉사의 의무', '그리스도를 증거하는 생활', '말의 덕을 세우는 사람', '영적 성장과 성숙', '순결한 생활', '그리스도인의 가정 생활', '신앙 인격의 연단', '그리스도의 주재권', '청지기 직', '영적 전투', '새 계명: 사랑하라' 등 그리스도인의 인격과 삶과 주제를 다룬다.

사랑의교회 제자훈련 관련 내용으로 박사 학위를 받은 박인기 목사는 이러한 제자훈련 교재의 내용을 다음과 같이 정리하였다.

"제자훈련 세 권의 내용을 전체적으로 정리하면 제자훈련은 내면의 훈련이며 예수님의 성품을 닮아가는 훈련이다. 기도와 말씀의 기초 위에 서서 구원의 복음을 굳게 붙들고 생각과 말, 인격이 주님을 닮아가는 훈련이다. 철저한 삶의 훈련이다. 배운 내용을 삶으로 실천하는 적용이 강조된다. 이런 과정을 통해 제자도를 배우게 된다."

제자훈련을 수료한 사람 중에서 '말씀 사역'을 담당할 자질이 있다고 여겨지는 사람은 28주 과정의 사역훈련을 받을 수 있다. 사역훈련은 여러 가지로 보아 말씀을 가지고 다른 성도를 섬길 수 있는 자들을 선발해 준비시키는 과정이다. 사역훈련 세 권은 28과로 구성되어 있다.

사역훈련 1권,《성령, 새 생활의 열쇠》는 로마서 8장을 통하여 구원의 확신과 감격을 가지고 성령으로 사는 것이 무엇인지에 대해서 '정죄는 끝났다', '영의 생각을 하는 사람', '몸의 행실을 죽이는 사람', '고난과 영광을 함께 받는 후사', '확실한 두 가지 보증', '아무것도 끊을 수 없는 관계' 등의 내용을 6주에 걸쳐서 다룬다.

사역훈련 2권,《교회와 평신도의 자아상》은 교회론과 제자도에 대해서 다룬다. 이 책은 '교회란 무엇인가?', '교회의 존재 이유(1) 예배', '교회의 존재 이유(2) 훈련', '교회의 존재 이유(3) 증거', '제자의 자격(1) 전적 위탁자', '제자의 자격(2) 증인', '제자의 자격(3) 종', '몸의 지체와 상호 사역', '사역의 장을 찾으라', '당신은 왕 같은 제사장이다' 등의 주제를 10주 동안 다룬다.

사역훈련 3권, 《소그룹 환경과 리더십》은 '소그룹 성경 공부의 교육 환경', '소그룹 성경 공부와 리더십', '귀납적 성경 연구 개관', '귀납적 성경 공부의 실제⑴ 관찰', '귀납적 성경 공부의 실제⑵ 해석', '귀납적 성경 공부의 실제⑶ 적용', '소그룹 커뮤니케이션(질문과 경청)', '소그룹 교재 인도법', '소그룹 견습과 평가', '소그룹 실습과 평가' 등으로 구성되어 있고 10주 동안 훈련한다. 이 과정은 향후 소그룹 리더로서 어떻게 소그룹을 인도해야 할지에 대한 리더십과 지도 방법이 무엇인지 배울 수 있다.

옥한흠 목사는 "사역훈련의 목적은 교역자의 지도 아래 말씀을 가지고 다른 형제(자매)를 섬길 수 있는 '작은 목사'를 만드는 데 있다"고 하였다. 교역자의 분신이 되어 목회를 돕는 평신도 지도자를 세우는 과정이다.

⨯ 사랑의교회 제자훈련의 실제

사랑의교회의 제자훈련은 매주 정한 요일에 모임을 진행하는 것을 원칙으로 한다. 매년 2월에 시작하여 7~8월에 여름방학을 하고, 다시 9~11월까지 진행된다. 마지막 12월 초에 수료예배를 통해 모든 훈련이 마무리된다. 모든 진행은 교역자에 의해 이루어지고 9~12명의 훈련생들이 함께한다. 교역자가 진행하는 이유는 담임목사의 목회 철학을 함께 공유하며 또 신학을 공부한 목사의 역할이라고 생각하기 때문이다.

훈련 시간은 3시간을 기준으로 아이스 브레이크, 과제 점검, 찬양과 기도, 교재 나눔, 결단과 기도, 식사로 진행하며 저녁반은 식사가 먼저 진행된다. 과제에는 D형큐티, 성구 암송(64구절), 성경 읽기(1년간 1독), 생활 과제 등이 있다. 훈련생들의 선택에 따라 주부들을 위한 여성 낮 제자반은 화요일, 수요일 오전에 진행하고, 여성 직장인 제자반은 화요일, 목요일 저녁에 진행한다. 남자 제자반은 토요일 오전과 주일 저녁에 진행한다. 60세 이상 성도, 외국인 성도는 구별하여 훈련을 진행한다.

한국교회의 제자훈련 현장을 돌아본다 2
- 온누리교회

✝

온누리교회는 하용조 목사가 "사도행전에서 보여준 '바로 그 교회'를 세우겠다"는 비전을 가지고 1985년에 창립되었다. 현재는 '바로 그 교회'의 비전을 새롭게 하고 구체화한 'Acts29'의 비전을 가지고 있다. 사도행전은 끝나지 않았고 계속 쓰여야 하고 온누리교회를 통해 이루시는 하나님의 역사가 사도행전 29장처럼 기록되기를 원하는 꿈이 있다.

➤ 온누리교회의 양육체계

온누리교회는 새신자 등록, 큐티, 일대일 제자양육, 순모임(제자도), 전도훈련, 비전과 리더십 훈련, 아웃리치(선교사·사역자 파송)의 일곱 가지 기본적인 양육체계가 있다. 이러한 기본적인 틀에서 여러 가지 프로그램들이 파생되어 나온다. 이러한 양육체계에 따라 훈련을 받으려면 적어도 5년에서 7년이 걸린다. 하용조 목사는 평신도가 이 정도 훈련을 받으면 다른 사람을 가르치고 돕는 데 쓰임을 받을 수 있다고 하였다. 온누리교회의 양육 표어는 '배우든지 가르치든지', '떠나든지 보내든지'이다.

﹥• 온누리교회의 제자훈련: 일대일 제자양육

사도행전적 교회를 추구하는 온누리교회는 창립 때부터 '큐티'와 '일대일 제자양육' 그리고 '순모임'을 영성의 핵심으로 삼았다. 온누리교회의 양육 표어인 '배우든지 가르치든지'를 실제적으로 구현한 것이 일대일 제자양육이다. 하용조 목사는 개척 초기 일 년 동안 4기에 걸쳐 12명씩 제자양육을 하였다. 그리고 1년 뒤 훈련받은 사람들 중에서 양육자반을 시작하였고(1986년) 이 사역이 40년이 지난 현재까지 이어져 오고 있다. 2014년에 방영된 하용조 목사 3주기 추모 특집 다큐멘터리(배우든지 가르치든지 하라)에 소개된 누적 양육자는 23,142명이고 누적 동반자는 41,617명이다.

온누리교회에서 일대일 제자양육 사역을 총괄하고 있는 이기훈 목사는《왜 일대일 제자양육인가》에서 "일대일 제자양육이란 양육자와 동반자가 일대일로 만나서 교재를 중심으로 말씀을 공부하고 삶을 나누면서 함께 그리스도가 다스리시는 삶을 배우는 훈련과정이다"라고 설명한다.

일대일 제자양육의 목적은 동반자가 영적인 부모인 양육자로부터 체계적인 훈련을 받고 하나님과의 바른 관계를 형성하여 예수 그리스도의 제자가 되어 예수님이 명령하신 복음전파의 동역자로 성장하는 데 있다. 일대일 제자양육을 통해 교회 안에 잠자고 있는 성도를 일깨워 평신도를 사역자화 하여(엡 4:12) 모든 민족으로 제자를 삼으라는 주님의 지상명령(마 28:18-20)을 효과적으로 따를 수 있게 한다.

온누리교회를 개척한 하용조 목사는 일대일 사역에 관해서 다음과 같은 말을 남겼다.

"일대일은 교회에 주신 하나님의 축복이요 선물입니다. 이것 때문에 교회가 성장했고, 이것 때문에 우리의 믿음이 깊어졌고, 이것 때문에 우리의 비전이 생긴 것이 아니겠습니까? 일대일의 축복은 배우는 사람의 축복일 뿐만 아니라 가르치는 사람의 축복입니다. 내가 가르치면서 나 자신이 성숙해지고 나 자신이 깊어지고 나 자신의 눈에 눈물이 고이는 것입니다. 나는 여러분이 평생 일대일 헌신자가 되길 축원합니다."

온누리교회에서 실시하고 있는 일대일 제자양육 방법을 단계별로 정리하면 다음과 같다. 제1단계는 일대일 연결 단계이다. 목회자에 의해 훈련된 양육자가 준비되어 있어야 한다. 연결 단계는 평신도 중에서 양육자로 인정된 사람에게 양육을 받고자 하는 또 다른 평신도를 연결하는 작업이다. 일대일 양육 사역팀 내의 일대일 연결부에서 이 사역을 담당한다.

제2단계는 동반자반 양육 단계이다. 양육자와 동반자가 연결되면 서로 연락하여 일대일 제자양육을 할 시간을 정한다. 그리고 매주 1

회씩 만나서 《일대일 제자양육 성경공부》 교재를 가지고 공부한다.

제3단계는 양육자반 훈련 단계이다. 양육자에게 양육을 받은 동반자는 다시 다른 사람을 양육하기 위하여 교역자나 평신도 사역자들이 인도하는 양육자반에서 교육을 받는다. 이미 공부한 교재를 정리하며 반복적으로 공부하고 보충 수업과 지도력에 관한 교육을 받게 된다.

제4단계는 양육을 하는 단계이다. 양육자반의 공부를 마치고 나면 일대일 양육자로서의 자격을 부여하고 다른 사람을 양육할 수 있게 한다.

✈ 일대일 제자양육 교재

온누리교회에서 사용하는 제자훈련 교재는 두란노에서 출판한 《일대일 제자양육 성경공부》이다. 온누리교회의 일대일 사역을 맨 처음 담당했던 정호옥 목사에 따르면 이 교재는 미국의 존 맥아더 목사가 설교한 것을 성경공부화 한 책을 두란노에서 번역한 것이라고 한다. 교재는 크게 만남, 교제, 성장의 세 부분으로 구성되어 있다.

첫 번째 단원인 '만남'의 중심 주제는 예수 그리스도이다. 네 번의 만남을 통해 '예수는 어떤 분입니까?', '예수는 어떤 일을 했습니까?', '예수는 지금 무엇을 하고 있습니까?', '예수를 믿으십시오'라는 주제를 다루게 된다.

두 번째 단원인 '교제'에서는 큐티의 이론과 실제를 다룬다. 큐티가 무엇인지, 큐티를 왜 해야 하는지, 큐티의 유익, 큐티의 방법 등을 제시하고 있다. 세 단원 중 한 단원에서 큐티를 소개한다는 것은 제자훈련 가운데 큐티의 중요성을 나타내 준다. 일대일 제자양육의 또 다른 교재는 큐티를 돕는 도서잡지《생명의 삶》이다. 양육자와 동반자는 훈련 기간 중《생명의 삶》으로 큐티를 하면서 훈련 시간에 묵상한 내용을 나눈다. 이기훈 목사는 "일대일 제자양육과 큐티는 동전의 양면처럼 떼려야 뗄 수 없는 관계를 가지고 있다"고 설명한다.

세 번째 단원은 열한 번의 만남을 통해 '구원의 확신', '하나님의 속성', '하나님의 말씀(성경)', '기도', '교제', '전도', '성령 충만한 삶', '시험을 이기는 삶', '순종하는 삶', '사역하는 삶', '이 훈련을 마치신 분께' 등의 주제를 다룬다. 신앙생활에 있어서 중요한 주제들을 공부할 수 있도록 구성되어 있다.

⤙ 일대일 제자양육의 실제

일대일 제자양육의 특징은 양육자가 동반자를 일방적으로 가르치는 것이 아니라는 점이다. 일방적으로 가르치는 것은 제자훈련이 아니라 성경공부이다. 일대일 제자양육은 양육자와 동반자는 서로의 삶을 나눔으로 인격적인 교제를 하게 된다. 이기훈 목사는《왜 일대일 제자양육인가》에서 "일대일 제자양육에서는 공부가 60%, 나눔이 40% 정도 차지하는 것이 이상적인 양육방법"이라고 설명한다.

일대일 제자양육은 과제 점검(15분), 도입(5분), 교재 토의(60분), 마무리(10분) 등 약 90분 정도 진행한다. 동반자가 해야 할 과제로는《생명의 삶》으로 큐티하기, 주일설교 요약, 매주 두 구절 말씀 암송, 성경 읽기, 성경 구절을 교재에 적어오는 교재 예습 등이 있다. 과제 점검 시간에는 한 주간의 삶을 나누고, 큐티 중 받은 은혜를 나눈다. 성경 암송을 확인하고 주일설교 말씀을 통해 받은 은혜를 나눈다. 이어서 도입 시간에는 당일 배울 내용이 어느 위치를 차지하는지를 확인하고 도입말을 통해 배울 내용에 대한 문제의식을 갖게 한다. 교재 토의 시간에는 교재에 있는 내용들을 대화하면서 풀어간다. 마무리 시간에는 배운 은혜를 정리하고 함께 기도하는 시간을 갖는다.

두란노 천만일대일사역본부에서 발간한《일대일 나눔 핸드북》의 '일대일 십계명'은 양육의 실재가 무엇인지 잘 보여준다.

> 첫째, 이성(남:여)간 일대일을 금한다.
> 둘째, 단체 양육(1:2 이상)을 금한다.
> 셋째, 나의 제자가 아닌 주님의 제자를 만든다.
> 넷째, 기도로 준비하여 기도로 양육한다.
> 다섯째, 말씀을 중심으로 서로의 삶을 나눈다.
> 여섯째, 말하기는 더디 하고 듣기는 속히 한다.
> 일곱째, 말로 가르치지 말고 행동으로 본을 보인다.

여덟째, 영적 손자를 보도록 끝까지 동반자를 돌본다.

아홉째, 동반자에게 물질적, 정신적 부담을 주지 않는다.

열째, 일대일 교재에 충실하고, 과제를 반드시 점검한다.

✤

사람은 방법을 찾지만,
하나님의 방법은 사람이다!

기도의 성자라고 불리는 E. M. 바운즈(Edward McKendree Bounds) 《기도의 능력》(Power Through Prayer)에서 다음과 같은 말을 남겼다.

"우리는 효과적인 복음 전도와 교회 성장 그리고 교인수 증대를 위해 새로운 방법, 새로운 계획, 새로운 조직을 궁리하는 데 끊임없이 신경을 쓰고 있다. 하지만 하나님의 계획은 사람을 중요시한다. 다른 무엇보다도 사람을 훨씬 더 중요하게 여기는 것이다. 교회는 더 나은 방법을 찾지만, 하나님은 더 나은 사람을 찾고 계신다."

오스왈드 샌더스(J. Oswald Sanders)는 《하나님의 학교를 졸업한 사람들》(Men from God's School)에서 "하나님께서 세상에 대한 당신의 계획을 이루시는 도구는 언제나 사람이다"라고 하였다. 그렇다. 사람이 하나님의 능력의 통로이다.

하나님은 보시기에 좋은 세상을 창조하셨다(창 1-2장). 하지만 아담과 하와가 죄를 지어 하나님의 심판이 임했다. 심판의 상황에서 하나님은 은혜를 베푸시며 구원을 약속하셨다. 그것이 창세기 3장 15절의 원시복음(Proto-evangelium)이다. 여자의 후손이 뱀의 머리를 상하게 할 것이다. 즉 예수 그리스도가 오셔서 사탄을 이기고 인간을 구원하실 것을 약속하셨다. 하지만 창세기 3-11장은 '죄 - 심판 - 은혜'의 패턴이 수차례 반복된다.

구약성경학자 크리스토퍼 라이트(Christopher J. H. Wright)는 "이런 상황 앞에서 하나님은 과연 무엇을 하실 수 있는가? 인류와 이 땅에 과연 어떤 희망이 있는가?"라고 질문을 던졌다.

이런 상황에서 하나님은 한 사람을 부르셨다. 창세기 12장에서 아브라함을 부르신 사건은 단순히 한 사람을 부르신 사건이 아니다. 죄로 깨어진 세상을 구원하시기 위한 하나님의 구원 계획이 본격적으로 시작되는 사건이다. 그래서 마태복음은 예수님의 족보를 제시하면서 "아브라함과 다윗의 자손 예수 그리스도의 계보라"(마 1:1)며 아브라함부터 시작한다. 하나님께서 본격적으로 예수 그리스도를 이 땅에 보내실 하나님의 계획을 실행하시는 장면이다. 하나님은 하나님의 놀라운 일을 행하실 때, 한 사람으로부터 시작하신다.

훗날 이스라엘이 애굽에서 종살이를 하게 된다. 애굽의 압제에서 고통 가운데 있던 이스라엘 백성들이 하나님께 부르짖었다. 그때 하나님은 어떻게 하셨는가? 천사를 보내셔서 이스라엘을 구원하셨는가? 아니다. 하나님이 주목하시며 준비시키셨던 한 사람, 즉 모세를 부르신다. 모세가 하나님의 부르심에 순종했을 때, 하나님은 모세를 보내셔서 바로와 대결하게 하시고 이스라엘 백성들을 애굽으로부터 구원하셨다.

하나님은 예수님이 오실 길을 준비하기 위하여 광야에 외치는 자를 먼저 보내셨다. 그 사람이 바로 말라기 선지자가 예언한 세례 요한이다(막 1:2-3). 무엇보다도 온 세상을 구원하기 위한 하나님의 방법은 사람이신 하나님의 아들 예수 그리스도이시다.

마가복음 2-3장에는 예수님과 바리새인들 간의 두 차례 안식일 논쟁이 나온다. 이 논쟁 후 바리새인들은 예수님을 죽일 음모를 세웠다. 예수님은 이 사실을 아시고 잠시 자리를 피하신다. 위협을 피해서 바다로 가셨는데, 이스라엘 모든 지역과 주변 이방 지역들로부터 수많은 무리가 예수님을 찾아왔다(막 3:7-8). 예수님은 고조되는 적대감과 함께 고조되는 인기를 동시에 맞이하셨다. 이런 상황에서 예수님이 택하신 것은 기도였다(눅 6장). 예수님은 기도하기 위해 산으로 가셨고 밤이 새도록 하나님께 기도하셨다. 기도 가운데 하나님은 예수님이 해야 할 일을 말씀해 주셨다. 예수님이 십자가에 돌아가신 후 미래를 대비하는 일이었다.

　예수님이 죽음 이후 미래를 위해 준비한 것이 무엇인가? 사람이다. 그래서 예수님은 열두 명의 제자를 세우셨다(막 3:14). 로버트 콜먼은 《주님의 전도 계획》에서 "예수님이 제자를 부르신 목표는 예수님이 아버지께로 돌아가신 후 예수님의 생애를 증거하고, 복음 사역을 계속할 수 있는 사람들을 모집하는 일이었다"고 설명한다. 인류를 구원하시기 위해 예수님이 십자가에서 죽으시고 부활하신 사건을 세상에 알리기 위한 매체도 역시 '사람'이다. 예수님은 열두 명의 지극히 평범한 사람들을 부르시고 훈련시키셔서 복음 전도자로 세우셨다.

　예수님은 또한 교회를 핍박하던 사울이라는 한 청년을 강권적으로 부르셨다. 주님은 이방인에게 복음을 전하도록 바울을 보내셨다(행 22:21). 아시아에 복음을 전하려던 바울의 발걸음을 돌려 유럽 지역으로 복음이 전파되게 하셨다(행 16:9). 하나님은 하나님의 뜻을 이루기 위하여, 하나님의 나라를 세우기 위하여, 순종하는 한 사람을 부르신다.

　1800년대를 전후하여 영국교회와 사회를 살린 '영국의 양심'이라고 불린 사람이 있다. 그는 영국 국회의원인 윌리엄 윌버포스(William Wilberforce)이다. 그는 Amazing grace의 작사자 존 뉴턴 목사님의 도움으로 그의 나이 26세에 회심의 체험을 하고 깊은 영적 각성을 하게 된다. 그는 회심하자마자 매일 2시간씩 경건의 시간을 가지면서 말씀묵상과 기도를 하였다. "하나님, 제가 크리스천 정치인으로서 무엇을 하면서 살아야 합니까?" 하나님은 그에게 노예제도 폐지 운동을 하라는 마음의 부담과 비전을 주셨다. 당시 최대의 사회악은 '노예제도'였다. 그래서 윌버포스는 그 일에 뛰어들기로 결심하였다.

하지만 이 일은 보통 위험한 일이 아니었다. 그 당시 영국은 노예무역을 통해서 영국 국가수입의 3분의 1을 차지하는 막대한 국가적인 이익을 취하고 있었다. 그렇기에 당시 상인과 재벌, 기득권층은 노예제도를 반대하는 사람들을 향해 '매국'이라고 몰아붙였다. 왜소한 체격의 윌버포스는 150번이나 되는 대국회논쟁을 통해서 노예제도 폐지를 주장했다. 그는 생명의 위협을 받았다. 두 번에 걸친 암살 시도, 중상모략, 비방에 시달려야 했다. 그러나 그는 자신의 부담과 비전을 교회 안의 친구들과 나누기 시작했다. 그래서 교회 안에 정치적, 사회적 관심을 가진 사람들의 그룹을 만들었고 그들과 함께 기도하기 시작했다. 그들은 기도하면서 자신들의 비전을 계속 키워갔다. 이렇게 만들어진 공동체가 클래팜(Clapham)이다. 클래팜은 비전과 정책을 제시하며 노예제도 폐지 운동을 전개했다.

1833년 7월 27일 영국 국회는 노예제도를 영원히 폐지하는 법안을 통과시켰다. 윌버포스가 하나님 앞에서 뜻을 세운 지 46년 만의 일이다. 그런데 법안 통과 3일 후 윌버포스는 세상을 떠났다. 노예제도 폐지가 이루어지고 그가 세상을 떠나가자마자 이상한 일이 벌어졌다. 영국교회에 물밀 듯 사람들이 밀려오기 시작했다. 그리고 당시 영국의 젊은 국회의원 3분의 1이 윌버포스를 따라 그처럼 살고 싶다고 공개적인 선언을 하고, 기독교인이 되었다.

우리는 암담한 현실 앞에서 체념조의 푸념을 한다. 그러나 하나님의 말씀을 통해 자신의 영역에서 사명을 발견하고, 그 사명에 순종하는 한 사람을 통해서 하나님은 하나님 나라를 세워가신다. 부르심에 순종할 때 하나님이 일하신다. 우리 각 사람이 이 땅을 회복시키는 하나님이 찾으시는 한 사람으로 준비되길 소망한다.

"우리가 그를 전파하여 각 사람을 권하고

모든 지혜로 각 사람을 가르침은

각 사람을 그리스도 안에서 완전한 자로 세우려 함이니

이를 위하여 나도 내 속에서 능력으로 역사하시는 이의

역사를 따라 힘을 다하여 수고하노라"

(골로새서 1:28-29)

PART 3

사람을 키우고
세워가는 현장

✦

제자훈련 현장의
생생한 목소리를 들어보자

목회 현장에서
꾸준히 제자훈련을 실천하다

✝

청년 시절 청년부 담당 목사님으로부터 《일대일 제자양육 성경공부》 교재로 소그룹 제자훈련을 받았다(2000년). 지금으로부터 24년 전의 일이다. 당시 하나님 말씀에 대해 갈급함이 있었던 나에게 제자훈련은 단비와도 같았다. 제자훈련 기간 기독교 신앙의 중요한 기초들을 정립하며 큰 은혜를 받았다. 제자훈련과 함께 옥한흠 목사님의 《평신도를 깨운다》를 읽으면서 제자화의 중요성을 인식했다.

4개월의 제자훈련을 수료하자마자 청년부 후배 두 명을 각각 일대일로 만나 제자훈련을 시작했다. 그들과 제자훈련의 비전을 공유하였고, 그들 역시 청년부의 또 다른 후배를 일대일로 제자훈련하는 양육자로 세워졌다. 하나님의 말씀을 가지고 일대일로 만나 제자훈련을 하는 것이 양육자(가르치는 자)와 동반자(배우는 자)뿐만 아니라 청년부 공동체에도 큰 유익이 있음을 경험하였다.

14년 전 상현교회에서 전임전도사로 청년부 사역을 시작하였다. 8년 동안(2011~2015년, 2020~2022년) 청년부 사역을 하면서 청년부 안에 3단계의 '예수제자훈련' 과정을 구축하였다. 《일대일 제자양육 성경공부》교재를 1단계로 시작하여 2, 3단계는 사랑의교회에서 출간한 제자훈련과 사역훈련 교재를 선별하여 사용하였다. 셀리더로 세워져 있던 청년들을 우선 훈련하였고, 지원자를 받아 소그룹으로 훈련하였다.

1단계는 16개의 소그룹을 통해 110여 명의 청년들을 훈련시켰다. 1:1이나 1:2로 훈련한 경우도 있었지만, 대부분은 8명 내외의 소그룹으로 훈련하였다. 2단계는 9개의 소그룹을 통해 74명의 청년들을, 3단계 34명의 청년들을 훈련시켰다. 제자훈련은 주로 주중 저녁 시간에 이루어졌다. 장년부 사역도 동시에 담당했기에 수요예배와 금요심야기도회 시간에는 훈련을 할 수 없었다. 주로 화요일 저녁과 목요일 저녁, 토요일 오전과 토요일 저녁에 훈련을 했다. 정말 제자훈련을 받고 싶은데 시간이 안 되는 경우에는 화요일 새벽기도회 후, 수요예배를 마친 후에 제자훈련을 하기도 하였다.

아침저녁으로 시간을 내어 제자훈련을 실시한 이유는 제자훈련을 통해 경험하는 은혜 때문이다. 하나님의 말씀은 살아있다. 활력이 있다. 변화시키는 능력이 있다. 청년들은 1주일에 한 번 만나는 모임을 위해서 주중에 끊임없이 말씀과의 만남을 갖게 된다. 정해진 분량의 성경 말씀을 읽고, 1주일에 3일 이상《생명의 삶》을 가지고 말씀을 묵상한다. 교재를 예습하며 성경 구절을 필사하고, 한 주에 2구절씩 각 주제에 핵심이 되는 말씀을 암송한다. 주일설교 말씀을 요약정리하고, 금요심야기도회에 참여하여 말씀을 듣고 합심기도를 한다. 그리고 만나서 하나님의 말씀으로 가르침을 받는다. 나는 최선을 다해서 하나님의 말씀이 의미하는 바를 청년들에게 가르쳤다. 평소에 성경책을 펴보지 않았던 청년들이 1주일 동안 주어진 과제를 감당하면서 하나님의 말씀과 만남을 갖게 된다. 말씀과의 만남 가운데 성령님의 역사하심으로 놀라운 영적인 변화를 경험하게 된다.

청년들이 자신의 삶에서 거룩함을 추구한다. 하나님을 더 사랑하게 되고 예배를 사모한다. 학생으로서 학업에 충실하며 직장에서 일하는 목적과 태도가 달라진다. 세상 가운에서 말씀대로 살아가려는 믿음의 도전을 한다. 부모님과의 관계가 회복되고 가정이 변화된다. 모태신앙이지만 구원의 확신 없었던 청년들의 마음에 흔들리지 않는 구원의 확신을 갖게 된다. 하나님의 자녀라는 정체성을 가지고 담대하게 삶의 자리를 살아간다.

청년 사역을 하면서 경험한 것은 말씀의 능력을 의지하고 말씀을 접하게 하고 가르칠 때 변화가 있다는 사실이다. 세대가 달라졌다고, 예전처럼 앉아서 말씀을 가르치는 것이 어렵다는 이야기들을 한다. 여러 가지 청년들의 주의를 끄는 프로그램이 필요하다는 이야기들을 한다. 특히 MZ세대는 신앙생활에 있어서 이전 세대와 다르다고 한다. 하지만 나의 경험에 의하면 사람은 그대로이다. 모든 사람에게는 복음이 필요하다. 청년세대는 더욱 순수한 하나님의 말씀을 듣고 싶어 한다. 그리고 복음이 들려질 때 사람들은 반응한다. 제자훈련을 시작하기만 하면 그곳에 은혜가 임한다.

본래《일대일 제자양육 성경공부》교재는 평신도가 1:1로 다른 평신도를 양육하는 교재였지만, 나는 청년을 양육자로는 세우지는 않았고 교역자가 실시하는 제자훈련 첫 단계로 사용하였다.

에스라성경대학원대학교에서 두 학기 기숙사 생활을 마치고 2016년을 시작하면서 사역에 변동이 생겼다. 위임목사님께서 부총회장 선거에 출마하심으로 교회의 상황이 변화되었다. 나는 2011년에서 2015년까지 5년 동안 사역하던 청년부를 내려놓고, 목사님께서 총회일을 하실 수 있도록 장년 사역에 집중하게 되었다.

위임목사님께서 부교역자들에게 장년 성도들을 대상으로 성경공부를 준비하여 실행하라고 하셨다. 어떤 주제를 가지고 성경공부를 해야 할지 기도하면서 고민했다. 그러다가 교회 안에 빈틈을 보았다. 주일예배에 참석하는 성도 중에서 새가족 교육이나 성경공부 또는 제자훈련 등 공식적인 양육훈련에 참여하지 못하는 성도들이 있었다. 필요성을 느끼지 못하고 신앙생활을 하는 성도에게는 마음을 여는 시간이 필요하겠지만, 어떤 경우는 말씀에 대해서 알고 싶고 신앙적으로 성장하고 싶은데도 몇 가지 장벽 때문에 참여하지 못하는 안타까운 경우들이 있었다. 특히 교회의 공식적인 양육훈련에 직장생활이나 자녀 양육 등의 일로 참석하지 못하는 경우가 많았다. 갈급함이 있기에 신앙훈련을 하며 함께 말씀을 나누고 방향을 제시해 주면 영적으로 성장할 수 있는 성도인데 그러한 기회를 갖지 못하는 것에 대한 안타까움이 있었다.

대형 교회는 성도가 선택할 수 있는 다양한 프로그램을 수시로 진행하기에 마음만 있다면 본인 시간에 맞는 훈련 프로그램에 참석할 수 있다. 하지만 중소형 교회의 경우 소수 교역자가 성도가 원하는 시간에 양육한다는 것은 물리적으로 불가능하다.

또 한 가지 빈틈은 교회에서 다양한 성경공부를 하고 훈련받은 성도의 영적 성장에 대한 갈급함이다. 이미 교회에서 실시하는 양육 프로그램을 수료하고 새로운 것이 공급되기를 기대하는 성도들이 있다. 목회자로서 최선을 다해 삶의 다양한 영역을 성경적인 관점에서 볼 수 있도록 가르쳐야 하지만, 이것 역시 중소형 교회의 제한된 교역자가 감당하기는 벅차다. 또한 프로그램에 끊임없이 성도가 참여하게 하는 것은 지식은 늘어가지만, 성도를 수동적이게 한다.

이런 문제를 고민하며 영적 성장에 갈급함이 있는 두 그룹을 연결했다. 나는 말씀을 가르치고 교제하며 성도를 품고 중보기도 하는 제자훈련을 통해 영적 성장을 경험하였다. 또한 제자훈련을 함께한 성도가 변화되어 가는 모습을 통해 하나님의 사랑과 역사를 경험하였다.

이것에 착안하여 평신도 양육자를 훈련해서 양육자가 다른 성도를 훈련하는 사역을 통해 나와 같은 영적 성장과 은혜를 경험할 기회를 제공했다. 또한 신앙적으로 성장하고 싶은 마음은 있지만 시간적·상황적 제약으로 교회의 제자훈련 프로그램에 참여하지 못하는 성도에게는 훈련받을 기회를 만들어 주었다. 즉 교역자가 먼저 평신도를 훈련하여 평신도 양육자를 세우고, 그 평신도 양육자를 통하여 다른 성도를 훈련하는 재생산 방법을 실행하였다.

　이런 생각을 하게 된 데는 두란노 바이블칼리지에서 실시하는 '일대일 양육 코칭 스쿨' 영향이 컸다. 오랜 시간《일대일 제자양육 성경공부》교재를 사용하여 제자훈련을 시켰지만 공식적인 세미나에 참석해 본 적은 없었다. 장년 성도를 대상으로 제자훈련 사역을 준비하기 위해서 2017년 2월 두란노 바이블칼리지에서 실시한 '일대일 양육 코칭 스쿨'에 등록했다. 코칭 스쿨 첫 시간에 평신도 양육자가 다른 평신도를 양육함으로써 함께 성장할 수 있는 가능성을 보았다. 평신도를 통한 재생산의 중요성을 깨달았다.

　코칭 스쿨을 다녀온 후 장년 제자훈련을 시작했다. 이번에는 시작부터 성도들을 평신도 양육자로 준비시켜서 다른 평신도를 훈련하는 재생산 사역을 하기로 마음먹었다. 제자훈련 내내 이 과정을 마친 후 다른 성도를 양육할 것을 도전하였다. 2017~2018년 2년 동안 6개의 소그룹을 통해 장년 성도 마흔두 명을 훈련시켰다. 제자훈련 과정에서 꾸준히 평신도 양육자로서의 비전을 전달하였고 그 결과 여덟 명의 평신도 양육자가 세워졌다. 여덟 명의 평신도 양육자를 통해서 2017~2019년 3년 동안 스물여섯 명의 성도가 제자훈련을 받았고 스물다섯 명이 수료하였다.

　트리니티복음주의신학대학원(TEDS)의 목회학박사과정 졸업논문은 목회 현장에서 사역하였던 것을 주제로 해야 한다. 어떤 주제를 학문적으로 연구하는 것은 졸업논문의 주제가 될 수 없다. 목회학박사

과정 수업 가운데 실행한 사역을 심도 있게 평가해 보는 것의 중요성에 대해서 배웠다. 그래서 내가 선택한 논문의 주제는 3년 동안 진행하였던 장년 제자훈련에 있어서 재생산 사역에 대한 것이다. 매번 제자반을 마치는 시점에 훈련생들에게 소감문 또는 간증문을 기록하게 했다. 제자훈련 마지막 시간에는 그것을 토대로 나눔의 시간을 가졌다. 그 나눔의 시간을 통해서 훈련생들의 마음을 엿볼 수 있었다. 하지만 좀 더 심도 있고 구체적인 이야기를 나눌 기회는 없었다. 그리고 다급하게 다음 사역으로 넘어갔던 것 같다.

이런 가운데 목회학박사 학위논문을 작성하기 위해 질적 연구방법 중 현상학적 연구방법(Phenomenological Research)을 선택했다. 이것은 연구 대상자 개인들이 체험한 공통적 의미를 기술하는 방법이다. 이것을 위해 면접 조사를 실시하였다. 양육자 여덟 명과 동반자 열 명이 참여했다. 이것을 바탕으로 목회학박사 학위논문을 작성하였다.

앞으로 이어지는 내용은 재생산 사역에 참여한 평신도 양육자와 평신도 양육자로부터 양육을 받은 동반자들의 증언이다. 논문을 쓰면서 제자훈련에 관한 수많은 책들을 읽고 조사하였는데 이런 내용을 정리한 책은 거의 읽어보지 못했다. 학위논문들은 이런 내용을 담고 있지만 논문은 접근성이 낮다. 이 책을 통해 평신도 양육자를 통한 재생산의 중요성을 인식하고 더욱 많은 교회들이 실천하는 계기가 되길 기대하며 소개한다.

평신도 양육자들이
재생산 사역에 헌신한 동기가 있다

2년 동안 장년 성도 마흔두 명을 훈련시켰다. 훈련 기간 동안 재생산에 대해 도전했다. 재생산을 생각하고 훈련을 받으라고 말씀드렸다. 그 결과 실제 재생산 사역에 동참한 성도는 여덟 명이었다. 이분들이 평신도 양육자가 되어 다른 성도를 양육하는 일에 헌신한 동기가 궁금했다. 그래서 면접 조사를 통해 질문하였다. 양육자들의 생생한 목소리를 들어보면 아래와 같다.

"하나님이 영혼을 사랑하는 마음을 주셔서 전도하다 보니까 제가 전도한 영혼을 정착까지 인도하고 싶은 마음이 있었습니다. 새신자가 교회에 정착하는 것이 어렵다 보니 양육자의 필요성을 느꼈습니다. 그래서 양육자로 지원하게 되었습니다."(양육자 1)

양육자 1이 평신도 양육자로 지원한 동기는 자신의 주된 사역과 관련이 있었다. 양육자 1은 교회에서 가장 전도를 열심히 하는 성도 중 한 명이었다. 수많은 사람들을 전도했는데 그들이 정착하지 못하고 떠나는 모습을 보면서 교회로 인도하는 것을 넘어서 새가족을 교회에 정착시키고 싶어 했다. 정착을 위한 훈련과정의 필요성을 느끼고 양육자로 지원하였다.

　　"예수님께서 모든 이들을 예수님의 제자로 삼으라고 말씀
하셨습니다. 특히 마음에 와닿았던 것은 예수님이 열두 제자를 부르
실 때 베드로에게 '나를 따르라 내가 너를 사람을 낚는 어부가 되게
하리라'는 말씀을 하셨는데, 그 말씀이 베드로에게 주신 말씀이지만
꼭 저에게 주신 말씀처럼 느껴졌습니다. 교회의 알파코스와 전도, 구
역장을 하면서 그리고 구역원들을 섬기면서 이 말씀이 제 마음에 와
닿았습니다. 그래서 저도 말씀 양육을 받고 제자 삼는 마음으로 구역
원들에게 말씀을 가르치고, 전도한 이들에게 말씀을 가르쳐서, 그들
을 예수님의 제자로 삼고자 하는 갈망이 생겼습니다. 그전부터 기도
하던 것이 늘 예수님처럼 제자를 삼게 해달라는 것이었습니다. 그래
서 하나님 나라를 이루어 가는 그런 하나님의 백성으로 살아가게 해
달라는 기도를 계속 드렸습니다."(양육자 2)

　양육자 2는 신앙생활의 여정 가운데 예수님께서 베드로에게 하신
말씀인 "나를 따라오라 내가 너희를 사람을 낚는 어부가 되게 하리
라"(마 4:19)는 말씀을 자신에게 주신 말씀으로 붙잡고 살아왔다. 마음
속에 예수님처럼 제자 삼는 삶을 살게 해달라는 비전이 있었다. 그 비
전을 따라 영혼들을 제자로 삼고 말씀 안에서 세워가기 위해서 평신
도 양육자로 지원하였다.

　　"목사님께 양육을 받을 때 받은 은혜가 있었습니다. 새로
운 것을 배운다기보다는 초심으로 돌아가는 계기가 되었습니다. 초

심으로 돌아가서 지금까지 달려온 그 길들을 다시 한번 점검하면서 너무도 쉽게 알고 있고, 입으로 늘 말하는 것들을 다시 한번 가슴속에 새겼습니다. 예전에 이런 것들에 분명히 은혜를 받았는데, 나이가 들어서 새롭게 다시 기초적인 것, 예수님은 누구신가부터 시작해서 그런 것들을 다시 들었을 때 제가 받는 은혜를 다른 사람들에게 말해주고 싶었습니다. 물론 주변 사람들에게 이야기하고 구역예배를 통해서도 말을 했습니다. 그러나 그것보다 양육의 시간은 더 진심으로 받은 은혜를 내놓게 되고 그들에게 이야기해 주고 싶은 것들이 있었습니다. 하나님께 가까이 가고자 하지만 신앙생활에 처하게 되는 문제를 해결할 줄을 잘 모르는 것 같았습니다. 기도할 줄도 모르는 것 같습니다. '하나님께 기도를 잘해야 해'라고 말을 했는데 그 안에 포함된 내용들을 전해주고 싶었습니다. 사람들은 제가 활동을 많이 했기에 저 사람은 신앙생활의 색깔이 다를 수 있을 것이라고 생각하는데 공부를 통해서 누구나 하나님께 가까이 다가갈 수 있다는 것을 말해주고 싶었습니다."(양육자 3)

양육자 3은 신앙생활을 해오면서 하나님의 은혜를 많이 경험했다. 제자훈련을 통해 신앙의 기초를 다시 확인하며 점검하는 시간에 큰 은혜가 있었다. 그리고 본인 주변에 모태신앙임에도 불구하고 믿음의 중심을 잘 잡지 못하고 신앙에 대해서 잘 모르고 있는 성도들이 눈에 들어왔다. 그들에게 신앙의 기본적인 내용들을 전달하여 하나님께 가까이 다가갈 수 있도록 인도하고 싶은 동기가 있었다.

"저는 말씀도 나름 읽었다고 생각했고, 말씀을 많이 안다고 생각했는데 막상 양육을 받고 보니까 아는 것을 말로 표현하는 것이 잘 안 되는 거예요. 아, 내 믿음이 이것밖에 안 되는구나, 이런 것을 알게 되면서 저의 신앙이 모래 위에 세워진 집과 같다는 것을 깨닫게 되었던 거예요. 제자양육 공부를 통해 저를 반석 위에 세운 집처럼 저를 세워가시는 느낌을 받았어요. ○○○ 집사님은 모태신앙이고, △△△ 집사님도 믿음의 가정이잖아요. 그런데 이분들이 주일예배를 잘 못 드리고 있었어요. 그분들이 그러니까 제가 마음이 너무 안타까운 거예요. ○○○ 집사님과 △△△ 집사님을 보면서 너무 안타까워서 저와 같은 은혜를 이분들도 받아서 하나님 앞에 예배를 사모하면서 하나님께 가까이 갔으면 좋겠다는 마음으로 양육을 시작하게 되었어요."(양육자 4)

양육자 4는 오랫동안 신앙생활을 해왔지만 제자훈련을 받으면서 자신의 연약함을 깨닫게 되었다. 제자훈련을 통해 모래 위에 세워진 것과 같았던 신앙이 반석 위에 세워지는 것을 경험하였다. 그런 가운데 모태신앙이고 믿음의 가정에 속해있으면서도 기본적인 예배생활을 힘들어하는 구역원들이 눈에 들어왔다. 그들이 제자양육을 통해서 굳건한 믿음에 섰으면 좋겠다는 생각으로 평신도 양육자로 지원했다.

"성경공부를 하고 싶다는 갈급함이 많이 있었던 차에 제자양육이라고 하는 것을 딱 듣고 너무 좋아서 지원했고 갈급한 상태로 말씀을 배웠던 것이 너무 좋았던 거예요. 너무 좋아서 이 좋은 걸 가족들한테 이야기하고 싶고 주변에 자꾸 권했는데 구역 식구들은 자기들이 어떻게 목사님과 하느냐고 아직은 안된다고 생각하더라고

요. 목사님은 권사님들이랑 이런 분들하고 하셔야 하는데 자기들이 거기에 끼면 안 된다고 생각하면서 못하겠다고 말하더라고요. 그래서 목사님께 양육받은 내가 하면 어떻겠냐고 말했더니 그러면 해보겠다고 하더라고요. 부족하지만 목사님이 전달해주시면 너무 좋은데 상황이 그런 상황이라 어쨌거나 순종하는 마음으로 하면 하나님이 채워주시지 않을까 하는 마음으로 시작하게 되었어요."(양육자 5)

양육자 5 역시 교역자와의 제자훈련에 좋은 경험을 가지고 있었다. 교역자와의 제자훈련의 경험이 너무 좋아서 구역원들에게 교역자와의 제자훈련을 권유했다. 하지만 구역원들이 교역자와 소그룹으로 만나서 제자훈련하는 것을 부담스러워했다. 그래서 교역자에게 제자훈련을 받은 본인이 직접 구역원들을 데리고 제자훈련을 했다.

"당시 ○○○ 권사님이 구역장이셨는데 권사님의 권유가 있었습니다. △△△ 집사님이 일을 하기에 교역자가 하는 제자훈련을 받고 싶었는데, 시간이 맞지 않아서 못했고 저는 제자양육을 받은 상태니까 서로 연결해서 하면 좋겠다고 말씀을 하셔서 시작되었습니다. 저 자신 또한 제자훈련을 통해 바르게 재정립된 기본교리와 신앙관을 선하게 나눌 수 있는 기회라 생각했습니다."(양육자 6)

양육자 6은 교역자와의 제자훈련을 마친 후 재생산 사역에 대한 당시 구역장의 권유가 있었다. 또한 자신이 제자훈련을 통해 바르게 재정립된 기본교리와 신앙관을 다른 성도와 선하게 나눌 수 있는 기회라고 생각하여 평신도 양육자로 지원했다.

> "○○○ 집사님은 이사하면서 다른 구역에서 온 분이었습니다. ○○○ 집사님은 기본적인 신앙은 있으신데 세상일로 바쁘셨습니다. 제가 보기에 구역원으로 남아있기에는 아까운 분이라는 생각이 들어서 ○○○ 집사님이 영적인 성장을 이루어서 구역장으로 세움을 받아도 좋겠다는 생각을 하게 되었습니다. 앞으로 우리 구역을 이끌어 갈 수 있겠다는 생각이 들어서, 차기 구역장으로 생각하고 욕심을 가지고 양육을 시작했습니다."(양육자 7)

양육자 7은 이사하면서 새로 구역에 속하게 된 구역원을 보면서 구역장으로 세워질 수 있는 가능성을 발견하였다. 그래서 본인의 뒤를 이어서 구역장으로 세워보고 싶은 마음에 그 구역원을 제자훈련하는 사역을 시작하였다.

> "대학 시절부터 제자양육 훈련을 받았고, 주님이 가장 기뻐하시는 일이 예수 그리스도의 제자들을 세우는 일이라는 것을 알았기 때문에 교회에서 제자훈련을 받을 기회가 있었다는 것이 좋았고, 양육을 받은 이후에는 양육을 하고 싶었습니다. 사모라서 교회 안에서 교제권이 한정되어 있는 상황에서 누구를 양육할 수 있을까 생각하며 기도했습니다. 마침 둘째 아이의 또래 친구가 엄마와 함께 교회에 등록을 했습니다. 제가 유치부 교사를 하며 아이들 암송모임을 인도하고 있었는데 그 아이가 같이 암송을 하게 되면서 아이 엄마와 대화를 할 기회가 생겼습니다. 주일 오후에 아이들이 모여서 노는

시간이 있었는데 그때 대화하며 제가 먼저 일대일 제자양육에 대해서 설명하고 제안하게 되었습니다."(양육자 8)

양육자 8은 대학 시절 제자훈련을 받은 경험이 있었다. 사모이기도 하고 한동안 자녀 양육에 전념하는 시간을 보냈기에 양육자로 헌신할 수 있는 기회가 없었다. 주님이 가장 기뻐하시는 일이 예수님의 제자들을 세우는 것이라고 알고 있었기에 제자훈련을 받고 제자훈련을 할 수 있는 기회를 선용하게 되었다. 예수 그리스도의 제자를 세우기 원하여서 평신도 양육자로 지원하였다.

평신도 양육자들의 동기는 매우 다양하였다. 새가족 정착을 위해서, 예수제자 삼는 것에 대한 비전이 있어서, 은혜를 경험한 후 연약한 지체들이 보여서, 교역자와의 훈련에 부담을 느끼는 성도를 돕고 싶어서, 배운 것을 나눌 수 있는 기회라고 생각해서, 차세대 리더십을 세우고 싶어서 등 여러 가지 동기를 발견할 수 있다. 또한 모두 다 사람을 키우고, 영혼을 세우고 싶은 선한 동기에서 시작한 것을 알 수 있었다. 평신도는 단순히 양육을 받는 대상이 아니라 누군가를 섬길 수 있는 준비된 예수님의 제자이다.

평신도 양육자들은
기대를 가지고 재생산 사역에 참여한다

✝

"우리는 하나님의 동역자들이요 너희는 하나님의 밭이요 하나님의 집이니라"(고린도전서 3장 9절)

  평신도 양육자로 지원한 양육자들은 다양한 동기가 있었다. 그런 동기와 함께 제자훈련을 통한 재생산 사역에 대한 기대가 있었다. 제자훈련은 한주도 쉬지 않고 진행해야 4개월이 걸리고 중간에 일이 생기면 기간이 더 길어진다. 그런 시간 동안 매주 한 번씩 2시간 이상 모임을 갖는 것은 쉬운 일이 아니다. 제자훈련을 위해 준비하는 시간과 이동하는 시간 등을 합하면 보통 헌신으로는 할 수 없는 사역이다. 이런 사역이 지속될 수 있는 것은 평신도 양육자가 마음에 품은 기대 때문이다. 어떤 기대들이 있었는지 이야기를 들어보고자 한다.

  "양육자로서 전도한 영혼을 양육하면서 같이 성장해 가고 싶었습니다. 한 영혼을 사랑하는 마음으로 기도하면서 잘 섬기고, 상대방의 마음을 알아주려고 노력하다 보면, 말씀을 통해서 그가 세워지지 않을까, 바로 세워져서 교회에 잘 정착하고 예수님의 제자가 되는 것을 기대했습니다."(양육자 1)

양육자 1은 양육자로서 전도한 영혼을 양육하면서 자신도 함께 성장하고 싶은 기대를 가지고 있었다. 양육자로서 지원한 동기와 마찬가지로 동반자에 대한 첫 번째 기대는 전도한 영혼이 교회에 잘 정착하는 것이었다. 섬김과 기도와 말씀을 통해 바로 세워져서 교회에 정착하는 것을 넘어 예수님의 제자가 되는 것을 기대하였다.

> "저는 예수님의 마음을 가지고 예수님의 심장을 품고 예수님의 눈물로 그들을 섬기고, 그들을 위해 기도하며, 예수님께서 늘 기도하시면서 사역하신 것처럼 저도 늘 영혼에 대한 사랑의 마음, 섬기는 마음, 그들을 위해 희생할 수 있는 마음, 말씀으로 세워갈 수 있는 그런 변화가 저에게 있기를 기대하는 마음으로 시작했습니다. 동반자에게 가진 기대는 컸습니다. 한 사람 한 사람의 세상을 향했던 마음들이 말씀을 통해 깨지고, 말씀을 통해 변화되고 하나님과 인격적인 만남이 이루어져서 정말 하나님과 동행하며 축복을 누리는, 그리고 하나님이 내 인생의 주권자가 되고 나의 삶에 모든 것이 된다는 그런 고백들이 그들의 입술 가운데에서 나올 수 있기를 기대하며 양육을 시작했습니다."(양육자 2)

양육자 2의 기대는 양육자로서 자신에 대한 기대와 동반자를 향한 두 가지 기대를 가지고 있었다. 먼저 평신도 양육자로서 영혼에 대한 사랑과 섬김, 동반자를 위해 희생할 수 있는 마음을 가진 자로 변화되기를 기대하였다. 또한 동반자가 제자훈련을 통해서 세상을 향했던 마음이 하나님께로 향하고 하나님과의 인격적인 만남을 통해 하나님과 동행하는 복을 누리며 하나님을 인생의 주인으로 모시는 영적인 성장을 기대하였다.

> "저는 항상 구원의 확신이 가장 중요하다고 생각합니다.
> 동반자들이 구원의 확신을 뼛속 깊이 새기기를 원했습니다. 인생을
> 살아가다가 어떤 일을 만나도 구원의 확신 때문에 다시 일어날 수 있
> 습니다. 저는 그것이 양육을 하는 최고의 목표입니다. 누가 동반자에
> 게 '오늘 죽으면 천국 갈 수 있어요?'라고 물었을 때, '그럼요!'라는 대
> 답이 나오면 됩니다. 내가 사는 삶이 힘겹고 어렵고 하나님과 멀게
> 느껴질지라도 구원의 확신을 심어주는 것이 중요하다고 생각합니
> 다."(양육자 3)

양육자 3은 제자훈련을 통해서 동반자가 구원의 확신을 가지는 것
을 기대하였다. 구원의 확신이 신앙생활에서 가장 중요하다는 양육자
의 생각에서 기인한 것 같다.

> "제자훈련을 통해서 하나님의 속성, 예수님에 대한 것, 시
> 험에 대한 것 등 제 안에 기본이 쌓이고 흔들림 없는 굳건한 믿음 위
> 에 세워주시는 시간을 경험하였습니다. 동반자들도 저와 같이 굳건
> 한 믿음에 섰으면 좋겠다는 생각이 들어 제가 받은 은혜를 흘려보내
> 고 싶어서 지원하게 되었습니다."(양육자 4)

양육자 4는 본인이 제자훈련을 통해 받은 은혜를 동반자에게 흘려
보내 주어 동반자들이 흔들림 없는 굳건한 믿음에 섰으면 좋겠다는
기대를 가지고 시작했다.

"구역원들이 모두 초신자들이었기 때문에 거의 주일성수만 했던 사람들이에요. 그것도 어느 때는 많이 빠지기도 했던 사람들이라 온전한 주일성수를 했으면 좋겠다고 생각했어요. 거기에 더 욕심을 부린다면 수요예배나 금요예배나 새벽예배나 예배의 시간들을 좀 더 늘려나갔으면 좋겠다는 마음이 있었고요. 교회에 대해서 조금 더 관심을 가지고 봉사활동이나 이런 것들을 자발적으로 했으면 좋겠다는 기대를 가졌어요. 저도 말씀에 부족했지만 구역 식구들도 말씀을 조금 더 접했으면 좋겠다는 마음으로 시작했어요."(양육자 5)

양육자 5는 일곱 명의 양육자 모두 자신의 구역원이었다. 구역원들이 초신자들이어서 주일예배 참석이 우선이었는데 그것도 잘 지키지 못하는 경우가 있었다. 이런 구역원들이 제자훈련을 통해서 하나님께 나와 예배드리는 시간을 늘려갔으면 하는 기대가 있었다. 또한 교회에 대한 관심이 더 커지고 교회에서 하는 봉사에 자발적으로 참여하는 구역원들로 변화되기 원하는 기대가 있었다. 구역 식구들이 말씀을 조금 더 접했으면 하는 기대를 가지고 평신도 양육자로 지원했다.

"양육자로서의 기대는 그리스도 예수 안에서 같은 신앙의 길을 걸어가는 성도끼리 감히 다른 이를 양육한다기보다는, 제가 배운 바른 신앙 교리를 나누고 그리스도 안에서 말씀을 살아낼 때 맛보는 주님의 큰 은혜와 기쁨이 주변으로 흘러가길 바랐습니다. 동반자를 향한 기대는 성삼위일체 하나님을 바르게 알고, 바른 신앙관을 가지고 말씀을 살아내어 주변으로 선하게 주님의 은혜와 능력을 흘려보내길 바랐습니다."(양육자 6)

양육자 6은 제자훈련을 통해서 성도 상호 간 말씀을 나누고 삶의 자리에서 살아냄으로써 주님이 주시는 은혜와 기쁨을 맛보기를 기대했다. 또한 동반자가 하나님을 바로 알고 바른 신앙관을 가지고 살아감으로써 주변에 하나님의 은혜와 능력을 선하게 흘려보내는 사람으로 세워지기를 기대했다.

"양육자로서의 기대는 대학 시절과 결혼 전에 했던 일대일 제자양육의 유익과 기쁨을 알았기에 그때의 은혜를 다시 경험하고 싶었습니다. 사모가 되고 육아에 매이면서 말씀을 배우고 나눌 수 있는 기회들이 많지 않다 보니 갈급함이 있었습니다. 동반자에 대한 기대는 교회를 나온 지 얼마 되지 않았고 예수님에 대해서 잘 알지 못하는 분이었기 때문에 일차적으로는 복음을 전하고 싶었습니다. 복음을 듣고 예수 그리스도를 영접하게 되기를 기대했고 복음과 신앙의 기초 안에 조금 더 하나님을 알아가길 원했습니다. 그 당시 구역에 막 속해서 구역모임을 시작하는 단계였기 때문에 말씀에 대해서 알아가면서 구역에 잘 정착하기를 바랐습니다."(양육자 8)

양육자 8은 과거에 제자훈련의 유익과 기쁨을 경험하고 알았기에 그 은혜들을 다시 누리고 싶은 기대가 있었다. 또한 동반자가 새신자였기 때문에 예수 그리스도를 영접하기를 기대했고 하나님을 알아가기를 소망했다. 또한 구역에 잘 정착하는 계기가 되기를 기대했다.

여덟 명의 평신도 양육자들이 밝힌 평신도 양육자로서의 기대는 역시 다양하였던 것을 발견할 수 있다. 양육자들은 동반자가 교회에 잘 정착하여 예수님의 제자가 되는 것, 하나님과의 인격적인 만남과 하나님의 주권을 인정하는 성도가 되는 것, 구원의 확신을 갖는 것, 믿음의 성장과 확고함을 갖는 것, 예배생활 및 교회 봉사에 자발적으로 참여하는 것, 주님이 주신 은혜를 주변으로 흘려보내는 사람으로 세워지는 것, 새신자가 복음을 영접하고 교회에 잘 정착하는 것 등의 기대가 있었다. 양육자들의 기대는 그들이 제자훈련을 하기로 결정한 동반자들이 처한 상황과 연관이 있음을 알 수 있었다. 동반자들이 직면한 연약함이 양육자들에게는 제자훈련을 통해 변화가 일어나기 원하는 기대로 표현되었다.

양육자 중 네 명은 제자훈련이 자신에게 가져올 변화도 동시에 기대하였다. 전도한 영혼을 양육하면서 함께 성장하고 싶은 마음과 영혼을 사랑으로 섬기며 그를 위해 희생할 수 있는 성숙한 마음의 변화와 제자훈련을 통한 은혜와 기쁨을 맛보며 누리고 싶은 기대가 있었다.

이러한 결과들은 내가 생각한 것 이상의 기대들이었다. 평신도 양육자들은 자신이 양육할 동반자들에 대한 이해가 높았고, 동반자들의 필요를 잘 파악하고 있었다. 그 필요들을 채워주고 싶은 마음이 평신도 양육자로 지원한 그들의 기대였다. 교역자의 생각이 미치지 못하는 부분까지 평신도 양육자는 생각하고 기대하고 있었다. 평신도 양육자는 귀한 하나님 나라의 동역자이다.

평신도 양육자들이
동반자를 선택하는 기준이 있다

✝

앞에서 살펴본 대로 평신도 양육자들은 다양한 동기와 기대를 가지고 제자훈련을 시작하였다. 면접 조사를 통해 알고 싶었던 것 중 하나는 평신도 양육자들이 어떤 사람들을 제자훈련 할 동반자로 선택하였는가였다. 체계가 잘 갖추어진 온누리교회의 경우는 일대일 양육 사역팀 내에 일대일 연결부에서 이 사역을 담당한다. 하지만 상현교회는 이제 막 시작하는 단계였고 별도의 사역팀이 없었기에 나는 제자양육의 마지막 부분에서 어떤 사람을 양육할지 기도하면서 찾아보라는 권면을 한 상황이었다. 양육자들의 답변은 다음과 같았다.

"구역 식구를 선택했습니다. 구역 식구 두 분으로 시작했습니다. 전도한 영혼들이 많고 사역이 바쁘다 보니 구역 식구부터 먼저 해야겠다는 생각이 들었습니다. 또한 구역 식구도 저와 하기를 원해서 시작하게 되었습니다."(양육자 1)

양육자 1의 경우는 자신의 구역원들을 동반자로 선택하였다. 양육자 1은 평소에 전도를 많이 하여서 돌보고 챙겨야 할 영혼들이 많았다. 그런 상황에서 먼저 구역 식구들을 양육하기로 결정하였다. 또한 구역장과 함께 제자훈련을 하고 싶어하는 구역 식구가 있어서 서로의 마음이 잘 맞았다.

> "구역원들, 구역원 구성원 안에서 새롭게 등록한 새가족으로 시작했습니다. ○○○ 성도님과 △△△ 집사님은 새가족이었습니다. △△△ 집사님은 상현교회에 와서 신앙생활이 시작되었고, ○○○ 성도님은 어릴 적에 크리스마스 때 초코파이 먹으러 갔던 것이 다였습니다. 그분은 궁금한 것들이 많았습니다. 말씀에 대한 가장 큰 궁금증을 가진 분들이었습니다. △△△집사님은 양육을 받고 싶은 마음이 컸습니다. 그래서 1:1로 양육을 했습니다."(양육자 2)

양육자 2는 구역 식구 중에서 말씀에 대한 궁금증을 가진 성도를 동반자로 선택하였다. 또한 신앙생활을 시작한 지 얼마 안 된 새가족과 교회에 나온 연수는 조금 있었지만 체계적인 교육을 받아본 적이 없는 구역원을 동반자로 선택했다. 또한 제자훈련을 받고 싶어하는 구역원을 훈련 대상자로 선택했다.

> "일단 기도를 했습니다. '하나님 제가 양육을 해야 하는데 어떤 사람을 양육하면 좋을까요?'라고 여러 번 기도할 때, 기도 중에 떠오르는 사람이 있었습니다. 저의 사역은 주로 이렇게 이루어졌습니다. 저는 기도하면서 떠오르는 사람을 동반자로 선택했습니다. 또 다른 경우는 ○○○ 집사님을 보는 순간 제자훈련을 해야겠다는 마음이 들었습니다. 인간적으로는 안 하려고 할 것 같았지만 자꾸 눈에 들어와서 제자훈련에 대해 물어보았습니다. '○○○ 집사님, 이리 와

봐. 자기야 내가 기도를 하는데 하나님이 자기를 제자훈련하라고 마음을 주신다. 그런데 결정은 자기에게 달렸어. 해도 되고 안 해도 돼'라고 이야기했습니다. 3일 지나도 연락이 없었습니다. '하나님, 마음은 ○○○와 하라고 하시는데 ○○○가 대답을 안 합니다. 어떻게 할까요?' 기도하다가 ○○○ 집사님을 만나 다시 물었습니다. ○○○ 집사님은 마음은 정말 하고 싶은데 교통편이 문제라고 했습니다. 그러면 택시 타고 오면 데려다주는 것은 내가 하겠다고 했습니다. 또한 번은 '하나님 이번 텀은 쉬고 싶어요' 하던 상황이었습니다. 그날은 연합예배를 드리는 날이었습니다. △△△ 성도님과 □□□ 집사님을 데리고 교회카페에서 이야기를 했습니다. △△△ 성도님은 등록한 지 얼마 안 된 분이었습니다. 이야기를 듣는데 마음에서 정말 △△△ 성도님을 제자훈련해야 한다는 마음이 들었습니다. 하나님이 '저 사람을 훈련하라고 그러시는구나'라고 생각했습니다. "□□□ 집사님, 제자훈련합시다! □□□ 집사님이 제자훈련을 받으면서 △△△ 성도님도 함께합시다"라고 했더니 둘 다 오케이 했습니다."(양육자 3)

양육자 3은 평소에 기도를 많이 하는 구역장이다. 제자훈련을 위해서 어떤 사람을 동반자로 선택해야 할지에 대해서도 기도로 하나님께 물었다. 기도하는 가운데 떠오르는 사람을 데리고 제자훈련을 시작했다. 처음에는 구역 식구 중 두 명을 동반자로 선택해서 제자훈련을 했다. 그다음에는 다른 구역에 속한 성도인데 같은 여전도회에 소속된 지인을 동반자로 선택했다. 본인이 기도 응답을 받았지만 강요하지 않고 상대방의 선택을 존중하면서 진행했다. 쉬고 싶은 마음이 있었지만 하나님이 마음에 주시는 감동에 순종하여 제자훈련을 권유했을 때 믿음의 반응들을 경험하였다.

"가장 가까이 있고 저를 또 가장 잘 알 수 있고, 저와 항상 대면하면서 신뢰감이 있고, 제가 실수를 해도 저를 잘 알기에 이해해 줄 수 있고 마음 편하게 전할 수 있을 것 같아서 구역 식구를 택하게 되었습니다."(양육자 4)

양육자 4는 구역 식구를 동반자로 선택했다. 그 이유는 자신과 가장 가까이 있으며 자신을 잘 알기 때문이다. 처음 양육을 하는 것이어서 긴장을 많이 했는데 구역 식구는 서로 신뢰감이 있기에 혹시 실수하더라도 이해해 줄 수 있을 것 같아서 선택했다고 답변했다.

"제가 동반자를 직접 선택하지는 않았습니다. 당시 구역장 권사님의 권유가 있었습니다. ○○○ 집사님이 일을 하기에 교역자가 하는 제자훈련을 받고 싶었는데 시간이 맞지 않아서 못했고, 저는 제자훈련을 받은 상태니까 서로 연결해서 하면 좋겠다고 말씀을 하셔서 시작하게 되었습니다."(양육자 6)

양육자 6은 동반자를 직접 선택하지 않았다. 당시 구역장 권사님이 양육자 6이 제자훈련을 받은 것을 알고 있었다. 같은 구역 식구인 ○○○ 집사님이 제자훈련에 참여하고 싶은데 직장 시간과 교회의 양육 시간이 맞지 않아서 훈련이 어려운 상황이었다. 구역장님이 양쪽의 상황을 알고 가운데서 연결해 주어서 동반자를 만나게 되었다.

양육자 7은 제자훈련을 마치고 2년이 지난 후 자신의 구역으로 온 집사님을 동반자로 삼았다. 구역에 새로 온 집사님이 앞으로 구역장으로 구역을 이끌어 갈 수 있을 것 같다는 생각이 들어서 차기 구역장으로 생각하고 구역원을 제자훈련하였다.

양육자 8은 목회자 사모로서 따로 구역모임에 속해있지 않았다. 그래서 누구를 양육해야 할지 생각하며 기도했다. 마침 자녀의 친구 엄마가 교회에 등록했고, 아이들이 노는 시간에 교제하며 관계를 형성한 후 제자훈련을 제안하였고 자녀 친구의 엄마가 승낙함으로써 동반자로 삼게 되었다.

양육자들이 동반자로 선택한 사람들 대부분은 자신들의 구역원이었다. 대부분의 양육자들이 구역장이었으므로 구역원들의 상황들을 잘 알고 있었고 제자훈련이 구역원들에게 도움이 될 것이라는 마음을 가지고 권면했다. 또한 처음 제자양육을 하는 상황에서 이미 사전에 친분이 있고 신뢰가 쌓여있는 사람들을 선택하였다. 구역원이 아닌 경우도 교회 내에서 친분이 있는 성도를 동반자로 삼았다. 교회에서 인위적으로 양육자와 동반자를 연결해 주지 않았기에, 몇몇 양육자는 기도하면서 하나님이 만나게 하신 영혼을 동반자로 삼았다. 이모든 배후에는 보이지 않는 하나님의 손길이 있었음을 알 수 있었다.

평신도 양육자들은 제자훈련 후 여러 차원의 변화를 경험했다

✝

나는 제자훈련을 통해서 많은 은혜를 경험했다. 제자훈련 과정에서 교재에 있는 주제를 대할 때마다 나의 모습을 돌아보며 새롭게 하는 시간을 가졌다. 나는 그 은혜를 평신도 양육자들도 경험하기를 소망하였다. 그런데 평신도 양육자들과 인터뷰를 해보니 내가 기대했던 것 이상으로 많은 유익이 있었고 삶의 변화가 생겼음을 확인하게 되었다. 평신도 양육자들의 입으로 고백한 여러 차원의 변화들을 소개하면 다음과 같다.

첫째, 말씀묵상(QT)을 생활화하고 성경을 규칙적으로 읽게 되었다. 평신도 양육자들은 동반자를 제자훈련하는 기간 동안 양육자 스스로가 말씀묵상(QT)을 생활화하였고 성경을 규칙적으로 읽는 삶으로의 변화를 경험하였다.

둘째, 제자훈련 때 배운 내용들이 정리되었고 깊이 이해하게 되었다. 양육자들은 평신도 동반자를 위한 제자훈련을 준비하면서 자신이 교역자와 제자훈련하면서 배웠던 내용들을 다시 정리하며 깊이 깨닫게 되었다.

셋째, 제자훈련을 위해 기도하는 사람이 되었다. 양육자들은 동반자들을 제자훈련하기 위해서 많은 기도로 준비하였다. 제자훈련을 잘 감당할 수 있도록 지혜를 구하고 입술의 능력을 구했다. 성령님의 도우심을 구하는 기도로 제자훈련을 준비하였고 제자훈련을 하는 동안 끊임없는 기도로 기도생활에 깨어있게 되었다.

넷째, 개인의 예배생활이 변화되었다. 평신도 양육자는 제자훈련 기간 동안 예배의 변화가 있음을 느꼈다. 특별히 설교 말씀을 기록하는 과제를 통해서 예배에 더욱 집중할 수 있게 되었고 말씀의 은혜를 누리는 계기가 되었다. 또한 제자훈련 교재의 내용을 통해서 자신의 예배생활을 돌아보는 기회를 갖게 되었다. 예배를 참관하며 평가하는 시각에서, 예배를 드리는 사람으로의 변화를 경험하기도 하였다. 함께 모여서 드리는 공예배뿐만 아니라 삶의 모든 자리가 하나님을 향한 예배임을 고백하는 양육자도 있었다.

다섯째, 영혼에 대한 사랑과 양육자로서의 비전을 갖게 되었다. 평신도 양육자들은 공통적으로 제자훈련을 통해서 영혼들을 사랑하는 마음을 갖게 되었음을 알 수 있었다. 또한 제자훈련을 통한 은혜를 경험하고 계속 제자훈련을 이어가고 싶은 양육자로서의 비전을 갖게 되었다.

여섯째, 성령 충만을 사모하게 되었다. 제자훈련 체계가 잘되어 있어서 제자훈련을 하는 기간 동안 성령 충만함을 누리는 유익을 누렸다. 성령 충만하지 않을 때는 양육할 때 분위기가 메마르고 말씀이 전달되지 않는 것을 경험하였기에 제자훈련의 16주 동안 성령 충만을 사모하였다. 또한 제자훈련의 말씀을 전하면서 성령으로 충만해지는 것을 경험하였다.

일곱째, 동반자들을 더 잘 이해하게 되었다. 제자훈련을 통해서 동반자들을 더 잘 알 수 있게 된 것이 유익했다고 하였다. 구역예배를 오랫동안 드려왔지만 동반자가 생각하는 하나님에 대한 이해와 하나님과의 관계를 잘 알지 못하였다. 하지만 제자훈련을 통해서 동반자가 생각하는 하나님은 어떤 분인지, 얼마나 신뢰하고 믿고 따르려고 하는지, 하나님과 어떻게 동행하며 살고 있는지를 확인할 수 있었다. 그것을 통해서 동반자들을 더 잘 이해하게 되었다.

여덟째, 신앙의 순수성을 유지하게 되었다. 동반자들을 제자훈련하는 과정을 통해서 오랜 신앙생활을 한 묵은 성도와 대비되는 초신자적인 순수성을 회복하게 되었다. 동반자들이 가지고 있는 순수한 생각들을 접하면서 잊고 있던 신앙의 순수성을 찾아가게 되었다. 제자훈련은 순간순간 흐트러지는 자신을 빨리 발견하게 하고 본래의 자리로 돌아가도록 도와주었다. 또한 그리스도인이 알아야 할 기초를 가르치며 양육자 역시 기본에서 다시 출발하는 새로운 마음을 갖게 된 것이 좋았다. 그 시간들을 통해서 딴마음을 품지 않고 오직 예수님께로 향하게 하는 민감함을 유지할 수 있는 것이 양육자로서 가지는 가장 좋은 유익이라고 느꼈다.

아홉째, 하나님에 대한 관점이 변화되었다. 이전에는 하나님을 높으신 분, 위대하신 분, 권위적인 분으로만 생각해서 하나님이 멀게 느껴졌고 어떤 문제에 봉착했을 때 자신의 힘으로 무엇인가를 하려고 했다. 그런데 제자훈련을 하면서 하나님의 속성에 대해 구체적으로 알게 되었고 하나님은 자신을 사랑하시고 인도하시고 잘 알고 계시는 아버지이심을 경험하게 되었다. 어려움이 있을 때 아버지 하나님께 담대하게 나아갈 수 있는 믿음이 생겼다.

열째, 말씀을 실천하려고 애쓰게 되었다. 양육자가 말씀대로 살아내야 동반자에게 진실할 수 있어서 더욱 말씀대로 실천하려고 노력하는 시간을 갖게 되었다. 그렇게 말씀을 실천하기 위해 애쓰는 삶의 변화를 경험하였다. 동반자를 양육하는 시간들을 통해서 주님과 친밀히 동행함을 느꼈다.

열한째, 익숙한 것들이 새롭게 다가오게 되었다. 주변 사람들 대부분이 신앙생활을 오래 했던 사람들이었다. 그런데 제자훈련의 동반자는 교회에 출석한 지 얼마 안 되는 성도였다. 제자훈련을 통해 초신자의 낯설고 생소한 마음과 생각을 접할 수 있는 기회가 되어서 좋았다. 익숙한 것들이 새롭게 다가오는 유익을 누렸다.

열두째, 영혼을 돌보는 큰 책임감을 갖게 되었다. 청년 시절에 제자훈련 사역을 하였고 오랜만에 다시 시작한다는 사실에 심적인 부담감이 있었다. 무엇보다도 동반자가 이제 막 교회에 등록한 새신자였기에 더 큰 책임감을 느꼈다.

열셋째, 동반자의 신앙생활에 큰 변화를 보게 되었다. 동반자 중에는 제자훈련이 끝난 후 3년이 지난 시점에도 성령 충만하여 새벽기도회에 참석하고 있고 구역원으로 구역의 일도 적극적으로 섬기고 있다. 말씀을 사모하면서 하나님과 잘 교제하고 있는 것을 보게 되었다.

열넷째, 동반자의 예배생활의 변화를 보게 되었다. 동반자들에게서 예배에 임하는 태도의 변화를 보았다. 또한 동반자들은 구역예배 참석 태도 역시 변화를 보였다. 더 집중해서 말씀을 들으려고 하며 구역예배에 잘 참석하게 되었다. 구역 예배 시 나눔이 달라졌고 대표기도를 안 하던 동반자들이 제자훈련 이후에는 대표기도를 시작하게 되었다. 주일예배를 잘 드리지 못했던 동반자들이 주일예배를 잘 참석하게 되었고 수요예배와 금요저녁기도회까지 참석하는 동반자들도 생겼다. 믿어지지 않았던 것이 믿어지게 되었고 그동안 움켜쥐고 있었던 것을 펴고 하나님께 맡겨드리게 된 경우도 있었다.

열다섯째, 동반자들 사이에 새로운 만남과 친교가 일어났다. 한 양육자는 한 번에 세 명의 동반자를 데리고 양육했는데 그 안에서 새로운 만남과 친교가 이루어져서 좋았다고 하였다. 또한 한 동반자의 경우 제자훈련 이후에 지속적으로 말씀묵상(QT)을 하고 있고, 다른 동반자의 경우 구역예배에 잘 참석하게 되었고 얼굴과 발걸음과 표정이 달라졌다. 집에서도 소파 가까운 곳에 성경책을 두고 텔레비전이 아닌 성경을 보게 되었다. 동반자에게서 예배에 대한 회복이 많이 일어났다.

열여섯째, 새신자가 교회에 잘 정착하게 되었다. 동반자 중에는 교회에 등록한 지 1년이 되지 않은 새신자가 있었다. 제자훈련을 통해서 구역원들에게 좀 더 마음을 열고 구역예배에 적극적으로 참석하게 되었다. 제자훈련을 받는 도중에 예수님을 믿는 믿음의 고백을 하였고, 제자훈련 중에 세례교육을 받고 세례를 받았다. 제자훈련을 하면서 얼굴이 조금씩 밝아지는 것을 느낄 수 있었다. 제자훈련의 내용들이 동반자에게는 생소한 것이었기에 다 이해하지는 못한 것 같지만 내용들을 거부하지 않고 동의하는 부분들이 생기는 것을 목격하였다.

이상의 내용들은 아래의 다섯 가지로 정리할 수 있다.

첫째, 평신도 양육자들은 말씀과 기도로 지속적인 영적 성장을 경험하였다. 평신도 양육자는 제자훈련을 준비하기 위해 주교재에 있는 말씀들을 연구하면서 말씀을 더 깊이 이해하게 되었다. 또한 각 주제와 관련된 내용들을 삶의 자리에서 실천하려고 노력하였다. 동반자와 나누기 위하여 설교 말씀을 기록하고 말씀묵상(QT)하는 시간들을 통해서 하나님과의 지속적인 만남을 갖게 되었다. 또한 동반자들에게 말씀을 잘 전하기 위하여 그리고 동반자들이 은혜를 받고 변화되기 위하여 끊임없이 기도함으로써 성령 충만을 경험하게 되었다.

둘째, 평신도 양육자들은 좋은 신앙습관을 갖게 되었다. 본인들이 제자훈련을 받을 때 4개월 동안 과제로 수행하였던 말씀묵상(QT), 주일설교 요약, 성구 암송, 성경 읽기 등을 제자훈련을 시키면서 동일하게 반복하였다. 평신도 양육자로서 최소 4개월에서 최대 16개월(1년에 두 번씩 2년간) 동안 위의 과제들을 반복하면서 좋은 신앙습관들이 형성되었다. 제자훈련을 마친 후에도 말씀묵상(QT), 주일설교 요약, 성경 읽기를 꾸준히 하게 되었다.

셋째, 평신도 양육자들은 능동적인 신앙생활을 하게 되었다. 평신도 양육자들은 제자훈련을 인도하는 사람으로서 더 이상 수동적으로 신앙생활을 하지 않았다. 본인들이 먼저 바른 예배를 드리기에 힘썼다. 예배에 참석하는 태도를 점검하였고 잘못된 부분들을 수정하였다. 자신들의 신앙생활이 동반자들에게 모범이 되어야겠다는 생각으로 말씀과 기도생활에 깨어있을 수 있었다. 또한 함께 모여서 드리는 공예배뿐만 아니라 각자의 삶의 자리가 하나님을 향한 예배임을 인식하며 살게 되었다.

넷째, 평신도 양육자들은 동반자들의 변화를 보며 기쁨을 누렸다. 제자훈련 도중에 예수님을 영접하고 세례받은 동반자가 있었다. 주일 성수를 하지 못하던 동반자가 주일예배를 드리게 되었고, 다른 공예배에 참석하는 동반자들이 생겼다. 공예배와 구역예배를 드리는 태도가 변한 동반자도 있었다. 구역예배 때 자신의 삶에서 받은 은혜들을 잘 나누지 못하던 성도가 자신의 마음을 내놓고 이야기하게 되었다. 성경묵상(QT)을 지속하며 은혜를 누리는 동반자들의 모습과 굳어있었던 표정이 밝아지는 모습을 보며 양육자로서 기쁨을 느꼈다. 삶의 어려움 속에서 말씀을 붙잡고 기도하면서 이겨내는 모습을 보이기도 했다. 이러한 동반자들의 변화를 보며 평신도 양육자들은 보람과 기뻠을 느꼈다.

다섯째, 예수님의 지상대명령(마 28:19-20)에 헌신하게 되었다. 예수님의 최상의 명령은 모든 민족을 제자 삼는 것이다. 끊임없이 재생산하라는 명령의 말씀이다. 평신도 양육자들은 제자훈련을 통해 예수님이 말씀하신 재생산의 사역에 대한 비전을 갖게 되었고 실제 그 사역에 헌신하게 되었다.

물론 제자훈련을 하는 가운데 좋은 점만 있는 것이 아니고 아쉬움도 있었다.

첫째, 충분한 나눔의 시간을 갖지 못한 것에 대해 아쉬움이 남았다. 양육자가 교회에서 맡은 사역이 많고 직장생활을 하다 보니 충분한 시간을 갖고 교제하지 못한 아쉬움이 있었다.

둘째, 양육자로서의 부족함을 느껴서 어려움이 있었다. 말씀을 깊이 있게 연구하고 전달해 주고 싶었는데 그러지 못한 것에 부족함을 느꼈다. 또한 교재의 내용을 반복해서 보아도 새롭게 느껴져서 어려워하는 양육자도 있었다.

셋째, 동반자에게 사정이 생겨서 제자훈련을 마치지 못한 경우도 있었다. 한 양육자가 제자훈련을 하던 중 동반자의 가정에 여러 가지 문제가 생겼다. 동반자가 많이 힘들어했고 결국 제자훈련을 마지막까지 마치지 못했다. 제자훈련을 수료하고 2년 만에 시작한 제자훈련 사역이었는데 마지막까지 진행하지 못해서 어려움을 느꼈다. 평신도 양육자에 의한 제자훈련 중 시작했지만 마지막까지 진행하지 못하고 중단한 유일한 사례였다.

또 한가지 확인한 사실은 반드시 일대일로 제자훈련을 해야 한다는 원칙에 매이지 않아도 괜찮다는 것이다. 두란노 천만일대일사역본부에서 발간한《일대일 나눔 핸드북》에 일대일 십계명이 있는데 그중 두 번째 계명이 단체 양육을 금한다는 내용이다. 그래서 나도 양육자들에게 양육자와 동반자가 일대일로 제자훈련을 실시하는 것을 원칙으로 하였다. 하지만 실제 현장에서는 다른 목소리를 들을 수 있었다. 양육자에 따라서 1:1의 양육방식을 선호하기도 했고, 1:2 또는 1:3의 그룹을 선호하는 양육자도 있었다. 각각의 방식에 장단점이 있으므로 어느 한 가지만 좋다고 말할 수 없는 것 같다. 하지만 반드시 1:1의 원칙에 매이지 않아도 괜찮은 것 같다. 동반자들의 상황에 맞추어서 제자훈련이 잘 진행되는 방법으로 하면 된다.

동반자들이
제자훈련에 참여하게 된 동기가 있다

✝

교역자로부터 제자훈련을 받은 마흔두 명의 성도들 중에서 여덟 명이 평신도 양육자로 세워졌다. 여덟 명의 평신도 양육자를 통해서 3년 동안 스물여섯 명의 성도가 제자훈련을 받았다. 공식적으로 교회에서 동반자를 모집한 것이 아니었는데 평신도 양육자들을 통해서 동반자가 모집되었다. 평신도 양육자가 제자훈련을 하자고 제안했을 때 이에 반응하여 훈련을 받은 동반자들이다. 그들에게 어떤 동기가 있었는지 물어보았더니 아래와 같이 대답했다.

"구역장님이 목사님이 진행하는 제자훈련에 대해서 소개해 주셨어요. 그때 당시는 내가 이것을 받아야 하나? 10년째 교회를 다니는데 성경에 대해서 모르는 게 많지 않은 것 같고, 시간만 낭비하는 것이 아닌가 하는 생각이 들어서 핑계를 댔어요. 그랬더니 권사님이 그럼 나한테 받으라고 말씀하셔서 권사님과 제자훈련을 하게 되었어요. 그때는 성경공부를 하고 싶다는 마음으로 시작한 것이 아니라 권사님을 만나는 게 좋아서 시작했던 것 같아요. 권사님과 만나는 게 너무 좋아서 일주일에 한 번씩 권사님을 만날 수 있다는 게 좋아서 하게 되었어요."(동반자 1)

동반자 1은 교회에 다닌 지 10년이 넘었고 성경에 대해서 어느 정도 알고 있다고 생각하여서 제자훈련에 대한 필요성을 못 느끼고 있었다. 제자훈련이 시간을 낭비하는 것이 될 수 있다고 생각했다. 하지만 구역장 권사님의 적극적인 권면이 있었고 성경을 공부하는 것보다는 평소에 좋아하는 구역장님과 일주일에 한 번씩 일대일로 만날 수 있는 시간을 갖기 위해 제자훈련에 참여하게 되었다.

"이전 구역장 권사님이 권유했어요. 제가 말씀 양육은 처음이거든요. 이전에 신앙생활을 할 때는 예배만 참석하고 기도만 했었는데, 개인적으로 말씀 양육은 처음이어서 부담이 되기도 했지만 권사님께서 옆에서 자꾸 권유하셔서 순종하는 마음으로, 이왕 권유받은 거 한번 해보자는 마음으로 시작했어요."(동반자 2)

동반자 2는 이전 구역장 권사님의 권유를 받았다. 동반자 2의 신앙 여정은 주로 주일예배에 참석하고 개인적으로 기도하는 시간을 가졌었다. 제자훈련의 경험이 없었는데 이전 구역장 권사님의 끊임없는 권유에 순종하는 마음으로 시작했다.

"제가 어떤 일을 할 때 머리로 먼저 일을 하고 행동으로 옮기는데 하나님에 대한 이해도 그렇고 말씀도 어렵게 느껴져 겉으로만 교인이라고 내비치고 있는 것 같았어요. 구역장 권사님이 제자양육을 받으면 은혜받고 말씀을 알아가고 신앙생활을 하는 데 도움이 될 거라고 꾸준히 말씀해 주셨어요. 그래서 그 또한 마음을 먹고 있는 상황에서 결심하게 되었어요."(동반자 3)

동반자 3 역시 구역장 권사님의 꾸준한 권면이 있었다. 하나님에 대한 이해와 성경을 알고 싶은 마음이 있었는데, 구역장 권사님이 제자훈련을 받으면 은혜를 받고 말씀을 알아가며 신앙생활에 도움이 될 것이라는 이야기에 마음이 끌렸다.

"같은 여전도회에 속한 권사님의 권유가 있었어요. 권사님이 기도 중에 저를 제자훈련해야 한다는 강렬한 신호가 있으셨다고 했어요. 목사님께 양육받을 수 있는 상황이었는데, 권사님의 간곡한 모습 그리고 저를 위해 기도를 하면서 그런 신호를 받은 것 때문에 권사님과 제자훈련을 하게 됐어요. 제가 훈련받기 전에 권사님이 두 분의 집사님 양육을 마치셨어요. 두 분의 양육을 끝낸 다음에 기도 중에 저를 지목했어요. 그래서 일대일 양육을 하게 되었어요. 결국 권사님의 기도와 권유로 시작하게 되었어요."(동반자 4)

동반자 4는 같은 여전도회 권사님으로부터 권유를 받았다. 상황적으로는 교역자가 인도하는 제자훈련에 참석할 수 있었다. 하지만 권사님이 기도 중에 함께 제자훈련을 해야 한다는 강렬한 신호를 받았다는 이야기를 전해 듣고 권사님과 제자훈련을 시작하게 되었다. 자신을 위해 기도하면서 하나님의 응답을 받았다는 권사님의 간곡한 모습에 감동을 받고 시작하게 되었다.

"본격적으로 신앙생활 시작한 지 10여 년 되었지만 제대로 훈련을 받아본 적이 없고, 혼자서 말씀을 묵상하기도 쉽지 않고, 그래서 이것을 제대로 내 것으로 만들어 보자는 생각에 지원하게 되었어요. 예전에 교회에서 알파코스를 한 적은 있었지만 말씀을 제대로 공부해 본 적은 없었던 것 같아요. 성경을 제대로 공부해 보고 싶어서 지원하게 되었어요."(동반자 5)

동반자 5는 본격적으로 신앙생활을 시작한 지 10여 년이 되었지만 제대로 된 훈련을 받아본 적이 없었다. 말씀을 더 잘 이해하고 묵상하고 싶었지만 제대로 성경을 공부해 볼 기회가 없었다. 그런 상황에서 구역장 권사님의 제자훈련에 대한 초청이 있었고 그 초청에 응답해서 시작하게 되었다.

"신앙생활을 한 지는 20년이 되었지만 이사를 하면서 교회도 몇 번 옮기고 의문점이 몇 개 있었는데 풀리지를 않았어요. 언니한테 물어봐도 시원하게 대답을 못 해주기도 했고요. 언니가 목사님과 성경공부를 했는데 너무 좋았다고 추천을 해줘서 구역장 집사님과 일대일 성경공부를 시작하게 되었어요."(동반자 6)

동반자 6은 신앙생활을 시작한 지 20여 년이 되었는데 자주 이사를 다니면서 한 교회에 오래 머물 수 없었고 말씀으로 양육을 받을 기회가 없었다. 또한 신앙에 대한 궁금증들이 있었는데 해소되지 않았다. 제자훈련을 통해 그런 신앙의 궁금증들을 해소해 보고 싶은 마음에 시작하게 되었다.

"목사님이 제자훈련을 하신다는 소식은 들었지만 직장생활로 시간이 안 맞아서 못했는데, 구역장 권사님이 했으면 좋겠다고 말씀하셨어요. 같은 구역에 ○○○ 집사님이 신앙심이 깊은데 목사님과 제자훈련을 마쳤고, ○○○ 집사님한테 일대일로 양육을 받으면 좋겠다고 먼저 제안을 해주셨어요. 1주일에 한 번 서로 시간을 조정해서 모임을 할 수 있었어요."(동반자 7)

동반자 7은 교역자가 하는 제자훈련에 참여하고 싶었지만 직장생활과 제자훈련 시간이 겹쳐서 지원하지 못했다. 구역장 권사님이 교역자에게 제자훈련을 받은 한 집사님을 소개해 주셨다. 교역자와 제자훈련하는 과정에 시간이 맞지 않아서 참석하지 못했는데, 집사님과 일대일로 제자훈련하는 것은 서로 시간 조정이 가능한 상황이어서 시작할 수 있었다.

"구역장 권사님이 제자훈련에 대해서 이야기하셨는데 참석하지 않았습니다. 핑계라고 한다면 시간이 맞지 않았던 것 같습니다. 제자훈련은 권사님의 권유로 시작했습니다. 다른 시간이면 안 했을 텐데 구역예배 전에 한다고 해서 하기로 했습니다. 어차피 구역예배 시간은 비워뒀으니까 조금 빨리 나와서 했습니다. 제자훈련 후 이어서 구역예배를 드렸습니다."(동반자 8)

동반자 8은 구역장님으로부터 제자훈련에 대한 이야기를 들었지만 시간이 맞지 않아서 참석하지 않았다. 구역장 권사님이 구역예배 전에 제자훈련을 하고 구역예배를 드리자고 권면했을 때, 시간이 가능할 것 같아서 승낙하고 시작했다.

"구역장 권사님이 강권하며 '꼭 해야 한다, 하자!'고 말씀하셔서 하게 되었습니다. 그때는 일도 안 하고 있었고, 구역장 권사님이 워낙 전달을 잘하는 분이어서 '한 번 해보지 뭐'라고 결심하게 되었습니다."(동반자 9)

동반자 9는 구역장 권사님이 강권하셨다. 평소 말씀을 잘 전달하는 구역장님의 "꼭 해야 한다, 하자!"라는 권면을 받아들여서 시작하게 되었다.

"구역예배 때 나눔을 하면서, 신앙이 성장했으면 좋겠는데 그런 기회들이 없는 것 같다는 이야기를 나누었어요. 그 후 구역장 권사님이 이런 성경공부가 있는데 같이 해보는 것이 어떻겠냐고 하셔서 시작하게 되었어요. 그 당시 제가 심적으로 힘든 것들도 있고 해서 권사님과 시작하게 되었어요."(동반자 10)

동반자 10은 신앙적으로 성장하고 싶은 마음이 있었다. 기회를 찾고 있었는데 구역장 권사님이 제자훈련을 권유하셨다. 당시 심적으로 힘든 일들이 있고 해서 권사님과 제자훈련을 하기로 결정하였다.

면접 조사를 통하여 동반자들이 저마다 다양한 동기를 가지고 제자훈련에 지원하게 된 것을 알 수 있다. 조사에 참여한 열 명의 동반자 모두에게 있어서 가장 큰 동기는 평신도 양육자의 권면이었다. 또한 제자훈련하는 양육자와의 일대일 만남이 좋아서, 구역장님의 권유에 순종하는 마음으로, 양육자의 간곡한 권유에 감동하여서, 성경을 공부해 보고 싶어서, 신앙의 의문점을 해소하고 싶어서, 제자훈련 시간이 맞고 시간 조절이 가능해서, 신앙 성장의 기회가 될 것 같아서 등 다양한 동기를 가지고 제자훈련을 시작하였음을 알 수 있다.

동반자들은
기대를 가지고 제자훈련에 참여한다

✝

평신도 양육자를 통한 제자훈련은 한 주도 쉬지 않고 열심히 진행해도 4개월이나 걸린다. 분주한 일상 가운데 4개월 동안 매주 과제를 하고 시간을 내어 2시간 이상 말씀을 공부한다는 것은 결코 쉬운 일이 아니다. 기간이 길어서 부담을 가지고 시작하기를 어려워하는 성도들이 많았다. 그럼에도 불구하고 제자훈련에 지원한 동반자들은 나름대로의 기대가 있었다. 그들이 가지고 있던 기대가 무엇인지 들어 보았다.

"기대했던 것은 성경에 대해서 어느 정도 안다고 생각했기 때문에 권사님과의 만남을 기대했어요."(동반자 1)

동반자 1은 제자훈련에 대한 기대가 없었다. 제자훈련을 성경공부라고 생각하였고 성경에 대한 어느 정도 지식이 있다고 생각했었다. 그래서 평소에 좋아하고 함께하고 싶었던 구역장 권사님과의 일대일 만남 자체를 기대하였다.

"주님이 내 마음에 항상 계시지만 아이 때문에 힘든 상태에 있었어요. 아이가 학교를 잘 안 다니려고 했거든요. 제가 힘든 상태였고, 일대일 제자훈련을 하면 다른 사람이 있을 때 내어놓지 못하는 이야기들도 할 수 있으니까. 그리고 내 삶에 변화가 있었으면 좋겠다는 마음이 있었어요."(동반자 2)

동반자 2는 자녀 문제로 어려운 상황에 놓여있었다. 자녀가 방황하는 시간을 겪고 있어서 자신의 속마음을 터놓고 이야기하고 싶은 상황이었다. 구역모임 때는 여러 사람들이 있어서 속마음을 다 내어놓지 못했는데, 평신도 양육자와의 일대일 만남은 그런 이야기들을 다할 수 있을 것 같은 기대가 있었다. 또한 제자훈련을 통해서 삶의 변화가 있었으면 좋겠다는 기대를 가지고 있었다.

"수요일과 목요일을 연달아 교회에 나오는 것이 쉽지 않은 상황에서 양육을 받겠다고 한 것은 기대가 있었기 때문이었어요. 어떤 기대였느냐면, 지금처럼 늘 한결같은, 무난하고 평이한, 좋게 말하면 안일한 신앙생활에서 자꾸 듣고, 보고 하다 보면 조금은 다시 '확!' 회복하는 계기가 될 것 같았어요. 저 혼자 매일 말씀을 듣고 암송하는 것은 어렵더라고요. 하지만 저는 주어진 과제는 잘해요. 누군가와 함께하면 싫든 좋든 해내니까 제자훈련을 받으면 좋겠다고 생각했어요."(동반자 4)

동반자 4는 교회와 집의 거리가 먼 상황에서 주중에 두 번 교회에 나오는 것이 부담이었다. 하지만 제자훈련을 받겠다고 결정한 것에는 기대하는 바가 있었기 때문이라고 했다. 혼자서 할 수 없는 경건의 훈련을 양육자와 함께하다 보면 안일한 신앙생활에서 벗어나 회복의 계기가 될 것 같은 기대가 있었다.

> "목사님의 설교를 듣고 성경을 읽으면서 궁금한 것들이나 이해되지 않는 부분들이 있었어요. 하지만 평신도로서 목사님께 직접 물어보기가 어려웠어요. 그런데 아무래도 권사님은 편하니 좀 더 구체적으로 물어보기도 하고 말씀묵상하는 것들에 대해서도 물어볼 수 있겠다는 기대가 있었어요."(동반자 5)

동반자 5는 설교 말씀을 들으면서 궁금한 것들이나 이해되지 않는 부분이 있었는데 그것을 교역자에게 직접 묻기가 쉽지 않았다. 그런데 구역장 권사님과 제자훈련을 통해서 좀 더 편하게 성경에 대한 다양한 것들을 물어볼 수 있고 궁금증들을 해소할 수 있겠다는 기대를 가지고 시작했다.

> "사실 어떻게 진행되는지 전혀 모르는 상황에서 누군가에게 이야기할 수 있다는 것만으로도 감사하게 생각했던 것 같아요. 처음에는 기대를 안 했지만 공부를 하면서 너무너무 은혜가 커져서 왜 이것을 해야 하는지를 많이 느꼈어요."(동반자 7)

동반자 7은 제자훈련의 제의를 받았을 때 가족의 건강상의 문제로 어려운 상황에 놓여있었다. 제자훈련이 구체적으로 어떻게 진행되는지 알지 못했고 시작할 때는 별다른 기대가 없었지만 누군가에게 속마음을 이야기할 수 있다는 사실 자체만으로도 좋다고 생각했다.

"제가 모태신앙이라고 하지만 주일만 나갔기에 기초적인 성경공부를 하면서 좀 쌓여가면 좋겠다는 생각을 했었습니다."(동반자 8)

동반자 8은 모태신앙이지만 교회의 성경공부나 제자훈련 프로그램에 참여하였던 적이 거의 없었다. 그래서 제자훈련을 통해 성경적 지식을 쌓을 수 있겠다는 기대가 있었다.

"좀 더 하나님과 가까워지고 말씀을 좀 더 가까이할 수 있는 계기가 됐으면 좋겠다는 생각으로 시작했습니다."(동반자 9)

동반자 9는 하나님과 더 가까워지고 하나님의 말씀과 가까이할 수 있는 계기가 됐으면 좋겠다는 기대를 가지고 제자훈련에 임했다.

"신앙생활은 오래 했으나 영적 성장이 더딘 것 같았고 성경에 대해서도 잘 몰랐어요. 주일에 말씀 듣고 위로받는 정도였기에, 영적인 성장을 기대하고 시작했던 것 같아요."(동반자 10)

동반자 10은 성경에 대해서 더 잘 알고 싶고 영적인 성장을 기대하며 제자훈련을 시작했다.

제자훈련에 참여하게 된 동반자들이 어떤 기대를 가지고 있었는지에 대해 정리해 보면 다음과 같다. 제자훈련에 대한 기대감은 없이 양육자와의 만남을 기대한 경우, 삶의 변화를 기대한 경우, 안일한 신앙생활에서의 변화를 기대한 경우, 성경에 대한 궁금증들을 질문하여 답을 얻고 싶은 경우, 양육자와의 나눔을 기대한 경우, 성경공부를 통해 신앙의 뼈대가 세워지는 것을 기대한 경우, 하나님과 말씀과 가까워지기 원했던 경우, 영적인 성장을 기대한 경우 등이 있었다. 동반자들이 처한 영적 상황에 따라서 다양한 기대를 가지고 시작했던 것을 발견할 수 있다.

평신도 양육자가 실시하는
제자훈련에 참여하게 된 이유가 있다

✝

공식적으로 교회에서 2년 동안(2017~2018년) 교역자와 함께하는 여섯 번의 제자훈련의 기회가 있었다. 그런데 교역자와의 제자훈련에 신청하지 않고 평신도 양육자를 통해서 실시하는 제자훈련에 참여하게 된 성도들이 있었다. 왜 그들이 교역자와 하는 제자훈련보다 평신도 양육자와 함께하는 제자훈련 과정을 선택했는지 그 동기가 알고 싶었다. 동반자들의 이야기는 다음과 같다.

"목사님과 함께하는 제자훈련에는 자신감도 없었고 참여하는 것 자체가 민폐라는 생각이 들었어요. 제가 믿음에 대한, 하나님에 대한 확신이 없었다고 할까요. 뭔가 교회의 교육에 선뜻 참석하기가 어려웠어요. 그리고 초반에는 주일성수도 잘하지 못했어요. 권사님과의 제자훈련은 오히려 편하게 하고 싶은 이야기들을 그대로 할 수 있어서 좋았어요. 권사님과의 관계도 있어서 더 편했던 것 같아요."(동반자 3)

동반자 3은 교역자가 인도하는 제자훈련에 참여할 자신이 없었다고 했다. 믿음과 하나님에 대한 확신이 부족한 것 같아서 제자훈련에 참여하는 것이 다른 성도에게 피해가 될 것 같다는 생각을 하였다. 하지만 평신도 양육자인 구역장님과는 이미 편안한 관계가 형성되어 있었기에 하고 싶은 말들을 그대로 할 수 있을 것 같아서 시작하게 되었다.

"당시 수요일에 교회 봉사를 하고 있었기에 목요일에 또 나온다는 것에 대한 부담이 있었어요. 버스를 두 번 타든지, 택시를 타야 하는 것에 대한, 즉 거리에 대한 부담이 있었어요. 그런데 양육자 권사님이 집에 데려다주겠다고까지 이야기하시니까 16주를 감수하면서 시작했어요."(동반자 4)

동반자 4는 교회와 집과의 거리가 먼 성도이다. 수요일 오전에 교회 봉사를 위해 교회에 나왔는데, 교역자가 인도하는 제자훈련에 참석하기 위해서 목요일마다 또다시 교회에 와야 한다는 것에 대한 부담이 있었다. 그래서 참여를 못 했는데, 평신도 양육자가 제자훈련을 권면하면서 교회까지 오면 집에 갈 때는 직접 데려다주겠다고 제안을 하였다. 희생을 감수하면서까지 자신을 훈련시키기 원하는 평신도 양육자의 권면에 제자훈련을 받을 용기를 냈다.

"목사님이 제자훈련을 실시하는 것을 알기는 했지만 구역장 권사님이 특별히 권하지는 않으셨어요. 그래서 지원하지 않았어요. 그런데 권사님이 같이 제자훈련을 해보겠느냐고 물어봤을 때 좋다고 이야기했어요. 0.1초도 고민하지 않고 좋다고 말했었고 제자훈련이 시작되었어요."(동반자 5)

동반자 5는 교역자를 통해 실시되는 제자훈련이 있다는 사실은 알고 있었지만 구역장님이 권하지 않았기에 참여하지 않았다고 했다. 그런 상황에서 구역장님이 제자훈련을 하자고 제안했을 때 즉시 하겠다고 응답하였다.

> "그 당시 호기심은 있었어요. ○○○ 집사님이 아이 친구 엄마여서 제가 전도를 했는데, 언니가 그분이 은혜를 너무 많이 받았다고 하는 말을 듣고 호기심이 생겼어요. 누군가가 나로 인해 전도되어 왔는데 은혜를 받았다고 하니까 '어떻길래 그렇게 좋았다는 걸까? 그렇다면 내 의문도 풀리지 않을까?'라는 생각을 했던 것 같아요. 그래서 시작하게 됐어요."(동반자 6)

동반자 6은 교역자가 인도하는 제자훈련에 호기심을 가지고 있었다. 본인이 전도한 아이 친구 엄마가 제자훈련을 통해 은혜를 많이 받았다는 소식을 전해 들었기 때문이다. 관심은 있었지만 적극적으로 권면하는 사람이 없어서 지켜보고 있었다. 그런데 구역장님이 제자훈련을 하자고 권면하니까 시작하게 되었다.

> "목사님이 제자양육을 하신다는 소식은 들었는데 직장생활로 시간이 안 맞아서 못했어요. 그런데 평신도 양육자와는 1주일에 한 번 서로 시간을 조정해서 모임을 할 수 있었어요."(동반자 7)

동반자 7은 직장생활을 하는 성도이다. 제자훈련을 받고 싶은 마음은 있었는데 교역자가 인도하는 제자훈련 시간과 직장에서 일하는 시간이 겹쳐서 참가할 수 없었다. 그런데 평신도 양육자가 인도하는 제자훈련은 서로 시간 조정이 가능하여 제자훈련을 시작할 수 있었다.

"시간이 맞지 않았던 것 같습니다."(동반자 8)

동반자 8은 역시 교역자가 실시하는 제자훈련 시간과 맞지 않아서 못하고 있었는데, 가능한 시간을 맞추어서 제자훈련을 하자는 구역장님의 말에 응답하여 제자훈련을 시작하게 되었다.

"제자훈련이 소수정예로 하는 것으로 알고 부담스러워서 못했습니다. 권사님들 위주로 하는 것으로 알았습니다. 소모임으로 하는 것이 부담스러웠습니다. 구역장님의 인도로 다른 집사님과 같이 훈련받을 때는 같은 구역 식구니까 오히려 부담이 없었습니다."(동반자 9)

동반자 9는 교역자가 실시하는 제자훈련이 권사님들을 위주로, 소수정예로 실시하는 것으로 알고 있었다. 낯선 성도님들과 훈련받는 것을 부담스러워했다. 하지만 구역장님의 인도로 같은 구역 식구와 함께 제자훈련을 한다고 하였을 때 부담 없이 시작할 수 있었다.

"교역자와의 제자훈련이 있다는 것을 몰랐던 것은 아닌데 제가 성격이 소극적이고 해서 사람들이 많이 모여서 하는 것에는 용기가 없었어요. 소모임으로 제가 좋아하는 분들과 알고 있는 분들

과 할 수 있어서 시작하게 되었어요. 4명의 인원이 딱 좋았던 것 같아요."(동반자 10)

동반자 10은 성격이 소극적이어서 낯선 사람들이 모여서 하는 제자훈련에 참가할 용기가 없었다. 구역장님의 인도로 잘 알고 있는 구역 식구들과 함께 제자훈련을 할 수 있다기에 시작할 수 있었다.

이상의 내용들을 통해서 평신도 양육자와의 제자훈련을 선택한 이유를 정리하면 아래와 같다.

첫째, 평신도 양육자와의 제자훈련은 접근성이 좋기 때문이다. 교역자가 인도하는 제자훈련 과정은 평일 낮 시간과 주일 오후에 모임을 가졌다. 직장생활과 교회에 다니지 않는 가족들로 인해 교회에서 개설한 제자훈련에 참여할 수 없는 성도들이 있었다. 하지만 평신도 양육자와의 제자훈련은 서로 시간을 조정하여 원하는 시간에 만날 수 있었다. 또한 교역자와의 직접적인 만남 가운데 제자훈련하는 것을 부담스러워하는 성도에게는 친숙한 평신도 양육자와의 제자훈련에 마음이 더 끌렸다. 성격이 소극적이어서 낯선 성도와의 만남을 부담스러워하는 성도의 경우 친분이 있는 구역 식구들과 제자훈련하는 것이 편하게 느껴져서 훈련을 받을 수 있었다. 동반자들은 평신도 양육자를 통한 제자훈련이 시간이나 성격의 장벽을 넘어 접근성이 용이해서 선택하였다.

둘째, 평신도 양육자로부터 적극적인 사랑의 권면을 받았기 때문이다. 설문 조사에 참여한 열 명의 동반자 모두에게 있어서 제자훈련에 참여하게 된 가장 큰 동기는 평신도 양육자의 권면에 있었다. 동반자들 중에는 제자훈련의 경험이 없었기에 관심이 없는 성도가 있었고, 관심은 있지만 섣불리 나서지 못하는 경우도 있었다. 이런 상황에서 평신도 양육자들의 적극적인 사랑의 권면은 동반자들이 마음을 열고 제자훈련에 참여할 수 있는 계기가 되었다. 교회의 공식적인 광고로는 이끌어 낼 수 없었던 동반자의 마음을 평신도 양육자들이 움직였다. 평신도 양육자가 인도하는 제자훈련을 통해서 교역자가 할 수 없는 빈틈을 메울 수 있음을 확인하였다.

동반자들은 제자훈련을 받은 후
느끼고 배운 것들이 있다

✝

제자훈련의 주된 내용은 말씀묵상(QT) 나눔과 양육 교재 공부이다. 제자훈련 앞부분에는 한 주간의 말씀묵상 중 한 본문을 택해서 은혜 나누는 시간을 가진다. 하지만 마지막 주제를 다루는 날에는 말씀묵상 나눔을 생략하고 소감 나누는 시간을 가졌다. 그날 주제를 함께 공부해야 하기에 시간의 여유가 없이 짧게 소감을 나눴다. 긴 훈련의 시간에 비해서 그 시간들을 평가하고 돌아보는 시간이 적었다. 면접 조사를 통해서 제자훈련을 통해 느끼고 배우고 새로워진 것이 어떤 것이 있는지 물었다. 동반자들은 자신들의 이야기를 진솔하게 들려주었다. 내용이 많지만 누군가에게는 도움이 될 것 같아서 다 실어본다.

첫째, 제자훈련 과제들을 통해 말씀에 은혜받고 말씀을 사모하게 되었다. 동반자들은 제자훈련의 과제들인 말씀묵상, 성구 암송, 성경 읽기, 주일설교 기록, 일대일 제자양육 교재에 말씀 찾아서 기록하기 등을 통해 말씀에 은혜를 받았고 말씀을 사모하게 되었다.

둘째, 주일설교를 기록하는 과제를 통해 말씀의 은혜를 경험하였다. 동반자들은 특별히 주일설교를 기록하는 과제를 통해서 말씀의 은혜를 경험하였다. 처음에는 의무감으로 시작했다. 설교를 기록하는 것이 부담스러웠는데 시간이 지나면서 말씀을 묵상하게 되고 한 번 더 생각하게 되었다. 설교를 귀 기울여 듣게 되었다. 설교에 집중하다 보니 말씀으로 은혜받았고 책임감이 생겼다.

셋째, 말씀묵상의 중요성을 깨닫고 지속하게 되었다. 동반자들 중에는 말씀묵상을 통한 은혜를 경험하고 제자훈련 이후에도 꾸준히 말씀묵상을 하는 동반자들이 있었다. 제자훈련을 통해서 말씀묵상의 중요성을 알고 경험하게 되었다. 한 동반자는 말씀묵상을 통해 큰 은혜를 경험했다. 제자훈련이 끝나고 4년째 말씀묵상을 이어서 하고 있었다.

넷째, 함께 기도할 때 주시는 은혜를 경험하였다. 동반자들은 제자훈련 기간 동안 양육자와 함께 기도하면서 기도할 때 주시는 응답과 하나님의 은혜를 경험하였다.

다섯째, 대표기도자와 중보기도자가 되었다. 동반자들 중에는 다른 사람들 앞에서 대표기도하는 것을 어려워하는 경우가 있었는데 제자훈련 후 대표기도를 할 수 있게 되었고 중보기도의 중요성을 깨닫고 다른 사람들을 위해 기도하는 중보기도자가 되었다.

여섯째, 진솔한 나눔을 통해 개인의 신앙을 점검하였다. 나눔을 통해서 자신의 신앙을 돌아보게 되었다. 글씨로만 알고 있던 예수님, 어느 정도 예수님을 알고 있다는 교만했던 생각이 나눔을 통해 교정되었고 예수님을 인격적으로 만나게 되었다.

일곱째, 은혜를 다른 사람과 나누고 공유하게 되었다. 이전에는 은혜를 나누는 것이 힘들었는데 제자훈련을 통해서 자신이 받은 은혜를 다른 사람에게 잘 이야기할 수 있게 되었다.

여덟째, 마음속에 쌓인 아픔과 상처를 내놓고 회복을 경험하였다. 일대일의 만남이어서 시간에 구애받지 않고, 다른 사람들을 신경 쓰지 않고 서로의 삶을 나누고 말씀에 대한 의견을 나누는 시간을 가졌다. 자신의 기도제목과 과거의 상처들을 내어놓았다. 일방적인 가르침이 아니었고 양육자도 역시 자신의 이야기를 하는 시간을 통해 눈물을 흘리며 울었다. 마음속에 쌓여있던 것들을 내놓으며 회복되는 유익한 시간을 경험했다.

아홉째, 서로 다른 신앙의 색깔을 이해하게 되었다. 양육자와 동반자가 서로의 이야기를 주고받을 때 은혜를 많이 받았다. 모태신앙과 장성해서 체험을 통해 믿게 된 성도와의 만남은 각자에게 당연했던 것이 다른 사람에게는 그렇지 않을 수 있다는 것을 발견하는 계기가 되었다. 서로 다른 입장에서 신앙을 알아가는 시간을 통해 신앙에 대한 이해의 폭이 넓어져서 유익했다.

열째, 낯을 가리는 동반자가 소그룹이어서 편하게 나눌 수 있었다. 성격이 소극적이어서 여러 사람이 모여서 제자훈련 하는 곳에 참석할 용기가 없는 동반자가 있었다. 평소 잘 알고 좋아하는 사람들과 함께 양육을 받아서 마음을 열 수 있었다. 또한 인원이 적다 보니 자신이 빠지면 안 되겠다는 부담이 있었고 그 부담 때문에 더 잘 참석하여 나눌 수 있었다.

열한째, 예수님을 구세주와 주님으로 모셔 들이게 되었다. 교회는 오래 다녔지만 복음을 모르는 성도들이 있었다. 제자훈련을 통해서 예수님이 나를 위해 못 박혀 죽으셨음을 믿게 되었고, 하나님을 삶의 중심에 모셔야 한다는 것을 깨달았다. 복음에 대해서 듣고 예수님을 구세주와 주님으로 영접하였다.

열두째, 예수님을 바로 알고 하나님 앞에 자신감 있게 나아가게 되었다. 한 동반자는 초등학교 때부터 40여 년간 신앙생활을 해왔는데 예수님에 대한 지식이 초등학생 수준이라는 것을 직시하게 되었다. 제자훈련을 통해서 예수님이 어떤 분이신지, 어떤 일을 하셨고, 지금 어떤 일을 하고 계신지를 알게 되었다. 지금까지 신앙생활을 하면서 배웠던 내용들이 쫙 연결되면서 예수님과의 관계에서 자신감이 생겼다. 예수님을 알아가는 것이 깊어지면서 교회생활과 예배생활에 자존감이 높아졌고 하나님 앞에 자신감 있게 나아가게 되었다.

열셋째, 예수님을 의지할 수 있는 분으로 믿게 되고 마음이 변화되었다. 제자훈련을 통해서 예수님을 의지할 수 있는 분으로 믿는 믿음이 확고해지고 마음의 두려움과 불안함이 변화되어 안정되고 편해지는 것을 느꼈다.

열넷째, 섬김의 자리를 다시 회복하게 되었다. 이전 교회에서 교회 안의 문제로 성도가 떠나는 것을 보았다. 그렇게 떠나는 모습을 보면서 마음에 상처가 생겼다. 그 결과 교회를 옮기게 되었다. 상처받지 않기 위해서 봉사하지 않고 자신의 믿음만 지키면서 교회를 다녀야겠다는 생각을 했다. 그런데 제자훈련을 받으면서 마음이 바뀌었다. 그래서 여전도회에 가입하고 교회식당 봉사를 하고 전도 사역에도 동참하면서 다른 성도와 함께 재미있게 신앙생활을 하게 되었다.

열다섯째, 세상 앞에 당당하게 교인임을 밝히며 말씀을 전하게 되었다. 교회 밖에서는 교인이라는 것을 밝히지 않고 생활했었는데 제자훈련을 통해서 하나님에 대한 확신이 생기자 주위 사람들에게 자신 있게 하나님에 대한 은혜와 말씀을 전하게 되었다. 가족들이 구원받고 함께 교회에 나와 예배드리고 싶은 마음이 간절해졌다. 삶의 자리에서도 더욱 예배 중심, 하나님 중심으로 살고자 하는 마음이 강해졌다. 교회 활동에 더 많이 동참하게 되었고 설교 말씀과 성경을 들으며 찬양을 흥얼거리게 되었다.

열여섯째, 신앙의 내용들이 정리되는 경험을 하였다. 동반자들은 제자훈련을 통해서 흩어져 있던 신앙의 내용들이 정리되는 것을 경험하였고, 정확하게 몰랐던 것들을 바로 알게 되었다.

열일곱째, 추상적이던 하나님을 친밀한 하나님으로 경험하게 되었다. 제자훈련을 통해서 추상적이었던 하나님이 사실적인 하나님이 되셨다. 하나님의 보호막이 친밀하게 느껴졌다. 막연한 하나님에서 온화하고 아늑한 하나님을 알게 되었다. 예수님 안에서 평온함, 안온함, 안전함과 아늑함을 느끼게 되었다.

열여덟째, 직장생활이 즐거워졌다. 제자훈련이 직장생활에 큰 영향을 미쳤다. 제자훈련에서 서로를 위해 기도해 주는 시간을 통해 한 주간 직장생활을 잘할 수 있었다. 이전 직장생활은 그저 일처럼 느껴졌고 책임감으로 그냥 해왔었는데, 제자훈련 후 신앙심 때문에 밝게 직장생활을 하고 있고 일하는 것이 즐겁다. 일상이 주는 행복을 느꼈다.

열아홉째, 자녀에게 화내지 않고 인내하게 되었다. 자녀들을 양육할 때 화나는 상황들이 있다. 제자훈련을 받는 동안 과제를 위해서 성경을 눈에 보이는 가까운 곳에 두고 생활하였다. 성경을 가까이하다 보니 욱하거나 하는 일이 생겨도 참게 되었다.

스물째, 제자훈련 수료 후 다른 성경공부에 참여하게 되었다. 동반자들 중 다수가 제자훈련 이후에 교회에서 진행되는 성경공부 프로그램에 관심을 가지고 적극적으로 참여하였다.

면접 조사 결과 동반자들이 제자훈련을 통하여 느끼고 깨닫고 경험한 것들을 아래의 여섯 가지로 정리할 수 있다.

첫째, 동반자들은 제자훈련을 통해 신앙의 기초를 든든하게 세우게 되었다. 제자훈련의 내용을 통해 예수님이 어떤 분이신지를 바로 알게 되었다. 복음의 메시지를 명확하게 듣고 이해하게 되었다. 그 결과 예수님을 자신의 삶의 구세주와 주님으로 영접하였다. 예수님을 바로 아는 지식을 통해 예수님께 자신들의 삶을 내어 맡겼고 불안한 마음이 예수님을 믿는 믿음으로 평안을 얻게 되었다. 예수님의 십자가의 은혜를 바로 깨닫고 그 감격으로 하나님의 보좌 앞에 담대하게 나가게 되었다.

둘째, 동반자들은 제자훈련의 과제와 제자훈련의 시간을 통해서 말씀과의 만남을 경험하였다. 동반자 대부분이 신앙생활을 해왔지만 체계적인 제자훈련의 경험이 없었고 성경책은 예배 때만 펼쳐보는 상황이었다. 하지만 제자훈련을 시작하면서 말씀묵상, 주일설교 요약, 성구 암송, 성경 읽기, 주교재에 말씀 기록 등의 과제들을 하면서 그리고 제자훈련 시 말씀 나눔과 말씀의 가르침을 받으면서 끊임없이 말씀과 접촉하게 되었다. 이런 과정을 통해서 말씀이 주는 은혜를 경험하게 되었다.

셋째, 동반자들은 나눔의 시간을 통해 자신의 신앙을 점검하고 회복을 경험하였다. 제자훈련 앞부분에 과제를 하면서 받은 은혜와 한 주간의 삶을 나누는 시간이 있다. 일대일의 만남이나 소그룹의 만남이었기에 진솔한 나눔이 가능하였고 많은 사람들 앞에서 이야기할 수 없는 마음속에 있는 상처와 아픔들도 깊이 나눌 수 있었다. 나누고 함께 기도하는 시간을 통해 하나님이 주시는 회복을 경험하였다. 또한 평소 가지고 있던 신앙적인 고민들을 이야기하면서 믿음의 내용들을 정리하는 계기가 되었다.

넷째, 동반자들은 하나님을 더 알고 싶은 갈증을 느꼈다. 제자훈련 이후에 성경을 통해 하나님을 더 알고 싶은 마음들이 커졌다. 그래서 교회에서 개설하는 성경공부에 적극적으로 참여하여 말씀을 배우며 하나님을 알아가게 되었다.

다섯째, 동반자들은 적극적인 신앙생활을 하게 되었다. 주일성수를 잘하지 못하던 동반자들이 주일성수를 하게 되었고 주중예배에도 참석하게 되었다. 오랫동안 신앙생활을 해왔지만 다른 사람들 앞에서 대표기도를 하지 못했던 동반자가 기도에 대해서 배운 후 구역예배에서 대표기도를 하게 되었다. 자신을 위한 기도에 머물러 있던 동반자가 다른 사람들의 문제를 가지고 하나님께 나아가 기도하는 중보기도자가 되었다. 여전도회 모임이나 교회 봉사에 소극적이었던 동반자가 적극적으로 참여하게 되었다. 세상에서 성도임을 밝히기 꺼렸던 동반자가 세상 앞에 당당하게 교인임을 밝히며 자신이 배운 말씀을 나누게 되었다. 주변에 믿지 않는 사람들과 가족들에게 복음을 전하는 담대함을 갖게 되었다.

여섯째, 동반자들은 가정과 직장생활에서의 변화를 경험하였다. 가정이 직면한 어려운 문제를 말씀과 기도로 극복해 나가게 되었다. 자녀를 양육함에 있어서 화가 나는 순간에도 참고 인내할 수 있는 변화가 있었다. 직장에서도 하나님의 자녀라는 의식을 가지고 움츠러들지 않고 하나님의 자녀답게 당당하게 생활하게 되었다. 직장에서 하는 일을 하나님의 시각에서 바라보게 되었고 직장생활에서 즐거움을 누리게 되었다. 하나님 안에서 일상이 주는 행복을 느꼈다.

많은 은혜들과 함께 힘든 점도 있었다. 특별히 성경 말씀을 기록하는 것과 성경 암송 과제에 어려움을 느꼈다. 특별히 매주 두 구절씩 성경 암송하는 것을 어려워했다. 암송이 제대로 되지 않은 날은 제자훈련에 참여하는 것도 꺼려진다고 하였다. 또한 주 교재인 《일대일 제자양육 성경공부》에 성경 말씀을 기록하는 것을 힘들어했던 동반자들도 있었다. 펜을 잘 쓰지 않는 상황에서 교재에 말씀을 기록하는 것에 적응하기까지 힘든 시간이 있었다. 훈련이기에 어려운 것이 당연하다. 힘들어하는 순간도 있지만 잘 격려하면서 권면하면 능히 감당해 내고 은혜받는 모습을 볼 수 있었다.

✤

김신회 목사의
다음 세대 제자훈련 현장을 소개한다

청년 시절부터 제자훈련 사역을 했지만 본격적으로 시작한 것은 상현교회에 부임해서다. 장년 제자훈련 사역은 3년 동안(2017~2019년) 진행되었다. 2017~2018년에 6개의 소그룹을 통해서 장년 성도 42명을 훈련하였다. 재생산을 목표로 한 제자훈련이었는데 8명의 평신도 양육자가 세워졌다. 평신도 양육자를 통해서 3년 동안 25명의 성도들이 제자훈련을 받았다. 이 사역은 교역자가 평신도를 제자훈련하고, 훈련받은 평신도 양육자가 다른 평신도를 훈련시키는 방법으로 진행되었다. 이 사역은 교회의 양육 프로그램 가운데 일부분이었고, 교회 리더십의 교체로 계속 진행되지 못하여 제한적인 훈련이었다.

실제적인 제자훈련 사역은 8년 동안 담당한 청년부에서 이루어졌다. 2011년 부임할 당시 상현청년부는 교회 안에 있는 하나의 독립된 교회였다. 상현청년교회라는 명칭으로 재정적으로 독립된 공동체였다. 위임목사님은 청년교회 사역에 있어서 많은 자율권을 주셨다. '영혼을 구원하고 예수제자 삼는 교회'라는 교회의 비전 아래서 소신껏 공동체를 세워갈 수 있도록 허락해 주셨다.

청년부 사역은 주일예배와 소그룹 모임, 그리고 겨울과 여름의 두 차례의 수련회, 해외·국내 단기선교 그리고 몇몇 프로그램들로 진행되었다. 이러한 사역에 있어서 가장 중요한 것은 사람이다. 은혜로운 찬양을 인도할 사람, 소그룹 모임을 인도할 사람, 수련회를 기획하고 실행할 사람, 선교팀을 이끌 사람 즉 모든 사역의 핵심은 사람이다. 이러한 사람을 세우기 위해 가장 중요한 것이 사람을 훈련시키는 일이다.

먼저 은혜를 경험하고 훈련된 사람이 교회를 섬길 수 있고 세상에 나가서도 예수님의 제자로 살아갈 수 있다. 훈련 없이 봉사만 하다가 지쳐서 힘들어하고 심지어는 교회를 떠나는 수많은 청년들을 보아왔기 때문이다. 그렇기에 청년교회를 건강하게 세우기 위해서 사람을 키워야 했고 그 전략이 제자훈련이었다.

나는 청년부에 '예수제자훈련'이라는 3단계의 제자훈련 과정을 세웠다. 제자훈련은 다수를 대상으로 하는 것이 아니고 소그룹으로 삶과 말씀을 나누어야 하기에 각 단계는 8명으로 인원 제한을 두었다. 예배 시간에 광고를 내고 훈련을 받고자 하는 청년들의 지원을 받아 훈련하였다. 청년들 제자훈련은 주로 주중 저녁 시간에 진행하였다. 모임에 총무를 세워서 교회에서 나오는 예산으로 간단히 먹을 수 있는 간식을 준비하게 했다. 먹으면서 이야기 나누는 것이 분위기를 좋게 하는 데 큰 도움이 되었다.

1단계는 《일대일 제자양육 성경공부》 교재를 사용하여 진행한다. 이 시간에는 복음을 확실하게 전달한다. 이것은 모든 제자훈련의 가장 기초 뿌리이다. 책의 내용을 기본으로 필요한 부분은 추가적으로 설명하며 가르쳤다. 그다음은 개인적으로 말씀묵상할 수 있는 기초를 세워주는 큐티 교육이다. 이 큐티는 앞으로 진행될 모든 제자훈련의 중요한 한 부분이 된다. 그리고 신앙생활에 가장 기본적이고 근본적인 중요한 주제를 다룬다. 이 내용을 통해서 신앙의 큰 골격을 세울 수 있다. 이 과정이 예수제자훈련 1단계이다.

이 과정을 마친 청년들에게는 릭 워렌 목사님의 《목적이 이끄는 삶》을 추천했다. 훈련을 마친 청년들 중에서 마음이 맞는 지체들이 자체적으로 만나서 책 나눔을 하였다. 두 차례 공동체 전체가 함께 40일 동안 이 책의 내용을 묵상하고 나누는 시간을 갖기도 하였다. 코로나 시국에는 만나서 겨울 수련회를 할 수 없는 상황에 《목적이 이끄는 삶》을 통해서 40일간의 수련회를 진행하였다. 40일 동안 함께 책을 읽고 SNS를 통해서 나누는 시간을 가졌다. 신앙의 기초를 확립하고 정체성을 세우는 데 도움이 되었다.

2단계는 사랑의교회에서 사용하는 제자훈련 2권 교재인 《아무도 흔들 수 없는 나의 구원》을 사용한다. 이 책은 14가지 기독교의 주요 교리를 다룬다. 이 책을 통해서 기독교의 중요한 믿음의 체계를 세우게 된다. 자신이 믿는 것이 무엇인지를 정확하게 알게 된다.

3단계는 역시 사랑의교회에서 사용하는 제자훈련 3권 《작은 예수가 되라》로 공부한다. 이 책을 통해서 그리스도인의 인격과 삶에 대한 실제적인 내용을 다루게 된다. 순종의 생활, 봉사의 의무, 복음을 전하는 삶, 말을 어떻게 할 것인지, 순결한 삶, 가정생활 등 성경을 통해 삶의 자리에서 어떻게 살아야 하는지를 가르친다.

이렇게 3단계 과정까지 예수제자훈련을 받은 청년들은 셀리더를 할 수 있을 정도의 역량을 갖추게 된다. 이후 셀리더는 셀리더 모임 시간을 활용해서 사랑의교회 사역훈련 2권 교재인 《교회와 평신도의 자아상》을 통해 교회론과 제자도에 대해서 공부한다. 교회란 무엇인지, 교회의 존재 이유, 제자란 누구인지 등의 주제를 다룬다. 이는 이미 1~3단계에서 다루었던 내용을 종합 정리하는 성격을 갖고 있다. 셀리더 모임은 큐티 나눔, 주일설교 나눔, 책 나눔 또는 성경공부로 매주 진행하였다.

이러한 과정을 마친 청년들은 '말씀묵상', '주일예배', '셀모임' 등 세 가지 통로를 통해 끊임없이 제자로 성장한다. 청년부의 모든 사역의 기초는 말씀묵상이다. 개인적으로 말씀묵상을 할 수 있도록 끊임없이 권면했다. 말씀묵상을 생활화할 수 있도록 모든 모임의 시작을 말씀묵상 나눔으로 하였다. 제자훈련, 셀리더 모임, 찬양팀 모임, 수련회 모임, 단기선교팀 모임 등 모든 모임은 말씀묵상 나눔으로 시작하였다. 이런 모임에 참석하면서 말씀묵상을 하는 습관을 갖게 하였다.

나는 주일설교를 한 주간 공동체가 말씀묵상한 본문 중에서 한 본문을 정해서 강해설교를 하였다. 청년들이 자신이 묵상한 본문의 말씀을 들으며 본문에 대한 정확한 이해와 적용점을 발견하도록 도왔다.

청년예배 후 셀모임 때는 주일설교 말씀을 가지고 셀모임을 하도록 했다. 성경공부 교재, 책 나눔, 말씀묵상 후 나눔 등 다양한 시도를 해보았지만 제일 좋은 것은 다 함께 예배를 드리면서 들었던 말씀 가운데 주신 은혜를 나누는 것이었다. 그래서 청년부 주보 한 면은 주일 말씀을 기록할 수 있는 공란이 있다. 셀모임은 한 주간 삶 나눔, 주일설교 나눔, 함께 중보기도하는 시간을 가졌다.

체계적인 제자훈련 과정과 함께 청년부 사역 전체가 말씀과 기도 안에서 제자훈련의 과정이 될 수 있도록 디자인하였다. 이런 사역을 지속, 반복하는 가운데 아름다운 결실을 맺을 수 있었다.

"그러므로 너희는 가서 모든 민족을 제자로 삼아
아버지와 아들과 성령의 이름으로 세례를 베풀고
내가 너희에게 분부한 모든 것을
가르쳐 지키게 하라 볼지어다 내가 세상 끝날까지
너희와 항상 함께 있으리라 하시니라"

(마태복음 28:19-20)

PART 4.

사람을 키우고 세워가는
7가지 방법

✦

이제부터 한국교회는
다음 세대를 키우고 세워가야 한다

양육자는 제자훈련을 위한
성경적 기초를 확립해야 한다

고든 맥도날드(Gordon MacDonald)는 《내면세계의 질서와 영적 성장》에서 쫓겨 다니는 사람과 부르심을 따르는 사람의 차이를 설명한다. 쫓겨 다니는 사람의 대표적인 인물은 사울이다. 사울은 성취욕에 끌려다니는 삶을 살았다. 오직 성취함으로써 만족을 얻기에 성취의 표상들에 집착했다. 그는 다윗을 경쟁 상대로 삼았고 다윗을 추격하는 데 자신의 인생을 허비했다. 이와 반대로 세례 요한은 부르심을 따르는 삶을 살았다. 그는 자신이 누구인지, 어떤 사명을 받았는지 정확히 알았다. 사명에 따른 요동치 않는 목적의식과 우선순위를 따라 행동했다. 부름 받은 사람으로서 자신에게 맡겨진 사역에 충성하며 주님 오실 길을 예비했다.

하나님은 성도가 자신의 성취욕에 끌려다니는 사람으로 살기를 원하지 않으신다. 하나님의 부르심을 깨닫고 그 부르심에 순종하여 자신에게 주어진 것들을 관리하는 청지기로 살아가기를 원하신다. 그렇기에 열심보다 중요한 것은 방향이다. 잘못된 방향으로의 열심은 재앙을 초래한다.

옥한흠 목사는 "목회가 무엇인지도 모르면서 시작할 바에야 아예 지금 그만두는 것이 낫다. 불타오르는 소명감, 그것만 가지고 뛰어드는 것은 지나친 자신감이다"라고 했다. 그는 목회의 본질을 발견하고 그 본질에 집중해야 한다고 주장했다.

그렇다면 목회자는 어디에서 목회의 본질을 찾아야 하는가? 목회자에게 있어서 성경은 나침반과 같다. 시대와 사람들이 원하고 자신의 생각에 좋은 사역을 하는 것이 아니라 하나님이 원하시는 사역을 해야 한다. 말씀 안에서 목회의 본질을 찾아야 한다. 제자훈련은 쉽지 않은 사역이다. 말씀 안에서 확신을 가져야 어려운 상황에서도 지속할 수 있다.

사도 바울은 하나님께서 교회에 지도자들을 선물로 주셨다고 하였다.

"그가 어떤 사람은 사도로, 어떤 사람은 선지자로, 어떤 사람은 복음 전하는 자로, 어떤 사람은 목사와 교사로 삼으셨으니 이는 성도를 온전하게 하여 봉사의 일을 하게 하며 그리스도의 몸을 세우려 하심이라"(엡 4:11-12)

하나님이 교회에 주신 선물은 사도, 선지자, 복음 전하는 자, 목사와 교사이다. 이 지도자들의 공통적인 특징은 가르치는 자들이라는 점이다. 주님께서 교회를 세우시기 위해서 가르치는 자들을 선물로 주셨다. 이 교회 지도자들의 사역은 '성도를 온전하게 하여 봉사의 일을 하게 하는 것'이다. 즉 그리스도의 몸을 세우기 위해 봉사의 일을 하는 성도로 온전하게 준비해야 한다. 그렇기에 목사의 사명은 성도들을 온전하게 준비시키는 것이다.

그런데 이것은 주일마다 선포하는 설교만으로 실행되기가 어렵다. 체계적인 교육이 필요하다. 생각이 변하고 가치관이 변하고 인격이 변화되어 삶이 변화되도록 훈련해야 한다. 이것은 성경 지식을 가르치는 것으로 이루어지지 않는다. 관계 안에서의 인격적인 나눔과 사랑과 위로와 격려를 통해 온전한 사람으로 세워져 간다. 이것을 실행하는 것이 제자훈련이다. 일방적인 말씀 선포가 아닌 성도가 스스로 하나님의 말씀과 부딪힘을 통하여 하나님의 만지심을 받도록 돕는 역할을 하는 것이다. 스스로 말씀 앞으로 나아가고 기도의 자리로, 예배의 자리로 나아가도록 돕는 역할을 하는 것이다. 하나님 앞에 나아갈 때 하나님이 일하신다. 사람의 변화는 하나님의 영역이다. 목사는 성도가 하나님께 나아갈 수 있도록 인도하는 역할을 하는 것이다.

그런데 성경은 제자훈련이 목회자만의 사역이 아니라고 말한다. 목회자를 통해 평신도 양육자를 세우고 그들을 통해 재생산해야 한다. 목회자와 평신도가 제자훈련을 해야 하는 성경적 기초는 마태복음 28장 18-20절에 기록된 지상대명령(the Great Commission)에 있다.

존 파이퍼(John Piper)는 '기독교 희락주의자', '탁월한 기쁨의 신학자'라는 별명을 가진 미국에서 가장 영향력 있는 크리스천 리더 중한 사람이다. 그는 신학자이고 목회자이며 수십 권의 책을 집필한 작가이다.《예수님의 지상명령》에서 예수님이 제자들에게 명령하신 50가지 명령을 소개한다.

거듭나라, 회개하라, 나를 믿으라, 하나님을 기뻐하라, 하나님을 예배하라, 자기 십자가를 지고 나를 따르라, 좁은 문으로 들어가 승리하라, 하나님을 사랑하라, 네 이웃을 사랑하라, 착한 행실로 하나님께 영광을 돌리게 하라 등 수많은 예수님의 명령들이 있다. 존 파이퍼는 이 명령 중에서 예수님의 마지막이며 최고의 명령은 "모든 민족에게 예수님이 명령하신 모든 것을 가르쳐 지키게 하는 것"(마 28:19-20)이라고 정리했다. 곧 모든 민족을 제자 삼으라는 것이다. 제자 삼는 방법은 예수님이 명령하신 모든 것을 가르쳐 지키게 하는 것이다.

제자훈련의 고전으로 여겨지는《주님의 전도계획》을 쓴 로버트 콜먼 교수는 "우리의 생이 지향해야 할 최우선의 것은 사람들을 훈련시키는 것"이라고 주장했다. 왜냐하면 예수님께서 승천하시기 전에 마지막 말씀으로 이것을 친히 명령하셨기 때문이다. 대위임명령(마 28:19-20)은 특별한 부름이나 성령의 은사가 아니다. 이것은 모든 믿음의 사람들 위에 지워지는 하나의 책임이다. 여기에는 예외란 있을 수 없다. 모든 하나님의 백성은 모든 민족을 제자로 삼는 일에 헌신해야 한다.

장로회신학대학교 장흥길 교수는《나의 멍에를 메고 내게 배우라》에서 마태복음 28장 18-20절의 말씀을 주해하였다. 그는 이 구절을 지상명령(至上命令)이라고 명명하였다.

"그러므로 **너희는** 가서 모든 민족을 제자로 삼아 아버지와 아들
과 성령의 이름으로 세례를 베풀고 내가 너희에게 분부한 모든
것을 가르쳐 지키게 하라"(마 28:19-20상)

이 구절은 하나의 명령형 동사와 세 개의 분사로 이루어졌다. 분
사는 동사를 꾸며준다. 문장의 핵심은 동사이다. 이 문장에서 동사는
'제자 삼으라'이다. '가서', '세례를 베풀고', '가르쳐'는 분사이다. 마태
복음 28장 19-20절의 말씀을 원문에 가깝게 옮기면 다음과 같다.

"그러므로 **너희는** 가서, 아버지와 아들과 성령의 이름으로 세례
를 베풀고, 내가 **너희에게** 당부한 모든 것을 지키도록 가르치
며, 모든 민족을 제자로 삼으라"

즉 예수님의 지상명령 과제는 '모든 민족을 제자 삼는 것'이다. 이
것을 위해서 '가서, 세례를 베풀고, 지키도록 가르쳐야' 한다. 모두 현
재분사로 반복적이고 지속적인 것이어야 함을 의미한다. 즉 성도와
교회의 사명은 모든 민족에게 가서 세례를 베풀고 예수님의 말씀을
지키도록 가르침으로써 제자 삼는 사역을 하는 것이다.

에스라성경대학원대학교 양용의 교수는《마태복음은 어떻게 읽을
것인가》에서 '가르침'은 지금까지 예수님만이 행하신 고유의 사역이
라고 설명한다. 그런데 예수님이 마지막 명령에서 제자들에게 가르치
도록 권위를 부여하신 것이다. 이 가르침은 단지 지식 전달을 위한 것
이 아닌 예수님의 가르침에 따라 '지키도록' 하는 가르침이다. 복음의

진리를 전달하는 데서 끝나서는 안 되고 말씀대로 살 수 있도록 권면하고 격려하는 것까지 포함해야 한다. 이러한 가르침을 통해 예수님의 제자를 키워내야 한다.

성도를 예수님의 제자로 세워가는 것은 선택 사항이 아니다. 교회의 많은 사역 가운데 하나가 아니다. 이것이 교회 사역의 본질이다. 한 사람 한 사람을 예수님 닮은 사람으로 키워내는 것이 교회의 사명이다(골 1:28-29). 사람을 키우는 것이 교회 사역의 본질이다. 그 도구가 제자훈련이다.

양육자는 재생산 사역을 목표로 제자훈련을 실시해야 한다

✝

예수님이 공생애 기간 동안에 남기신 것은 무엇인가? 예수님은 책, 건물, 무덤 등을 남기지 않으셨다. 예수님은 오직 사람들을 남기셨다. 약 3년 6개월 동안 예수님의 사역의 중심은 열두 제자를 세우는 데에 있었다. 예수님은 십자가와 부활 그리고 승천 이후에 지속적으로 예수님의 사역을 이어서 감당할 제자들을 남기셨다. 그 제자들의 공동체가 바로 교회이다.

그렇다면 제자란 누구인가? 복음서를 통해서 살펴본 제자의 모습은 "예수 그리스도를 목표로 온전함을 추구하며, 재생산 사역을 감당할 수 있는 사람"이다. 다른 사람을 양육하여 예수님의 제자로 키울 수 있는 사람이 예수님의 제자이다.

그렇기에 목회자가 먼저 예수님의 제자가 되어야 한다. 하나님의 말씀과 신학적 지식을 바탕으로 설교하고, 교회행정을 감당하는 것을 넘어서서 사람을 품고 양육하며 길러낼 줄 알아야 한다. 예수님의 제자가 되어 또 다른 제자를 길러낼 수 있도록 준비되어야 한다. 내가 경험했던 교회는 이런 모습이 아니었다. 그래서 예수님을 인격적으로 영접한 후 영혼을 품고 양육하라는 선교단체 선교사님의 말씀이 마음에 와닿지 않았다. 20대 초반에 나는 목회자로서 중요한 것은 교회를 잘 운영할 수 있는 행정력이라고 생각했었다. 목회에 대한 관점의 차이가 선교사님과의 단절을 초래했다. 하지만 성경과 교회의 역사를 공부하고 교회 현장에서 사역할수록 선교사님이 옳았다는 것을 깨닫게 되었다.

목회자가 제자훈련을 할 때 무엇보다 목표가 중요하다. 어떤 목표를 가지고 제자훈련을 하느냐에 따라서 제자훈련의 결과가 달라진다. 나는 청년 시절부터 지난 20여 년의 삶 가운데 수차례 제자훈련을 실시하였다. 청년들의 경우에는 과정을 통하여 단계별로 제자양육을 실시했다. 단계가 올라갈수록 말씀으로 훈련하여 셀모임을 인도하며 셀원들을 돌볼 수 있는 셀리더들을 세워갔다. 하지만 내가 했던 것처럼 그들이 다른 누군가를 양육하도록 준비시키지는 못했다. 내가 직접 훈련시키는 것이 주된 사역이었다.

하지만 장년 제자훈련을 하면서는 목표 자체를 재생산에 두었다. 그리고 도전해 보았다. 제자훈련을 하는 동안 끊임없이 지상대명령에 대해서 설명했다. 이 지상대명령은 특별한 사람들에게만 주어진 것이 아니라 예수님을 믿는 모든 예수님의 제자들에게 주어진 지극히 높은 명령임을 강조하였다. 그 결과 여덟 명의 평신도 양육자가 세워졌다. 그들이 스물다섯 명의 성도들을 훈련시켰다. 교회 리더십의 교체와 코로나로 인해 사역이 중단되었지만 지속하였다면 더욱 많은 성도들이 평신도 양육자로 세워지고 제자훈련 사역에 동참했을 것이다.

재생산의 과정을 통해 어떤 열매들과 은혜가 있었는지가 나의 목회학박사 학위논문의 주된 내용이다. 내가 제자훈련 사역을 하면서 누렸던 그 은혜와 영적 성장이 평신도 양육자들에게도 나타났다. 양육자들은 좋은 신앙의 습관들을 갖게 되었고 자발적이고 능동적인 신앙인으로 변화되었다. 동반자들의 변화를 보며 보람과 기쁨을 느꼈다. 예수님이 말씀하신 재생산 사역에 대한 비전을 받았다.

내가 놀라고 감동한 것은 평신도 양육자들의 영혼을 향한 마음이었다. 아무런 보수도 없이 자신의 시간과 물질과 열정을 다해 동반자들에게 말씀을 가르치고 그들을 위해 기도하며 섬겼다. 목회자가 다 알 수 없고 챙길 수 없는 부분까지 세심하게 신경을 쓰면서 양육하는 모습에 큰 감동을 받았다. 훈련받은 양육자들의 동반자를 향한 마음과 정성은 목회자 이상이었다는 것을 발견하게 되었다.

무엇보다도 가르치면서 더 많이 배운다는 사실이 증명되었다. 평신도 양육자는 제자훈련을 시키기 위해 목회자에게 훈련을 받을 때보다 더 많이 공부하며 기도했다. 내가 선택한 두란노 출판사의 《일대일 제자양육 성경공부》 교재는 '양육자 지침서'가 준비되어 있다. 제자훈련을 마친 평신도 양육자들은 이 지침서를 가지고 꼼꼼히 공부하며 제자훈련을 준비했다. 목회자와 함께한 제자훈련의 시간을 통해서 교재를 공부하였지만, 본인이 지침서를 보면서 제자훈련을 준비할 때 더 많이 배웠다고 하였다. 그 시간을 통해서 말씀의 기초를 단단히 할 수 있었다.

다른 사람을 양육하는 일은 자신이 먼저 준비되지 않고는 할 수 없다. 성경에 대한 주제를 다루는 데 양육자가 성경을 읽지 않고 가르칠 수는 없다. 기도에 대한 주제를 공부하는 데 양육자가 기도하지 않고 나눌 수는 없다. 성령 충만에 대해 가르칠 때 본인이 성령 충만하지 않고 양육할 수는 없다. 그렇기에 양육자는 매일 경건 훈련의 자리에 나아가게 된다. 거룩한 매임을 통해 자신이 훈련받게 된다. 주제를 다룰 때마다 다시 자신의 삶을 점검하고 말씀을 기준으로 삶을 조율하게 된다. 이 과정을 통해 점점 예수님을 닮아가게 된다.

재생산 사역은 단순히 평신도를 준비시켜 목회자를 돕는 자로 세우는 것이 아니다. 재생산 사역이야말로 실제적인 제자훈련의 장이다. 제자훈련의 모임은 영적 전쟁의 현장이다. 기도로 깨어있지 않고는 감당할 수 없다. 매번 사람들과의 만남은 모임의 방향을 예측할 수 없게 한다. 분위기가 좋을 때도 있지만 다양한 이유로 분위기가 무거울 때도 있다. 말씀을 잘 흡수하고 받아들이는 때도 있지만 말씀을 전할 때 튕겨 나가는 것을 경험하기도 한다. 제자훈련은 경험만으로는 할 수 없는 사역이다. 영적으로 민감한 사역이다. 그렇기에 이 재생산 사역의 현장은 평신도 양육자들에게 있어서 가장 좋은 제자훈련의 자리이다. 목회자로부터 제자훈련을 받은 후 누군가를 양육하는 모든 시간이 제자훈련의 시간이다. 이 시간들을 통해 머리에 있는 하나님의 말씀이 가슴으로 전달되고 행동으로 나타나게 된다. 삶의 변화로 이어진다.

장년 평신도 양육자를 통한 재생산 사역 후 다시 청년부를 담당하게 되었다. 그때에는 재생산 사역을 목표로 제자훈련을 하였다. 각박하고 분주한 시대를 살아가는 청년들이지만 그래도 평신도 양육자로 도전한 청년들이 있었다. 한 사례는 혼자서 제자훈련을 시작하기가 어렵겠다고 해서 두 명의 청년이 힘을 모아 다른 두 명을 양육하였다. 네 명의 지체가 모여서 한 주간의 말씀묵상을 나누고 두 명의 양육자가 격주로 주어진 교재의 내용을 전달하였다. 처음 시도해 본 방법이었지만 큰 은혜가 있었다. 4개월간의 제자훈련이 끝난 후에도 이 모임은 계속되었다. 신앙서적을 가지고 함께 읽고 나누면서 자발적으로 자라가는 모임이 되었다.

또 한 경우는 청년 한 명이 세 명의 청년들을 제자훈련시켰다. 중간중간 사정이 있어서 6개월의 시간이 걸렸다. 이 청년의 고백 역시 오랜 신앙생활 동안에 많은 훈련을 받고 준비되었다고 생각했지만 막상 가르치려고 하니 자신 안에 정리되지 못한 것들이 많다는 것을 발견하게 되었다. 그래서 인도자 지침서를 가지고 열심히 제자훈련을 준비하였고, 그 시간들을 통해 아는 것을 설명할 수 있도록 정리할 수 있었다. 말씀을 공부하고 암송하는 시간이 많아질수록 하나님의 말씀을 더욱 사랑하게 되었다고 고백하였다. 또한 자신이 가르친 대로 살아가기 위해 부단히 노력했지만 자신의 의지로 할 수 없다는 것을 느꼈다. 그래서 더욱 자기를 부인하며 성령님의 도우심을 간구하였다고 하였다.

제자훈련은 나의 삶과 사역의 원동력이다. 제자훈련을 통해 성도들의 삶에 하나님의 일하심이 나타나는 것을 볼 때 가장 큰 보람과 기쁨을 느낀다. 나 역시 제자훈련을 통해 조금씩 더 하나님을 알아가고 성도들을 이해하는 은혜를 누렸다. 제자훈련은 시작하기만 하면 풍성한 은혜로 마친다. 이러한 귀한 은혜를 나만 누리는 것이 아니라 평신도 양육자들에게 나누어 주는 것, 이것이 재생산 사역이다. 재생산 사역을 통해 목회자와 평신도 모두 예수님을 닮아가고 예수님을 따라가는 삶을 살아갈 수 있다.

"재생산 사역을 실시한 결과 많은 유익을 확인할 수 있었다. 교회 안에 교역자를 통한 제자훈련은 기본이다. 그와 함께 평신도를 통한 재생산 사역도 필요하다. 재생산 사역이 교회의 빈틈을 채워줄 수 있다. 재생산 사역을 통해 평신도 양육자와 동반자 그리고 교회적으로 하나님의 풍성한 은혜를 누릴 수 있음을 확인할 수 있었다."(김신회 목사의 목회학박사 학위논문 중에서)

교회는 제자훈련의 체계를
확고하게 세워야 한다

　나는 대학에서 경영학을 전공했다. 경영학과 함께 많은 시간을 들여서 공부한 것이 교육학이다. 교직과정을 이수하였고, 평생교육사과정도 함께 공부하였다. 나의 마음속에는 경영학적 마인드와 교육학의 마인드가 자리 잡고 있다.

　교육학에서 다루는 중요한 내용 중 하나는 교육과정(Curriculum)이다. 교육과정은 학습자가 특정 주제나 분야에서 얻어야 할 지식, 기술, 태도 등을 달성하기 위해 구성된 일련의 계획이나 체계를 말한다. 즉 교육이 이루어지는 과정을 체계적으로 설계하고 구성하는 것을 뜻한다. 초등학교, 중학교, 고등학교, 대학교 등 학교는 각 연령에 맞는 교육 목표를 달성하고 필요한 역량을 개발할 수 있는 교육과정을 가지고 있다.

　교회 현장을 돌아보면, 모든 목회자들은 신학교의 교육과정을 통해 기독교 교육에 대해 배운다. 하지만 실제 교회 현장에는 교회학교 학생들을 위한 교육과정은 있지만 장년을 위한 교육과정은 없는 경우가 많다. 대형 교회의 경우는 여러 가지 교육과정이 잘 갖추어져 있지만 중소형 교회의 경우는 교육과정을 세우지 못하는 것 같다.

불신자가 교회에 등록하면 아무것도 모르는 상태에서 예배에 참석한다. 그리고 끊임없이 예배 참석을 권유한다. 예배를 잘 드리면 신앙이 생긴다는 막연한 생각을 하는 것 같다. 하지만 진정한 예배는 복음을 듣고 거듭난 사람만이 드릴 수 있다. 최소한의 새가족 교육을 통해서 복음을 들을 수 있어야 한다.

복음을 듣고 거듭나는 것은 하나님의 자녀로 출생한 것이다. 그런데 많은 교회들이 출생의 단계에서 멈춰버린다. 출생 이후에 하나님의 말씀을 먹여 자라게 해야 하는데 성장할 수 있도록 양육하지 않는다. 남선교회, 여전도회, 구역예배, 셀모임, 목장모임 등의 모임을 통해 친교의 장을 마련한다. 조금 마음이 열리면 봉사를 권면한다. 이런 경우 교회 안에서 수년 동안 때로는 수십 년 동안 신앙생활을 했지만 하나님의 말씀과 교리에 대해서는 어린아이의 수준을 벗어나지 못하는 경우가 많다. 목회 현장에서 심방과 제자훈련을 통해서 만난 성도들의 현실이었다.

자녀들을 교육시키는 데 둘째가라면 서러운 우리나라에서 정작 성도들을 교육시키는 일은 등한시하고 있다. 시간이 지나면서 은혜로 자연스럽게 될 것이라는 환상을 가지고 있는 것 같다. 하지만 사람은 그렇게 변하지 않는다. 그렇기에 성경은 끊임없는 가르침의 중요성에 대해서 강조하고 있다.

하나님은 애굽에서 구원해 내신 이스라엘 백성들이 제사장 나라, 거룩한 백성(출 19:6)으로 살아갈 수 있도록 모세를 통해 율법을 주셨다. 그리고 그 율법을 백성들에게 가르칠 수 있도록 제사장을 세우셨다. 구약에서 제사장은 제사를 집전하고(레 6-7장), 하나님의 백성을 축복하며(민 6:22-27), 하나님의 율법을 가르치는 역할을 했다. 하나님의 율법을 가르쳐서 거룩하고 속된 것을 분별하며, 부정하고 정한 것을 분별할 수 있도록 하였다(레 10:11, 신 33:10). 하나님이 보내신 선지자들의 사역 역시 하나님의 율법을 기준으로 심판과 회복의 메시지를 선포하고 가르치는 것이었다.

예수님은 공생애 기간 동안 가르치시며, 천국 복음을 전파하시며, 고치시는 3대 사역을 하셨다(마 4:23). 예수님은 대위임명령을 통해 예수님의 제자들에게 가르치는 권위를 부여하셨다. 예수님이 명령한 모든 것을 지키도록 가르치라고 명령하셨다.

디모데전서 3장 1-7절과 디도서 1장 5-9절은 목사의 자격에 대해서 말씀하신다. 대부분의 자격은 삶과 인격과 관련된 것이고 기능적인 부분은 딱 한 가지를 제시한다. 그 한 가지는 "가르치기를 잘하며"(딤전 3:2, 딤후 2:24)이다. 디도서는 사도 바울이 그의 제자인 디도에게 목회를 전수하는 내용이다. 사도 바울의 목회관을 가장 잘 보여준다. 사도 바울이 목회자 디도에게 가르친 목회의 핵심은 교육목회이다. 디도서 2:1-3:8은 구체적으로 무엇을 가르쳐야 하는지가 기록되어 있다. 바울은 디도에게 남녀노소 각각을 향한 바른 교훈, 즉 실생활에 대한 구체적인 가르침을 하라고 요구한다. 가르침은 교회 사역의 핵심이다. 그렇다면 교회의 가르침의 목표는 무엇인가?

> "그러므로 하늘에 계신 **너희** 아버지의 온전하심과 같이 **너희도**
> 온전하라"(마 5:48)

> "**이는** 성도를 온전하게 하여 봉사의 일을 하게 하며"(엡 4:12상)

> "우리가 그를 전파하여 각 사람을 권하고 모든 지혜로 각 사람
> 을 가르침은 각 사람을 그리스도 안에서 완전한 자로 세우려 함
> **이나**"(골 1:28)

> "**이는** 하나님의 사람으로 온전하게 하며 모든 선한 일을 행할 능
> 력을 갖추게 하려 함이라"(딤후 3:17)

기독교 교육의 목표는 온전함(완전함)이다. 온전함은 영적으로 성숙한 것을 의미한다. 이 목표에 도달하기 위해 교육과정이 있어야 한다.

교육에 있어서 중요한 것은 체계적인 과정이다. 몇몇 프로그램으로는 사람이 세워지기 어렵다. 새들백교회의 릭 워렌 목사는 "프로그램으로 교회를 성장시키려고 하지 말고 과정을 통해 사람들을 키우는 일에 주력하라. 변화는 우연히 일어나지 않는다. 제자훈련이나 교육과정을 통해서 사람들이 배운 것을 실천하도록 격려하고 치하해 주어야 한다"고 말했다. 새들백교회는 야구의 내야 사각형을 사용해서 교인들을 교육하는 과정을 시각적으로 설명한다. 사람들을 그리스

도께로 인도하고, 영적으로 성장하도록 교육하고, 사역에 필요한 기술을 가르치고, 그리스도를 전하기 위해 세계 선교에 성도들을 참여시키는 교육과정을 실행하고 있다.

노스포인트 커뮤티니 교회(North Ponit Comminity Church)의 앤디 스탠리는 《성공하는 사역자의 7가지 습관》에서 프로그램에 의한 목회와 단계(교육과정)에 의한 목회를 잘 구분하여 설명하였다. 프로그램 중심의 목회에서는 "성도들의 필요가 무엇인가?"라는 질문으로 시작한다. 교회가 성도들의 필요를 "어떻게 채워줄 것인가?"를 생각하며 필요를 채우기 위한 프로그램을 만든다. 하지만 단계(교육과정)를 생각하는 목회는 다르다. 주된 목표가 성도의 필요를 채워주는 것이 아니라 성도가 꼭 가야 할 곳으로 데려가는 것이 목표이다. 성도가 도달해야 할 목표를 달성하기 위해 "어떻게 데려갈 것인가?"를 고민한다. 그 결과 일련의 체계적인 단계를 만들고 실행하게 된다.

제자훈련의 대표적인 교회인 사랑의교회의 경우도 제자훈련과 사역훈련의 과정을 가지고 있다. 제자훈련은 1년 차에 32주 동안 세 권의 책을 가지고 훈련받는다. 다음 2년 차에는 세 권의 책을 가지고 28주 동안 사역훈련을 받음으로써 순장으로 세워진다.

내가 청년 시절에 경험한 카자흐스탄 알마티 은혜교회(G12 셀교회)의 경우는 '성공의 사다리'라는 교육과정이 있었다. 알파코스를 통해 영혼을 구원(Win)하고 2박 3일간의 인카운터 수양회와 10주간의 포스트인카운터 수양회를 통해 신앙을 강화(Consolidate)한다. 리더스쿨을 통해 제자화(Disciple)를 하고 사역의 현장으로 파송(Send)한다. 전도된 불신자가 이 과정을 거치면서 하나님을 만나고 예수님의 제자로 성숙해 간다.

위와 같은 대형 교회들의 교육과정을 목회자가 사역하는 교회에 그대로 이식하기는 쉽지 않다. 나도 수년간 그러한 노력을 해본 적이 있지만 불가능하다는 판단을 내렸다. 함께했던 교회들 역시 성공하지 못하는 것을 보았다. 목회자의 역량과 각자가 처한 목회 환경에 차이가 있기 때문이다. 그렇기에 어떤 한 교회를 모델 삼아 따라가는 것은 좋지 않은 방법이다.

하지만 이런 교회의 좋은 자료들을 활용하는 것은 좋다. 수많은 성도들을 통해 임상을 거친 교재이기 때문이다. 먼저 목회자가 그 자료들을 가지고 직접 경험해 보아야 한다. 자신의 목회철학과 신학에 맞고 좋다고 생각되는 자료들을 가져다가 목회 환경에 맞게 새롭게 구성하는 것은 지혜로운 일이다. 나의 경우에도 수많은 세미나를 듣고 많은 자료를 가지고 있지만, 목회 현장에서 사용하는 것은 내가 은혜받고 목회 현장에 맞다고 생각하는 자료들이다.

분주한 행사와 필요에 따른 프로그램으로는 감동과 만족은 줄 수 있어도 사람을 세울 수 없다. 불신자가 교회에 들어와서 복음을 듣고 예수님을 알아가고, 예수님 안에서 성장하고, 예수님을 섬기며, 예수님을 전파할 수 있는 교육과정을 구축해야 한다. 교육과정을 통해 사람을 키우고 세우는 데 집중해야 한다.

제자훈련은 가르침과 나눔이
조화를 이루어야 한다

✝

세계관 관련 전문가로 알려진 제임스 사이어(James W. Sire)는 그의 책《기독교 세계관과 현대사상》에서 세계관에 대해 다음과 같이 정의했다.

> "세계관이란 이야기의 형태로 혹은 실재의 근본적 구성에 대해 우리가 보유하고 있는 일련의 전제로 표현되는 것으로서, 우리가 살고 움직이고 몸을 담을 수 있는 토대를 제공해 주는 하나의 결단이요 근본적인 마음의 지향이다."

그는 기독교 유신론, 이신론, 자연주의, 허무주의, 동양 범신론적 일신론, 뉴에이지, 포스트모더니즘 등을 우리 시대의 대표적인 세계관으로 제시했다. 어떤 세계관을 가지고 삶과 세상을 바라보는가에 따라서 사람들의 삶의 모습은 달라진다.

유명한 인류학자이자 선교학자인 폴 히버트(Paul Hiebert) 박사는 연구를 통해 세계관이 형성되는 과정을 이론화했다. 사람의 마음속에는 밖으로 드러나는 행동을 가능하게 하는 어떤 구조가 있는데 그 정점에 세계관이 있다. 세계관이 형성되는 과정은 다음과 같다.

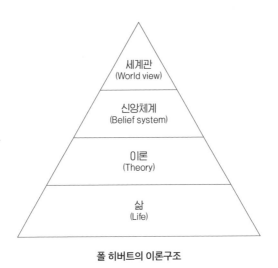

폴 히버트의 이론구조

사람들은 삶(Life) 속에서 자주 보이는 것을 주목해서 관찰하고 가정을 세운다. 그 가정이 입증되면 그것은 이론(Theory)이 된다. 이 이론은 시간이 지나면서 신앙체계(Belief system)로 발전한다. 이 신앙체계로 세상을 이해하게 되면서 결국 세계관(World view)을 형성하게 된다. 이렇게 형성된 세계관에 따라 행동한다.

그런데 기독교인에게는 다른 부분이 있다. 신앙체계가 삶으로부터 형성된 것이 아니라 외부에서 들어온다. 바로 성경 말씀을 통해 신앙체계가 형성된다. 성경은 성도의 신앙과 행동의 유일무이한 법칙이다. 성경을 통해 학교와 세상에서 경험한 것과는 전혀 다른 성경에서 기인한 신앙체계를 갖게 된다. 이 신앙체계가 발전하여 기독교적 세계관을 갖게 된다. 그렇기에 기독교적 세계관을 가지고 세상을 이해하고 살아가기 위해서 중요한 것은 신앙체계를 바로 세우는 것이다. 하나님의 말씀인 성경을 배우고 가르쳐야 하는 이유가 여기에 있다. 성경을 바로 배울 때 올바른 기독교 세계관을 가지고 살아갈 수 있다.

제자훈련에 있어서 집중해야 할 것은 세상을 보는 관점인 세계관을 변화시키는 것이다. 성경 말씀으로 신앙체계를 세워줌으로써 기독교적인 세계관을 가질 수 있도록 도와주어야 한다. 그럴 때 교회 안의 신앙생활이 아닌 삶의 모든 영역에서 신앙인으로 살아가게 된다.

그렇기에 제자훈련을 통해 성경을 가르쳐야 한다. 이 시대의 많은 교회들이 성경 말씀을 가르치는 것에 소홀한 것 같다. 말씀을 통해 기본적인 믿음의 뼈대도 세워지지 않은 채 나눔만을 중시한다. 물론 나눔도 중요하지만 일단 그리스도인으로서 기본적으로 배워서 알아야 할 진리들이 있다. 세상에서 접할 수 없는 예수님이 명령한 모든 것을 지킬 때까지 가르쳐야 한다. 그 출발은 '예수님이 명령한 모든 것'을 성경을 통해 알려주어야 한다.

그렇다면 제자훈련을 통해 성경을 어떻게 가르쳐야 할까? 제자훈련을 통해서는 성경을 장별로, 문단별로, 구절별로 공부하기는 어렵다. 이것은 다른 성경공부 시간을 통해서 해야 한다. 제자훈련 시간에는 성경을 주제별로 가르치는 것이 유익하다. 성경을 주제별로 가르치는 방법 가운데 하나가 기독교 교리를 가르치는 것이다.

신앙체계를 세워주는 데 유익한 것은 교리 교육이다. 20세기 복음주의를 대표하는 신학자 중의 한 사람인 제임스 패커(J. I. Packer)는 그의 책《복음에 뿌리를 내려라》에서 교리 교육의 중요성을 강조했다. 교리 교육은 무엇을 믿고, 어떻게 기도하고, 어떻게 예배하며, 어떤 삶을 살아가느냐에 관한, 즉 믿음의 근본 원리를 체계적으로 가르치는 사역을 말한다. 현대 교회가 잃어버린 과거의 방식인 교리 교육으로 신자를 가르치라고 권면한다.

온누리교회에서 사용하고 있는《일대일 제자양육 성경공부》는 주제별 성경공부 교재라고 할 수 있다. 복음에 대해서, 구원의 확신, 하나님의 속성, 하나님의 말씀, 기도, 교제, 전도, 성령 충만한 삶, 시험을 이기는 삶, 순종하는 삶, 사역하는 삶 등 신앙생활의 근본을 이루는 중요한 주제에 따른 성경공부 교재이다.

또한 사랑의교회에서 사용하는 제자훈련 2권 교재인《아무도 흔들수 없는 나의 구원》은 성경의 권위, 하나님은 누구신가, 예수 그리스도는 누구신가, 삼위일체 하나님, 인간의 타락과 그 결과, 예수 그리스도의 죽음, 예수 그리스도의 부활, 약속대로 오신 성령, 거듭난 사람, 믿음이란 무엇인가, 의롭다 함을 받은 은혜, 우리 안에 계시는 성령, 그리스도인의 성화, 예수 그리스도의 재림 등 14가지의 전통적인 주요 교리를 다룬다.

제자훈련 3권《작은 예수가 되라》는 순종의 생활, 봉사의 의무, 그리스도를 증거하는 생활, 말의 덕을 세우는 사람, 영적 성장과 성숙, 순결한 생활, 그리스도인의 가정 생활, 신앙 인격의 연단, 그리스도의 주재권, 청지기 직, 영적 전투, 새 계명, 사랑하라 등 12가지 그리스도인의 인격과 삶과 주제를 다룬다.

이러한 교재들을 사용하여 하나님의 말씀을 가르쳐야 한다. 이상의 내용들을 마음에 담아 신앙체계의 기초를 확립하도록 도와주어야 한다. 이러한 내용들을 가르침과 배움을 통해 알게 되는 것이지 교회에 다닌다고 자연스럽게 알게 되는 것이 아니다.

하지만 제자훈련 시간에 이러한 내용을 일방적인 가르치는 것으로 끝나서는 안 된다. 그렇게 해서는 삶의 변화로 연결되기 힘들다. 성도들을 적극적으로 훈련에 동참시켜야 한다. 성도들에게 생각하고 이야기할 수 있는 기회를 주어야 한다.

합동신학대학원대학교 김만형 교수는 《SS혁신보고서》에서 "기독교 교육에서 학습자의 행동의 변화를 위해서는 표현할 기회를 주어야 한다"고 하였다. 배운 내용을 말이나 글로 표현할 수 있을 때 그 지식이 내면화되어 자신의 것이 된다. 배운 내용을 말로 표현하는 가운데 정보가 점점 선명하게 정리되면서 가슴까지 내려온다. 가슴까지 내려온 정보가 결국 사람의 행동을 바꾼다.

제자훈련 시간에 성도들의 입을 여는 방법이 있다. 먼저 자신의 이야기를 하게 하는 것이다. 제자훈련의 시작 부분에서는 교재를 가지고 진행하지 말고 한 주간의 삶의 이야기, 주일설교를 듣고 기억에 남고 은혜받은 것, 한 주간의 말씀묵상 나눔으로 시작하는 것이 좋다.

이것도 갑자기 하라고 하면 할 수 없다. 그렇기에 사전에 제자훈련 과제에 포함시키면 좋다.

첫 출발은 한 주간의 삶을 나누는 것이다. 무작정 나누라고 하면 어려울 수 있으니 한 주간 "좋았던 사건이나 나빴던 사건"(Good&Bad)을 나누도록 하면 좋다. 자신의 이야기니 어려울 것이 없다. 이런 나눔을 통해 마음을 열게 된다.

둘째는 주일설교 말씀을 들을 때 새롭게 깨달은 것이나 감동을 받은 것 그리고 은혜받은 부분을 메모하며 듣는 숙제를 내주면 좋다. 제자훈련 모임 전에 어떤 이야기를 나눌지 준비해 오도록 하는 것이다. 그렇게 되면 설교를 집중해서 듣게 된다. 들은 내용을 말로 표현하기 위해 생각을 정리한다. 그리고 그것을 말로 하는 순간 그 내용이 내면화된다. 제자훈련 참가자들을 설문 조사할 때 메모하며 들을 때 설교가 다르게 들렸다는 여러 간증들이 있었다.

셋째는 한 주간 말씀묵상(QT)하는 본문 중에서 한 본문을 선택하여 그것을 나누게 하는 것이다. 다른 날 말씀은 묵상을 못 하더라도 정해진 본문은 묵상하고 제자훈련에 참여하도록 하는 것이다. 나는 주로 제자훈련 전날 본문을 과제로 내주었다. 그렇게 되면 자신이 묵상한 내용을 자연스럽게 나누게 된다. 이 나눔에 큰 은혜가 있다. 동일한 본문을 묵상했기에 다른 사람의 나눔이 잘 들린다. 말씀이 살아 역사하는 것을 서로 경험하게 된다. 많은 제자훈련 참가자들이 큐티 나눔을 통해 많은 은혜를 누렸다고 고백했다. 제자훈련이 끝난 다음에도 큐티를 지속하고 모임을 만들어서 나누는 경우도 있었다. 나는 그 것을 가장 중요하게 장려한다.

넷째는 정해진 주제를 다룰 때 먼저 그 주제에 대해서 훈련 참가자 들이 알고 있는 내용을 이야기해 보게 하는 것이다. 예를 들어 성경이 라는 주제라면, 성경은 어떤 책인지, 저자는 누구인지, 언제 쓰였는지 등 객관적인 사실을 나누게 한다. 또한 성경에 대한 느낌, 성경의 영 향력, 성경을 통한 경험, 성경의 유익, 성경의 어려움 등 주관적인 마 음을 나누도록 한다. 그렇게 할 때 주제에 대해서 더욱 마음을 열고 접근하게 된다.

다섯째는 교재에 나와 있는 질문의 내용과 관련 성경 구절을 훈련 생들이 돌아가면서 읽게 하는 것이다. 이것은 모든 사람이 제자훈련 에 이야기하며 참여할 수 있는 통로가 된다. 자신의 생각이나 감정을 나누기 어려워하는 사람도 질문을 읽고 성경을 읽는 것은 할 수 있다. 이렇게 하다 보면 점점 마음이 열려 다양한 이야기를 하는 것을 경험 할 수 있다.

나는 제자훈련을 할 때 전반부는 주로 삶 나눔, 주일설교 나눔, 큐 티 나눔을 하고 후반부에 교재의 내용으로 들어간다. 앞부분에서 마 음이 활짝 열린 상태에서 하나님의 말씀을 가르칠 때 그 말씀이 훈련 받는 성도들의 마음에 파고드는 것이 느껴진다. 설교할 때와는 또 다 른 제자훈련 가운데 말씀을 가르치면서 경험하는 놀라운 은혜가 있 다.

제자훈련에서 가르침과 나눔은 균형을 이루어야 한다. 성경을 가르침으로 기독교 세계관을 갖게 하고, 나눔을 통해 하나님의 말씀이 가슴으로 내려와 삶을 변화시키는 역사를 제자훈련을 통해 이룰 수 있다.

제자훈련을 통해
거룩한 습관을 갖도록 해야 한다

✝

"자기의 육체를 위하여 심는 자는 육체로부터 썩어질 것을 거두
고 성령을 위하여 심는 자는 성령으로부터 영생을 거두리라"
(갈라디아서 6장 8절)

영성신학자 리처드 포스터(Richard J. Foster)는 《영적 훈련과 성장》에
서 영적 훈련은 성령을 위하여 씨를 뿌리는 일과 같다고 하였다. 농부
는 씨를 뿌릴 수는 있지만 자신의 힘으로 곡식을 자라게 할 수는 없
다. 그가 할 수 있는 것은 곡식이 자라는 데 필요한 조건을 제공해 주
는 것뿐이다.

영적 훈련이 이와 같다. 영적 훈련 자체가 성도를 변화시키지는 못
한다. 영적 훈련은 성도에게 어떤 변화가 발생할 수 있는 곳에 성도를
가져다 놓을 뿐이다. 리처드 포스터는 "하나님께서 영적 훈련을 하나
님의 은혜를 받는 통로로 정하셨다"고 주장한다. 훈련은 성도를 하나
님 앞에 나아가도록 하여, 하나님께서 성도를 변화시킬 수 있게 한다.

제자훈련도 마찬가지이다. 제자훈련에 부정적인 반응을 보이는 사

람들은 몇 개월간 또는 몇 년간 제자훈련을 한다고 해서 사람이 변하느냐고 반문한다. 그렇지 못한 모습을 주변에서 보아왔다는 것이다. 그렇다. 제자훈련 자체가 사람을 변화시키지 못한다. 나는 제자훈련 첫 오리엔테이션 시간에 언제나 이것을 강조한다.

"제자훈련 자체가 여러분을 변화시키는 것이 아닙니다. 제자훈련은 성경과의 접촉을 통해 여러분이 하나님께 나아가는 기회를 제공합니다. 하나님께 나아가 하나님을 찾고 구할 때 하나님께서 여러분을 만지시고 변화시킬 것입니다. 그것을 기대하며 하나님께 나아가는 훈련을 하는 것이 제자훈련입니다."

실제로 그렇다. 제자훈련은 하나님이 성도를 변화시킬 수 있는 장을 마련하는 것이다. 하나님은 우리가 온 마음으로 구하면 하나님을 찾을 것이고 만나주시겠다고 약속하셨다(렘 29:13). 말씀을 읽고, 묵상하고, 암송하고, 공부하면서 하나님을 구하고 찾을 때 하나님이 만나주신다. 예수 그리스도를 닮아가는 성숙의 길을 걷게 된다.

그렇기 때문에 제자훈련은 끊임없이 하나님께 나아가는 습관을 길러주는 과정이어야 한다. 하나님과의 만남 가운데 하나님께서 변화시키시도록 하나님께 자신을 내주는 거룩한 습관을 길러주어야 한다. 손경구 목사는《습관과 영적 성숙》에서 "우리의 행동 중 90% 이상이 습관에 따라 움직인다"고 하였다. 습관이 인생을 움직인다. 일상의 습관이 사람의 미래를 창조하기에 습관을 보면 그 사람의 미래를 알 수 있다.

성경은 성도들을 향해서 "너희는 유혹의 욕심을 따라 썩어져 가는 구습을 따르는 옛 사람을 벗어 버리고 오직 너희의 심령이 새롭게 되어 하나님을 따라 의와 진리의 거룩함으로 지으심을 받은 새 사람을 입으라"(엡 4:22-24)고 말씀한다. 릭 워렌 목사는 《목적이 이끄는 삶》에서 새 사람을 입는 방법은 새롭고 거룩한 습관을 발전시킴으로써 가능하다고 하였다. C. S. 루이스는 《스크루테이프의 편지》에서 "만일 개종한 사람의 습관이 전과 동일하다면 그 습관 때문에 그 사람은 그리스도 안에 있는 삶을 거의 실현하지 못할 것이다"라고 하였다.

세상 사람들도 습관의 중요성을 말한다. 습관을 제2의 천성이라고 하며, 습관이 인생의 질을 형성하는 제1의 요소라고 한다. 하지만 이러한 습관을 바꾸는 일은 세상에서 가장 어려운 일 중의 하나이다. 많은 사람들은 습관을 바꾸기 위해 많은 에너지를 사용한다. 이런 맥락에서 브라운 랜던(Brown Landon)은 《고정관념을 깨는 습관의 법칙》에서 "제발 습관을 바꾸려고 노력하지 말라"고 충고하며 "그것은 시간 낭비일 뿐만 아니라 거의 불가능하다"고 지적한다.

지구촌교회 이동원 목사는 예수님의 습관을 연구하는 새로운 도전을 하였다. 그 결과 《예수님의 거룩한 습관》이라는 책을 저술했다. 그는 스물두 가지의 예수님의 거룩한 습관을 소개하였다. 이동원 목사는 "우리의 행동을 바꾸는 것은 단순히 나쁜 습관을 버리는 결심만으론 불가능합니다. 새로운 습관, 더 나은 습관, 거룩한 습관을 익혀야 합니다. 새로운 습관만이 우리가 사모하는 진정한 부흥, 진정한 변화를 가져올 수 있습니다"라고 하였다. 나쁜 습관을 바꾸려고 애쓰지 말고 좋은 습관을 익혀야 한다.

이런 측면에서 제자훈련은 거룩한 습관을 길러주는 시간이 되어야 한다. 수개월 동안 매주 만남을 통해 거룩한 습관을 가질 때 그리스도 의 장성한 분량이 충만한 데까지 이르는 온전한 사람이 될 수 있다(엡 4:13). 그렇다면 제자훈련을 통해 어떤 거룩한 습관을 세워주어야 할 까?

첫째는 말씀묵상(QT)이다. 나는 제자훈련 교재와 큐티의 비중을 1:1로 두고 있다. 그만큼 신앙생활에서 말씀묵상이 중요하다. 말씀묵 상은 성도들이 직접 하나님의 말씀과 대면하여 하나님과 교제할 수 있는 방법이다. 다른 사람이 먹여주는 것이 아니라 자신이 직접 하나 님의 말씀을 먹는 훈련을 하는 것이다. 하지만 말씀묵상을 습관화하 기는 쉽지 않다. 수개월을 잘하다가도 며칠만 거르면 리듬이 깨지는 것이 말씀묵상이다. 그래서 제자훈련의 기간 동안 습관화가 될 수 있 도록 도와주어야 한다.

말씀묵상에는 사이클이 있다. 매일 주시는 말씀이 나에게 주시는 말씀으로 느껴질 때가 있다. 그럴 때는 새벽이 기다려진다. 다음 날 어떤 말씀으로 나의 삶을 인도하실지 기대하며 잠들게 된다. 하지만 어느 시기에는 말씀을 읽고 묵상해도 다가오지 않는 때가 있다. 무미 건조할 때가 있다. 중요한 것은 그때에도 중단하지 않고 묵상의 자리 를 이어가야 한다. 매일 밥을 먹듯이 꾸준히 규칙적으로 말씀을 묵상 할 때 어느 순간 하나님의 은혜가 부어지고 영적으로 성장하게 된다.

말씀묵상을 습관화하기 위해서는 몇 가지 요소가 필요하다. 첫째는 좋은 묵상 교재이다. 말씀묵상이 '내가 복음으로' 가지 않기 위해서는 건전한 안내가 필요하다. 본문 원래의 뜻을 이해하기 위해 묵상 교재의 본문 설명이 요긴하다. 둘째는 시간과 장소를 정하는 것이다. 언제, 어디에서 말씀묵상을 할지를 정해야 지속할 수 있다. 셋째는 한 주간에 할 분량이다. 일주일에 몇 번 묵상할지를 정하는 것이다. 물론 가장 좋은 것은 매일 하는 것이지만 각자 자신의 역량에 따라 정해놓고 하면 좋다. 최소한 정해놓은 것은 하고 그 이후에 늘려가는 방식이 좋다. 처음부터 매일 하려고 하면 부담이 돼서 포기하는 경우가 많다. 넷째는 함께 묵상하며 나누는 그룹을 갖는 것이다. 큐티는 나눔을 통해 배우게 된다. 서로 지지하며 격려해 주는 것이 중요하다.

말씀묵상에는 기도가 함께 간다. 말씀 없이 기도하면 긴급한 간구만 하게 된다. 하지만 말씀묵상 후 기도를 하면 그날 주신 말씀을 붙잡고 기도하게 된다. 하나님의 뜻을 구하게 된다. 말씀과 기도로 하나님과 교제하는 시간이 말씀묵상의 시간이다. 제자훈련을 통해 말씀묵상을 습관화하도록 도와주어야 한다.

둘째는 성경 읽기이다. 주일예배 시간 이외에는 성경을 잘 펼치지 않는 성도가 의외로 많다. 제자훈련을 통해 성경을 읽으므로 말씀의 은혜를 경험하게 된다. 제자훈련 이후에 꾸준히 성경을 읽을 수 있도록 안내해 주는 것이 좋다.

나는 제자훈련 중 '맥체인 성경읽기표'를 사용할 것을 추천한다. 스

코틀랜드의 로버트 머레이 맥체인(Robert Murray McCheyn) 목사는 자신이 목회하던 성 베드로 교회 성도들의 성경 읽기를 위해 '성경읽기표'를 만들었고 1842년에 처음으로 인쇄했다. 그 후 수많은 사람들이 이 성경읽기표를 사용했다. 20세기 대표적인 복음주의 설교가와 목회자인 로이드 존스와 존 스토트도 이 표를 가지고 성경을 읽었다. '맥체인 성경읽기표'는 신구약 성경을 4등분 해서 매일 골고루 읽게 한다. 1월은 구약의 창세기를 통해서 만물의 시작과 에스라를 통해서 이스라엘 포로 후의 새 시대의 시작을, 마태복음을 통해 예수님 사역의 시작을, 사도행전을 통해 교회시대의 시작을 동시에 읽게 한다. 이 표를 따라 성경을 읽다 보면 거시적인 안목으로 구속사의 흐름을 볼 수 있게 되고 성경의 맥을 잡게 된다.

셋째는 말씀 암송이다. 이동원 목사는 《예수님의 거룩한 습관》에서 "예수님이 보여주신 습관 가운데 우리가 본받아야 할 가장 중요한 습관이 말씀 암송"이라고 했다. 예수님은 암송하신 말씀으로 마귀의 시험을 이기셨다(마 4:6). 내가 사용하는 제자훈련 교재들은 각 주제의 핵심 구절들을 암송할 수 있도록 암송카드가 준비되어 있다. 매주 두 구절씩 암송하는 과제를 내주고 제자훈련 시간에 함께 점검하였다. 면접 조사를 통해 알게 된 것은 성도들이 가장 힘들어하는 것이 말씀 암송이라는 사실이었다. 하지만 중요하기에 지속했다. 훈련이기에 거룩한 부담도 필요하다. 하지만 이것이 제자훈련에 참석하는 데 어려움을 준다면 암송 구절을 하루에 몇 번씩 읽어보는 과제를 내준다든지, 몇 차례 노트에 적어보는 숙제를 내주어도 좋다.

나의 군생활을 지탱해 주었던 가장 큰 힘은 말씀 암송이었다. 입대 전에 소개받은 네비게이토의《주제별 성경암송 60구절》을 군생활 내내 암송하며 묵상했다. 각 구절을 묵상하며 노트에 정리하기도 하였다. 신앙의 중요한 주제에 따른 핵심 구절이 잘 제시되어 있다. 또한 신대원입시를 위한 150구절을 군생활 때 외웠다. 그때 외운 말씀들이 지금도 큰 힘이 된다. 제자훈련 이후에《주제별 성경암송 60구절》을 소개해 주면서 지속적으로 말씀을 암송할 수 있도록 안내해 주면 도움이 된다.

넷째는 경청하기이다. 경청의 중요성에 대해서는 많이 알려졌다. 《경청, 영혼의 치료제》,《경청, 마음을 얻는 지혜》,《마음을 사로잡는 경청의 힘》,《경청의 영성》,《경청의 인문학》등 경청과 관련된 수많은 책들이 있다. 경청은 귀로만 하는 것이 아니다. 경청은 상대방을 주목하고 마음을 내어주는 일이다.

나는 제자훈련 첫 시간에 중요한 원칙을 제시한다. 한 사람이 나눔을 할 때는 모든 지체가 나눔을 하는 사람에게 집중하는 것이다. 얼굴을 그 사람에게로 향하며 잘 경청하며 공감하는 것을 원칙으로 한다. 처음에는 쑥스러워서인지 다른 곳을 쳐다보는 사람들이 있다. 하지만 시간이 지나면서 자연스럽게 서로의 얼굴을 대하며 이야기를 나눈다. 상대방을 존중하며 상대방과 공감하는 습관을 제자훈련을 통해 길러줄 수 있다.

다섯째는 금요심야기도회에 참석하기이다. 말씀 중심의 제자훈련을 하다 보면 기도에 소홀해질 수 있다. 이때 균형을 잡아주는 것이 금요심야기도회이다. 대개 교회들은 금요일 저녁에 기도회 시간을 가진다. 찬양과 말씀 그리고 함께 기도하는 시간이 있다. 금요심야기도회를 통해 개인의 기도뿐만 아니라 가정과 교회와 나라와 민족 그리고 열방을 위해 기도한다. 제자훈련 기간 동안 금요심야기도회에 참석하도록 하여 기도의 은혜를 경험하게 하면 좋다. 제자훈련 이후에도 교회 공동체와 함께 기도하는 좋은 습관을 갖게 된다.

제자훈련을 통해 이상 다섯 가지 거룩한 습관을 갖도록 도와주어야 한다. 이 습관들이 제자훈련 이후에도 하나님의 은혜를 받는 자리에 나아가도록 도와준다. 무엇보다도 지속적으로 성장하고 성숙해 가는 귀한 통로가 된다.

목회자는 평신도 양육자의 사역을 코칭해야 한다

✝

"철이 철을 날카롭게 하는 것 같이 사람이 그의 친구의 얼굴을 빛나게 하느니라"(잠언 27장 17절)

목회자는 평신도 양육자를 코칭(Coaching)해야 한다. 오늘날 코칭이라는 단어는 우리에게 익숙하다. 개인 코칭, 직업 코칭, 리더십 코칭, 팀 코칭, 비즈니스 코칭, 심리적 코칭, 책쓰기 코칭, 크리스천 코칭 등 다양한 영역에서 사용된다.

코칭은 코치(Coach)라는 단어에서 유래되었는데 1500년대에 코치는 현재 있는 곳에서 목적지까지 사람들을 데려다주는 마차를 가리키는 단어였다. 이 단어가 1880년대에 와서 케임브리지에 있는 캠 강에서 대학생들에게 노 젓는 법을 개인지도하는 사람을 가리키는 단어가 되었다. 시간이 지남에 따라 코치는 운동선수를 도와 목표하는 곳으로 실력을 향상시키는 사람을 가리키는 용어가 되었다.

이후 코치는 음악가, 연사, 배우와도 연관되어 그들이 더 유능해지게 돕고, 목표를 이루며 자신감을 갖도록 돕는 사람을 뜻하게 되었다.

2000년대에 와서 이 단어는 경영 분야에서 가장 주목할 만한 주제가 되었다.

이러한 코칭의 개념을 기독교와 접목시킨 사람이 트리니티복음주의신학대학교 교수였던 게리 콜린스(Gary R. Collins)이다. 기독교 상담학계의 대부로 불리는 게리 콜린스 박사는 그의 책《크리스천 코칭》에서 "코칭은 한 개인이나 그룹을 현재 있는 지점에서 그들이 바라는 더 유능하고 만족스러운 지점까지 나아가도록 인도하는 기술이자 행위이다"라고 정의했다. 즉 코칭은 사람들의 잠재력을 발휘하여 비전을 실현시키도록 돕는 과정이다. 훌륭한 코칭은 훌륭한 지도자를 만드는 과정의 필수 요소이다.

모세는 코칭에 대해 들어보지 못했지만 코칭을 받았다. 출애굽기 18장에서 모세는 아침부터 저녁까지 백성들을 재판하고 있었다. 이스라엘 백성들은 모세의 조언을 듣기 위해 아침부터 저녁까지 기다려야 했다. 이 모습을 지켜본 장인 이드로는 모세를 코칭했다. 이드로는 백성 가운데서 다른 사람들 재판할 수 있는 사람을 찾아 그들이 직접 재판하도록 했다. 모세는 이드로의 코칭을 받아 백성 가운데서 재판관을 세우고 그들과 역할을 분담하여 일하게 되었다. 예수님 역시 코칭의 방법으로 열두 제자를 영적 지도자로 세우셨다.

목회자가 평신도 양육자를 코칭하는 목적은 무엇일까? 지상대명령(마 28:18-20) 성취를 위해 평신도 양육자가 다른 누군가를 훈련시키는 지도자로 서게 하는 것이다. 이것을 위해 필요한 것은 무엇인가?

첫째, 평신도 양육자에게 다른 사람을 양육하는 것의 중요성과 가치를 전달해야 한다. 오늘날 모든 사람은 분주하게 살아간다. 해야 할 일들이 많고 하고 싶은 것도 많다. 그런데 수개월 동안 한 사람 혹은 두세 사람을 만나 그들을 양육한다는 것은 많은 헌신과 수고를 요구하는 사역이다. 이러한 사역을 할 수 있게 하는 힘은 이 사역의 중요성과 가치를 깨닫게 하는 것이다. 평신도 양육자에게 목회자가 성경을 통해 깨달은 제자화의 가치와 중요성을 전달해야 한다. 예수님의 지상대명령의 소중함을 깨우쳐야 한다. 이것이 마음에 와닿은 사람이 평신도 양육자로 헌신한다.

둘째, 다른 사람을 양육할 수 있는 방법을 가르쳐 주어야 한다. 가장 좋은 것은 롤모델이 되어주는 것이다. 나는 내가 청년 시절 제자훈련 받았던 훈련방법을 지금까지 그대로 사용하고 있다. 매주 제자훈련을 하는 시간에 일정한 패턴을 고수한다. 모임이 규모 없이 진행되지 않도록 일정한 틀을 갖는 것이 중요하다.

평신도 양육자로 사역하고 있던 권사님께 "권사님, 양육 시간을 어떻게 진행하고 계세요?" 하고 물었다. 권사님의 대답은 간단했다. "목사님이 저를 양육하셨던 그대로 저도 하고 있어요."

모임 시작 전에 한 주간 과제를 어떻게 수행했는지 동반자 각자가 체크 리스트에 기록하게 하며 자연스럽게 삶을 나눈다. 준비가 되면 찬양을 부르고, 시작 기도를 한다. 주일설교와 큐티 말씀을 나누면서 한 주간의 은혜를 나눈다. 암송 구절을 함께 암송한다. 그리고 교재를 함께 살펴보고 기도로 마친다. 전체 2시간 중 1시간은 설교를 통해 듣거나 묵상한 말씀을 중심으로 나눔의 시간을 가진다. 나머지 1시간은 양육 교재를 통해 하나님의 말씀을 나눈다. 권사님은 4개월 동안 나와 함께했던 순서 그대로 자신의 동반자를 양육했다고 하셨다. 목회자가 모델을 제시해 주는 것이 중요하다.

셋째, 기회가 되는 대로 제자양육 진행 사항을 묻는 것이다. 실제 어떻게 제자훈련이 진행되고 있는지를 점검해 주는 것이 필요하다. 대화가 중요하다. 교회에서 마주칠 때마다 제자훈련 상황에 대해 물어야 한다. 이러한 점검의 목적은 평신도 양육자가 양육하고 있는 과정에 목회자가 관심이 있다는 것을 표현하기 위함이다. 혼자 양육하는 것이 아니라 목회자가 함께하고 있다는 것을 확인시켜 주어야 한다.

시작 시점에서는 어떤 사람과 언제, 어디에서 제자훈련을 시작하게 되는지 물어보아야 한다. 제자훈련이 진행되고 있는 상황에서는 양육하는 데 어려움은 없는지, 도움이 필요한 것이 없는지 살펴야 한다. 동반자의 반응이 어떤지도 물어보아야 한다. 평신도 양육자와 대화하는 것이 중요하다. 대화하는 과정 가운데 질문이 나오기도 하고 공감이 되기도 하고 힘을 얻기도 한다.

넷째, 문제가 있다면 함께 고민하며 해결책을 제시해 주어야 한다. 어떤 문제 앞에서 목회자는 자신이 경험한 것을 실례로 이야기해 주어야 한다. 제자훈련의 과정에서 나타나는 문제들은 대부분 비슷한 패턴이다. 그렇기에 서로 대화하다 보면 해결 방향을 찾아갈 수 있다. 물론 대화로만 풀어갈 수 없는 상황이 생기기도 한다. 그럴 때는 함께 기도하며 하나님께 지혜를 구해야 한다. 그 과정 역시 서로 성장해 가는 과정이 된다.

다섯째, 끊임없이 칭찬하고 격려하며 동기부여를 해주어야 한다. 제자훈련의 사역이 얼마나 귀한 것인지를 말해주며 그 사역에 헌신하고 있는 것의 소중함을 끊임없이 일깨워 주어야 한다. 칭찬과 격려가 마음을 새롭게 한다. 피곤하고 지친 마음을 다시 일으켜 헌신하고 싶은 마음이 일어난다.

나는 의도적으로 코칭을 했지만 상대편이 코칭을 받는다는 느낌을 받게 하지는 않았다. 주로 사역하면서 마주칠 때마다 자연스럽게 대화를 하려고 했다. 필요하다고 생각될 때는 전화로 소통했다. 대화를 하면서 평신도 양육자의 마음 상태를 확인하고 제자훈련 진행과정을 파악하였다. 어려운 이야기를 하면 공감해 주면서 내가 겪은 사례를 나누었다. 제자훈련을 하면서 은혜받은 이야기를 하면 잘 들어주며 제자훈련을 마칠 때는 더 큰 은혜가 있을 것이라는 소망을 불어넣어 주었다. 평신도 양육자들의 마음에 자신이 지금 바르게 가고 있다는 확신이 들도록 도와주었다. 그 결과 기쁨으로 맡겨진 사역을 감당하는 모습을 볼 수 있었다. 목회자는 코칭 사역에 관심을 가지고 책과 사역을 통해 코칭 역량을 높여갈 필요가 있다.

"훌륭한 코치는 비전을 품은 자다. 훌륭한 코치는 비전을 불러

일으키고, 비전에 물을 주며 격려한다. 그런 후 비전에 몰두하는
모델을 보여주고 비전에 항복하도록 동기를 부여한다."

— 토마스 밴디

제자훈련의 간증문을
남겨야 한다

✝

존 파이퍼 목사가 《예수님의 지상명령》이란 책을 썼다. 그에게 사람들이 "이 책을 쓰는 데 얼마나 걸렸습니까?"라고 물으면, 그는 "60년이 걸렸습니다"라고 대답한다고 한다. 실제로 존 파이퍼가 이 책을 쓰는 데 정말 60년이 걸린 것은 아니다. 하지만 그는 이 대답을 통해서 책을 만들어낸 은혜의 물줄기가 어릴 적부터 지금까지 흘러내려오고 있다는 것을 나타내고 싶었다. 초등학교 시절부터 대학을 거쳐 25년간 교회에서 말씀 사역을 하면서 경험했던 모든 것의 결실이 바로 이 책이라는 뜻이다. 존 파이퍼는 "내게 삶과 글쓰기는 하나다"라고 말했다.

나는 제자훈련을 하면서 중간중간에 제자훈련을 통해 받은 은혜와 변화를 나누는 시간을 가진다. 서로의 이야기를 들으며 하나님이 각 사람에게 행하신 일들을 보고 하나님께 감사하게 된다. 아직 은혜를 경험하지 못한 지체들은 다른 사람들의 간증을 들으며 새로운 기대감을 가지고 남은 시간 제자훈련에 임하는 모습을 보았다. 이런 시간이 제자훈련의 시간을 생명력 있고 기대가 넘치도록 만든다.

그리고 마지막 시간에는 그동안 제자훈련 전체를 돌아보며 간증과 소감을 나누는 시간을 가진다. 특별한 형식을 정해주지 않고 원하는 대로 A4 한 페이지 정도를 쓰도록 한다. 지금까지 수많은 소감문과 간증문을 받아보았다. 대부분의 경우는 컴퓨터로 작성해서 출력해 온다. 하지만 때로 손글씨로 예쁘게 써오는 경우도 있었다. 간증문을 각종 색연필로 꾸며서 내는 지체도 있었고, 그림을 그려서 내는 경우도 있었다. 자신들이 받은 은혜를 다양하게 표현하였다. A4 한쪽을 못 채우는 경우도 있고, 여러 장에 내용을 적어 제출한 경우도 있었다. 이렇게 소감문이나 간증문을 기록하게 한 후 나눔을 하게 되면 은혜가 더 풍성하다.

이런 과정을 거치면서 느낀 것은 많은 성도들이 글 쓰는 것을 어려워한다는 사실이다. 간혹 쓰는 것은 생략하고 말로 은혜를 나누겠다는 성도들도 있었다. 그렇기에 한 주 전에 과제를 내주면 마지막 시간에 과제를 제출하지 않고 마무리하게 되는 경우가 생긴다. 그래서 최소한 마무리 2주 전에는 간증문에 대한 이야기를 하고 준비하도록 하는 것이 좋다. 간증문을 기록으로 남기는 것은 신앙의 여정에 유익하다.

나의 경우 초등학교 시절에는 글 쓰는 것을 두려워했다. 그래서 일기나 독후감 쓰는 숙제를 힘들어했다. 청소년기가 되자 삶의 기록을 남기고 싶은 생각이 들었다. 종종 의미 있는 날에 일기를 기록했다. 그리고 한 해의 마지막 날에는 그 해를 정리하며 노트에 글을 썼다. 한 해 동안 있었던 기억에 남는 일들을 적었다. 당시 썼던 노트가 존재하지 않는 것이 아쉽다. 대학 시절에는 자기계발서를 읽으면서 다이어리를 열심히 썼다. 당시 다이어리 쓰는 것이 유행이었다. 값이 나가던 프랭클린 플래너를 사용하여 일정을 기록하기도 하였다.

대학 시절 《새벽을 깨우리로다》(김진홍), 《아름다운 세상 찾기》(최일도), 《평신도를 깨운다》(옥한흠), 《제자훈련 열정 30년 그 뒤안길의 이야기》(옥한흠), 《나는 행복한 전도자》(김인중), 《미래를 꿈꾸는 사람》(김동호), 《열정의 비전메이커》(오정현), 《잠자는 교회를 깨운다》(최홍준), 《꿈꾸는 자만이 세상을 바꿀 수 있다》(서경석), 《마른 뼈도 살아날 수 있다》(전병욱), 《새들백교회 이야기》(릭 워렌), 《당신도 영적 카라반이 되라》(김삼성) 등 목사님들의 신앙적 경험과 교회 사역 이야기가 담긴 책들을 여러 권 읽었다. 책들을 읽으면서 큰 은혜를 받았고 도전을 받았다. 어떻게 목회자로 준비되어야 할지를 고민하게 되었다.

대부분의 책에는 목사님들이 어린 시절 어떻게 신앙생활을 했는지, 어떤 계기로 어떻게 예수님을 인격적으로 만났는지, 어떤 신앙적 훈련을 받고 경험했는지, 하나님이 사역에 어떤 은혜를 주셨는지, 어떻게 사역을 하고 있는지 등이 소개되어 있었다. 당시 내가 책을 읽으며 생각한 것은 하나님과의 만남의 체험들을 기록으로 남겨야겠다는 것이었다. 그때부터 나는 하드디스크에 '신회자료' 폴더 하위에 '신회기록'이라는 폴더를 만들어 사용하고 있다. 신앙 고백과 간증, 방언을 받다, 목사가 될 것이다, 첫 치유사건, 첫 치유경험, 대학교를 졸업하며, 신대원을 준비하며, 단기선교 소감문 등 은혜의 기록들을 가지고 있다.

나는 기억력이 좋지 않은 편이다. 내가 경험했던 과거의 일들을 잘 기억하지 못한다. 그래서 의미 있는 경험들은 더 기록하려고 애썼던 것 같다. 나는 종종 과거의 기록들을 꺼내어 읽어본다. 기록한 내용들을 보면서 하나님께서 나에게 어떤 은혜를 베풀어 주셨는지를 기억하는 시간을 가진다. 이러한 시간들을 통해 나를 향한 하나님의 계획과 사랑을 확인한다.

이런 나의 경험을 성도들에게도 전해주고 싶어서 간증문이나 소감문을 쓰도록 격려한다. 제자훈련을 마칠 때뿐만 아니라 수련회를 다녀온 후 또는 하나님의 은혜를 경험하고 고백한 순간을 글로 남기라고 권면한다. 신앙이 흔들릴 때 남겨놓았던 글을 보며 나의 삶에 역사하신 하나님의 놀라운 사랑을 기억하고 다시 일어설 수 있다고 간증한다.

또한 2015년 에스라성경대학원대학교에 입학하면서 큐티 노트를 작성하게 되었다. 에스라성경대학원대학교는 말씀묵상을 중요하게 생각하는 학교이다. 1년 동안 기숙사 생활을 하며 매일 아침 6시에 강의실에 모여 개별적으로 큐티를 하고 정해진 조별로 큐티 나눔을 하고 하루를 시작하였다. 당시 매일 말씀묵상한 내용을 바인더 한 페이지씩 기록하였다. 그런 가운데 유기성 목사님의 《영성일기》를 접하게 되었다. 이때부터 말씀묵상한 내용과 함께 예수님과 동행한 영성 일기를 쓰게 되었다. 약 5년 동안 노트에 묵상한 내용을 기록하였다. 2020년부터는 청년들과 큐티 내용을 나누기 위해서 워드프로세서 프로그램을 사용하였다. 나눌 수 있는 부분은 복사해서 카톡으로 공유하고 개인적인 내용들은 저장해 두었다. 지금도 매일 새벽에 묵상한 내용을 컴퓨터에 기록하고 있다.

박성배 코칭작가는 《내 인생을 다시 쓰는 책쓰기》에서 "기록은 곧 역사이다. 모든 인생은 기록하는 만큼 성장하고 완성되어 간다"고 하였다. 21세기는 '적자생존'의 시대로 글을 써야 한다고 강조한다.

김정태 작가는 《스토리가 스펙을 이긴다》는 책을 썼다. 스펙이 성공을 보장하던 시대가 있었지만 이제는 다른 시대가 왔다. 그는 "최고를 위해 스펙을 따라 무한 경쟁에 돌입하지 말고, 자신만의 유일한 스토리를 따라 빛나는 존재로 살아가라. 최고(the best)가 아니라, 유일함(the only)으로 승부하라"고 권면한다.

과거에 이룬 것들의 종합인 스펙이 아니라 과거의 이야기와 미래의 이야기가 담긴 스토리가 중요하다. 그는 스토리를 축적하는 가장 쉬운 방법으로 일기 쓰는 것을 추천한다. 사람들은 개인적인 경험을 듣고 싶어 하기에 자신의 삶에서 가장 기억에 남는 스토리를 중심으로 매일매일 생각날 때마다 쓰는 것이 도움이 된다.

돌이켜 보니 내가 이 책을 쓸 수 있는 것도 틈틈이 기록하였던 나의 이야기 덕분이다. 과거의 기록을 읽으면서 새삼 놀라게 되었다. 나의 삶에 이런 은혜들이 있다는 것을 발견하였다. 몇 년 전에 부모님이 몇몇 분들과 함께 《책짓기 건축술》을 출간하셨다. 내가 잘 알지 못하였던 부모님의 믿음의 여정을 그 책을 통해 알 수 있었다. 나의 삶의 기록이 나의 자녀들에게도 하나님의 살아계심을 증거하는 도구가 되길 기대한다.

"인쇄물은 결코 주춤거리지 않으며, 결코 비겁하지 않으며, 타협의 유혹을 받지 아니하며, 지치거나 낙담하는 법이 없다. 그런가 하면 우리가 잘 때도 일하고, 냉정함을 잃어버릴 염려도 없고, 우리가 죽은 후에도 오래도록 일한다." — 사무엘 즈웨머

사람을 키우고 세워가는 것이
하나님의 답이다!

옥한흠 목사는 《평신도를 깨운다》에서 지상 교회는 "세상으로부터 부름 받은 하나님의 백성이요 또한 세상으로 보냄받은 그리스도의 제자다"라고 정의하면서 이러한 교회의 존재 이유는 "하나님을 예배하기 위해, 세상을 구원하기 위해, 성도를 양육하고 훈련하기 위해 존재한다"고 설명한다. 예배와 전도와 훈련을 균형 있게 다룰 때 하나님의 영광이라는 최고의 목적을 이룰 수 있다고 하였다.

릭 워렌 목사가 개척한 새들백교회는 '목적이 이끌어 가는 교회'로 잘 알려졌다. 그는 《새들백교회 이야기》에서 교회의 표어를 다음과 같이 요약했다.

"위대한 계명(the Great Commandment)과 위대한 명령(the Great Commission)에 대한 위대한 헌신(a Great Commitment)은 위대한 교회(a Great Church)를 만든다."

이 표어에 따라서 새들백교회는 예배(Worship), 사역(Ministry), 전도(Evangelism), 교제(Fellowship), 제자훈련(Discipleship) 등의 예수님이 교회에 명령하신 다섯 가지 임무를 완수하는 일에 헌신하고 있다.

나는 이 책을 통해 사람을 키우는 방법으로 제자훈련을 제시했다. 내가 제자훈련의 중요성을 강조한 목적은 제자훈련 자체 때문이 아니다. 바로 고립된 개인들을 구원해서서 교회를 세우시기 원하시는 하나님의 목적 때문이다. 하나님은 교회를 향한 비전을 가지고 계신다. 교회를 통해 하나님의 나라를 이 땅에 세워가기를 원하신다.

하나님은 성경을 통해 하나님이 세우신 교회가 해야 할 사역들을 가르쳐 주셨다. 하나님께 예배드리고, 성도 간에 사랑의 교제를 하며, 훈련을 통해 예수님을 닮아가고, 교회와 세상을 섬기며, 이웃과 열방에 복음을 전해야 한다. 이러한 다섯 가지 영역은 모든 교회가 감당해야 할 사역이다.

나는 교회가 이러한 사역을 감당하며 존재하기 위해서 가장 중요한 것이 사람을 키우는 데 있다고 생각한다. 세상을 향한 하나님의 비전과 꿈을 바르게 이해하고 하나님의 말씀에 순종하여 하나님의 나라를 이 땅에 세워가는 사람들이 일어나야 한다. 이러한 사람들을 키우는 구체적인 방법이 바로 제자훈련이다.

존 스토트(John Stott)는 《살아 있는 교회》에서 교회의 본질을 교회에 대한 하나님의 비전(God's Vision for His Church)으로 설명한다. 그는 오순절에 처음으로 성령에 충만했던 예루살렘 교회의 모습(행 2:42-47)을 근거로 살아있는 교회의 네 가지 표지를 제시한다. 배우는 교회(A Learning Church), 돌보는 교회(A Caring Church), 예배하는 교회(A Worshiping Church), 전도하는 교회(An Evangelizing Church)이다. 그러면서 살아있는 교회의 첫 번째 표지는 배우는 교회라고 증거한다. 그는 "우리라면 이 특성을 첫 번째로 선택하지 못했을 것이지만 사도행전의 저자 누가는 이것을 첫 번째로 선택했다"며 놀라움을 표현하였다. 가르침과 배움이 교회를 살아있게 하는 중요한 특징이다.

그렇다. 교회는 하나님의 말씀을 가르치고 배우는 곳이다. 교회에서 끊임없는 가르침과 배움이 있어야 한다. 골로새서 1:28-29절은 제자훈련의 대헌장이라고 불린다. 바울은 각 사람을 그리스도 안에서 완전한 자로 세우기 위해 자신 안에서 능력으로 역사하시는 성령님의 역사를 따라 힘을 다하여 수고한다고 고백하였다. 평신도가 제자리에 서서 하나님이 맡기신 일을 감당하도록 훈련시키고 돕는 것이 목회자의 역할이다.

신앙의 성숙이란 무엇인가? 죄로 말미암아 깨어진 하나님의 형상을 회복하는 것이다. 예수님이 하나님의 형상이시기에(고후 4:4) 결국 예수님을 닮아가는 것이 신앙의 성숙이다(엡 4:13). 성품과 행동에 있어서 예수님이 말씀하시고 살아가셨던 것처럼 살아가는 것이다.

그렇다면 이러한 신앙의 성숙은 어떻게 이루어지는가? 이러한 신앙의 성숙은 인간의 노력으로 되는 것이 아니다. 오직 십자가의 복음과 성령님의 역사하심을 통해 가능하다. 성령님은 말씀과 기도를 통해 일하시기에 결국, 신앙 성숙은 말씀과 기도를 통한 성령님의 역사하심에 의해 가능하다. 우리가 할 수 있는 것은 하나님께서 역사하실 수 있는 장을 마련하는 것이다.

공예배와 소그룹(구역·셀)을 통한 신앙 성숙은 가장 기본적이고 본질적인 사역이다. 이것과 함께 개인 경건의 시간이 중요하다. 개인적으로 말씀과 기도로 하나님과 교제하는 가장 좋은 방법은 말씀묵상(QT)이다. 매일 일정 분량의 성경 말씀을 읽고 본문을 통해 주시는 하나님의 음성을 듣는다. 그리고 하나님이 주신 말씀을 가지고 하나님께 응답하는 것이 기도이다. 이것이 경건의 시간을 통해 이루어진다. 예수님의 제자는 매일 정해진 시간에 하나님과의 만남과 교제를 통해 예수님을 닮아가고 하나님의 형상을 회복해 가게 된다.

교회는 체계적인 훈련 시스템을 갖추어야 한다. 새가족을 위한 교육에서는 복음 제시가 중심이 되어야 한다. 복음을 듣고 거듭난 성도들을 대상으로 제자훈련해야 한다. 가르침과 기도와 나눔을 통해 주님을 알아가고 닮아가게 된다.

마지막으로 교회는 평신도 사역의 장을 마련해야 한다. 배우고 훈련한 내용을 실천할 수 있는 사역의 장이 필요하다. 특별히 재생산 사역이 중요하다. 배운 말씀을 가지고 다른 누군가에게 말씀을 전함으로 그 말씀을 자신의 것으로 만들 수 있다. 또한 누군가를 가르치기에 말씀대로 살아가려고 발버둥치게 된다. 다른 사람을 양육하기에 더 많이 기도하고 더 간절히 배우려는 태도로 신앙생활을 하게 된다. 변화되는 영혼의 모습을 통해 기쁨을 느끼고 하나님의 임재를 경험하게 된다.

교회는 사람을 키우는 곳이다. 모든 목회자는 사람을 키우고 세우는 사람이 되어야 한다. 하나님 나라를 위해 헌신할 사람, 세상에 선한 영향력을 끼치며 세상에 복음을 전할 사람을 길러내어 주님께서 맡기신 귀한 사명을 이루는 예수님의 제자가 되도록 해야 한다.

이제는 다음 세대를 위해서 믿음의 제자를 세워갈 때이다!

책의 첫 꼭지를 쓴 날로부터 41일 만에 초고를 완성했다. 사역자들에게 가장 분주한 12월 초에 책을 쓰기 시작하여 1월 중순에 마쳤다. 다시 생각해도 기적이다. 사역에 지장을 주지 않기 위해 근무 시간에는 최선을 다해 맡겨진 사역을 감당했다. 책 쓰기는 새벽기도회를 마치고 출근 전 시간과 퇴근 후 저녁 시간을 활용했다. 40여 일 동안은 쉬는 날 없이 매일 늦은 시간까지 책 쓰기에 매진했다.

두 달 전만 해도 내가 책을 쓰고 작가가 된다는 것은 생각지도 못했다. 박성배 코칭작가님과의 만남이 나를 새로운 세계로 인도하였다. 새로운 업(業)을 주신 하나님께 감사드린다.

마음은 아직도 청년 같은데 어느덧 40대 중반의 중년이 되었다. 책을 쓰면서 지난 시간을 돌아볼 수 있었다. 그 과정에서 여호와 이레(창 22:14)의 하나님을 만났다. 하나님께서는 내가 태어나기 5년 전에 나의 이름을 준비하셨다. 나를 4대째 믿음의 가정에서 출생하게 하시고, 내가 선택하지 않은 좋은 교회와 믿음의 학교에서 자라나게 하셨다. 청년 시절 수많은 기회를 통하여 하나님과의 만남에 초대하셨다. 만남 가운데 사명을 주셨고, 그 사명대로 살 수 있도록 나를 훈련시키셨다. 삶을 돌이켜 보니 이 모든 과정을 하나님께서 준비하셨다고 고백할 수밖에 없다. 나의 나 된 것은 전적인 하나님의 은혜다.

대학교 3학년 때 제자훈련을 통해 지상대명령(마 28:18-20)을 사명으로 받았다. "가서, 모든 민족을 제자로 삼아라!"(마 28:19) 그때부터 지금까지 하나님은 이 말씀을 성취하도록 나의 삶을 인도해 오셨다. 여러 나라를 다니며 선교할 수 있는 기회를 주셨고, 하나님의 말씀으로 제자훈련할 수 있는 사람들을 만나게 하셨다. 이 모든 시간을 통해 하나님은 나를 예수님의 제자로 빚어가셨다. 현재 내 인생을 대표하는 키워드는 '예수제자훈련'과 '선교(열방의 회복)'가 되었다.

나는 이 책을 통해 '사람을 키우는 제자훈련'이 얼마나 행복한 일인지 알리고 싶다. 하나님의 말씀에 순종하는 사역에는 하나님의 역사하심이 나타난다. "제자로 삼아라!"라는 말씀에 순종하여 제자훈련을 할 때, 하나님은 눈에 보이게 일하신다. 사람의 마음을 만지시고, 상처를 치유하시고, 소망을 주시며 새롭게 하신다. 또 다른 사람을 키울 수 있는 예수님의 제자로 세우신다. 이것은 전적인 성령 하나님의 역사이다. 목사로서 하나님의 일하심과 사람이 회복되는 것을 목도(目睹)하는 것보다 의미 있고 행복한 일은 없다. 제자훈련의 현장에는 그런 일이 언제나 일어난다.

또한 이 의미 있고 행복한 사역을 내가 사랑하는 성도들과 함께하고 싶다.《일대일 제자양육 성경공부》교재에는 "1500년대 종교개혁이 성경을 평신도에게 돌려주었다면, 앞으로 올 영적 개혁은 사역을 평신도에게 돌려줄 것입니다"라는 문장이 있다. 이미 1960년대 중반에 프랜시스 아이래스(Francis O. Ayres)는 "만일 세례를 받았다면 목사 안수를 받든 안 받든 우리는 이미 사역자입니다"라고 말했다. 제자훈련은 목회자만의 전유물이 아니다. 제자훈련은 양육자와 동반자가 함께 자라는 최고의 영적 성장 방법이다. 이 책을 읽는 평신도분들도 영광스러운 제자훈련 사역에 동참하시기를 도전한다.

전임 사역을 하면서 빠른 시간에 초고를 쓸 수 있었던 것은 그동안 틈틈이 남겨두었던 삶의 기록들과 스트레스를 받아가며 완성한 목회학박사 학위논문 덕분이었다. 하나님은 성실하게 준비한 모든 것을 사용하셔서 새로운 일을 행하신다.

책을 쓰면서 읽었던 손경구 목사님의《습관과 영적 성숙》의 한 글귀가 마음에 큰 울림을 주었다.

> "현재 나의 모습은 과거에 내가 생각하고 행동한 결과다.
> 미래는 과거의 열매가 아니다. 미래는 현재 우리가 생각하고 선택한
> 것의 열매다."

과거가 우리의 미래를 결정하지 않는다. 오늘 내가 생각하고 선택한 것이 나의 미래를 결정한다. 하나님은 매일 우리에게 현재(Present)

를 선물(Present)로 주신다. 하나님을 신뢰하며 하나님과 동행하며 매일 믿음의 역사를 써내려가는 것이 제자의 삶이다. 예수님의 제자로서 예수님의 제자 삼는 삶 살아가기를 권면한다.

좋은 믿음의 유산을 물려주신 아버지 김재민 목사님(의정부시민교회 원로목사)과 어머니 박영순 사모님께 감사드린다. 박성배 코칭작가님과의 만남을 주선해 주셨고 기도와 격려로 응원해 주셨다. 코칭이 무엇인지 제대로 경험하게 해주신 박성배 작가님께 감사드린다. 작가님의 코칭으로 책을 완성할 수 있었다. 책을 쓰는 동안 혼자 있을 수 있도록 시간을 배려해 준 아내 박미은 사모와 사랑하는 딸 하희와 아들 태림이에게 미안함과 감사함을 전한다. 지난 시간 함께 사역하고 제자훈련에 동참해 주신 모든 믿음의 동역자들에게 감사를 전한다. 특별히 상현교회 최기학 원로목사님과 인터뷰에 응해주셨던 상현교회 성도님들께 감사드린다.

2024년 4월
예수 그리스도의 제자　김신회

사람을 키우라

초판 1쇄 발행 2024년 04월 11일
초판 2쇄 발행 2024년 05월 02일

지은이 김신회
펴낸이 류태연

펴낸곳 렛츠북
주소 서울시 마포구 양화로11길 42, 3층(서교동)
등록 2015년 05월 15일 제2018-000065호
전화 070-4786-4823   **팩스** 070-7610-2823
홈페이지 http://www.letsbook21.co.kr   **이메일** letsbook2@naver.com
블로그 https://blog.naver.com/letsbook2   **인스타그램** @letsbook2

ISBN 979-11-6054-697-2 03230